L'ANNÉE DES PÈLERINAGES.

L'ANNÉE DES PÈLERINAGES,

1872-1873,

SERMONS

PRÊCHÉS

PAR M. L'ABBÉ BESSON,

CHANOINE TITULAIRE DE BESANÇON,

CHANOINE HONORAIRE DE NANCY, SAINT-DIÉ ET VERDUN.

BESANÇON,

TURBERGUE, LIBRAIRE-ÉDITEUR,

33, RUE SAINT-VINCENT, 33.

—

1874.

Chaque année de la crise religieuse et sociale que nous traversons aura son nom dans l'histoire. Après l'année fameuse qu'un poëte impie a appelée l'*Année terrible* et que nous avons plus justement nommée l'*Année d'expiation et de grâce,* il s'est ouvert une carrière nouvelle pour les chrétiens, pour les Français qui ont survécu aux désastres de la guerre. C'est l'*Année des pèlerinages.* On a vu, des derniers jours d'août 1872 aux premiers jours d'octobre 1873, la France, emportée d'un mouvement soudain, se mettre en marche vers les sanctuaires fameux qui se recommandent par quelque tradition ancienne ou par quelque miracle nouveau à la foi du peuple. Chaque province a eu ses pèlerinages, mais toutes les provinces se sont réunies à Paray-le-Monial pour adorer le Cœur de Jésus. Elles ont parcouru ce jardin béni où notre divin Maître a apparu dans un bouquet de noisetiers ; elles ont chanté, prié, communié dans cette chapelle où il a parlé à la bienheureuse Marguerite-Marie ; elles ont entendu comme un écho de sa parole ; et si un éloquent député [1] a pu dire avec une grande justesse : « Le pèlerinage au Sacré-Cœur de Jésus est de tous les actes que le siècle ait vus le plus surnaturel ; » ajoutons que cet acte surnaturel est aussi le pèlerinage le plus solennel, le plus éclatant, le plus unanime, que la France ait jamais fait.

Après le Cœur de Jésus, les images de Marie ont eu leurs pèlerins. Ce n'est pas tout, nous sommes allés porter des fleurs, des larmes, des prières auprès du tombeau des saints avec le même empressement. Jésus, Marie, les Saintes Reliques, voilà les noms, les souvenirs qui ont eu le don d'attirer, pendant cette année vrai-

---

[1] M. de Belcastel.

ment jubilaire, tous les âges, tous les sexes, toutes les conditions sociales, et de les réunir dans une pensée commune de foi, d'espérance et d'amour.

Ce courant divin a entraîné d'imenses multitudes. Le nombre des sanctuaires visités n'est pas loin de mille, celui des pèlerins s'élève bien au delà d'un million. L'auteur de ce livre regarde comme le plus grand bonheur de sa vie d'avoir prêché dans vingt pèlerinages et adressé sa parole à cent quatre-vingt mille fidèles. Encore n'a-t-il eu qu'une faible part dans une si grande tâche. La Franche-Comté, la Bourgogne, la Lorraine, ont accompli dans un an plus de cent pèlerinages. C'était pour nos provinces de l'Est, si éprouvées par la guerre, une vive consolation que de se remettre à chanter, à prier, à pleurer de joie dans ces lieux où les armes avaient versé tant de sang. Ayant été les premières à la peine et au combat, elles ont été aussi les premières et les plus nombreuses à la prière, à la consolation, à l'espérance.

Les discours qui composent ce livre sont précédés chacun d'une notice et d'un compte rendu de la journée. Ces pages, écrites sur les lieux par des témoins oculaires, ont été publiées par les journaux ou par les *Semaines religieuses* de Paris et de la province. Le récit qu'elles donnent est coloré, mais exact ; les impressions qu'elles rendent sont vives, mais sincères. Ce sont des pages à conserver dans nos annales religieuses. Dans d'autres circonstances, le prédicateur se serait fait un devoir sévère de supprimer dans ces récits les passages qui le concernaient, mais les impressions et les mouvements de l'auditoire notés par les chroniqueurs appartiennent à l'histoire de l'année et des pèlerinages. Nous avons l'espoir qu'on n'y verra pas autre chose qu'une preuve de la facilité même avec laquelle la parole sainte, quelque faible qu'elle soit, peut aujourd'hui entraîner les âmes. Saint Jérôme disait à Népotien : « Quand vous enseignez dans l'Eglise, que les larmes de vos auditeurs soient vos louanges. Ne soyez pas un vain déclamateur, mais un vrai docteur des mystères de Dieu. » Les larmes versées dans nos pèlerinages ne sont pas la louange de l'orateur, mais de l'auditoire. Des mots comme ceux-ci, *l'Eglise, le Pape, la France*, suffisent pour exciter de nobles passions. La bannière voilée de l'Alsace ne se lève nulle part sans être saluée et applaudie. Tel est le patriotisme de nos provinces, telle est surtout leur vaillante foi. L'Eglise et la France y ont plus qu'ailleurs peut-être de généreux serviteurs, et le nom de Pie IX y demeure le plus populaire et le plus aimé de tous les noms.

PÈLERINAGE

EN L'HONNEUR DU SACRÉ COEUR.

PÈLERINAGE A PARAY-LE-MONIAL,

29 JUIN 1873.

(Lettre adressée à l'*Univers*.)

Sous le coup des émotions de cette journée mémorable, vous me pardonnerez de ne vous envoyer aujourd'hui, au lieu d'un récit qui, du reste, ne se fera pas attendre, que des notes rédigées à la hâte, mal jointes et se tenant à peine. D'ailleurs, c'est le fait qui importe, et pour aujourd'hui du moins, il est permis de ne voir que lui.

Donc, nous attendions la délégation de l'Assemblée, si l'on peut employer ce mot, et à l'heure dite (sept heures), les députés arrivaient au nombre d'une cinquantaine, déployant bravement leur bannière (1) et arborant sur leur poitrine la décoration qui servira désormais de ralliement aux pèlerins du Sacré Cœur. Le clergé était venu les chercher en proces-

---

(1) La bannière représente d'un côté Notre Seigneur montrant son divin cœur et encadré de cette touchante invocation : *Cor Jesu in te sperantium salus.*

Au revers, on voit les tables des dix commandements de la loi avec les textes trop oubliés : *Lex sancta. Mandatum sanctum.*

La bannière porte en outre une inscription où on lit :
Sacratissimo cordi Jesu
E legalis ad nationalem Galliæ cœtum CL *voverunt....*

sion, ayant à sa suite les pèlerins de toutes les paroisses environnantes. Dans les rues, la foule attentive et pressée s'échelonnait pour voir passer le cortége.

Les députés marchent lentement et traversent une triple haie de spectateurs qui les accueillent par de vives acclamations. Tout le monde, hommes et femmes, portait sur la poitrine ou l'emblème du Sacré Cœur ou la croix rouge des pèlerins. Le cantique du Sacré Cœur, toujours le même et toujours nouveau, sortait de tous les cœurs et s'élançait de toutes les lèvres. C'était vraiment un spectacle admirable et qui faisait venir les larmes aux yeux.

Mgr l'évêque d'Autun attendait les députés à la chapelle de la Visitation, tandis que les autres pèlerins se rendaient en foule à l'église paroissiale. La chapelle, étincelante de lumières, couverte, du pavé à la voûte, de bannières et de cœurs offerts en *ex-voto*, offrait un ravissant coup d'œil. Les députés y déposent leur bannière et la messe commence. Vous dire ce qui se passait alors dans le cœur des assistants, je ne le pourrais; c'est le secret de Dieu. Mais quelles inspirations il y sut déposer, c'est ce que nous ne devions pas tarder à voir. Après la communion, à laquelle les députés avaient participé, et l'action de grâces, M. de Belcastel se lève, et d'une voix émue, mais ferme, il prononce un acte solennel de consécration dont nous avons pu nous procurer le texte. Le voici :

« Au nom du Père, et du Fils, et du Saint-Esprit. Ainsi
» soit-il.

» Très Sacré Cœur de Jésus, nous venons nous consacrer
» à vous, nous et nos collègues qui nous sont unis de senti-
» ments.

» Nous vous demandons de nous pardonner tout le mal que
» nous avons commis, et de pardonner aussi à tous ceux qui
» vivent séparés de vous.

» Pour la part que nous pouvons y prendre, et dans la me-
» sure qui nous appartient, nous vous consacrons aussi de
» toute la force de nos désirs la France, notre patrie bien-ai-
» mée, avec toutes ses provinces, avec ses œuvres de foi et
» de charité. Nous vous demandons de régner sur elle par la

» toute-puissance de votre grâce et de votre saint amour. Et
» nous-mêmes, pèlerins de votre Sacré Cœur, adorateurs et
» convives de votre grand sacrement, disciples très fidèles du
» Siége infaillible de saint Pierre, dont nous sommes heureux
» aujourd'hui de célébrer la fête, nous nous consacrons à
» votre service, ô Seigneur et Sauveur Jésus-Christ, vous de-
» mandant humblement la grâce d'être tout à vous, en ce
» monde et dans l'éternité. Ainsi soit-il.
» Au nom du Père, et du Fils, et du Saint-Esprit. Ainsi
» soit-il. »

L'assistance avait entendu cette lecture avec un véritable frémissement. Profondément ému, M de Léséleuc prend la parole, et dit :

« Messieurs,

» Obéissant à l'ordre de M l'archevêque de Tours, sur-tout aux sentiments de mon cœur chrétien et à mon devoir d'évêque, je veux vous adresser quelques paroles. Je ne vous remercierai pas, on ne remercie pas des cœurs chrétiens comme les vôtres de remplir leur devoir; je ne vous félici-terai pas non plus, car vous savez que vous n'êtes que les instruments de la grâce qui vous inspire et vous mène, et en suivant son impulsion, vous mettez votre gloire à procla-mer que vous n'êtes que d'humbles serviteurs de Dieu et de la vérité.

» Ce que je ferai, ce que je dois faire, c'est de prendre acte, au nom de la religion, du grand acte que vous accomplissez au nom de la France, à la face du ciel et de la terre. Oui, vous représentez ici l'Assemblée nationale, nos députés catho-liques en sont la tête et le cœur : et il se trouve, en dépit de toutes nos apostasies sociales, de toutes nos révolutions, de tous nos malheurs, que, somme toute, l'Assemblée vrai-ment française ne peut être que chrétienne et catholique. Soyez bénis de relever ainsi le drapeau de la vieille foi de nos pères...

» Bien des fois, depuis que vous êtes réunis à Versailles,

vous avez demandé pardon à Dieu des crimes de la France ; bien des fois vous avez fait amende honorable au Cœur Sacré de Jésus pour nos longues ingratitudes accumulées surtout depuis quatre-vingts ans. Bien des fois aussi vous vous êtes tournés vers lui pour implorer sa protection en faveur de la patrie mutilée et sanglante. Tout cela est fait aujourd'hui avec plus d'éclat et aussi avec plus de confiance... Pour moi, évêque indigne d'un diocèse que la voix populaire appelle le diocèse du Sacré Cœur, j'ai mon humble rôle à remplir dans cette solennité. Un de mes modernes prédécesseurs sur ce siége glorieux eut le malheur de trahir l'Eglise et de se faire l'homme de la révolution. Divin Cœur de Jésus, pardon, pardon pour cet évêque coupable ! »

A ce moment, l'émotion de la foule grandit encore et fait explosion. C'est à grand'peine que les dévots pèlerins retiennent leurs applaudissements. Mais les cœurs fondent en larmes, les prières redoublent, et l'on touche du doigt, pour ainsi dire, l'action de cette grâce vivante qu'un acte pareil ne manquera pas d'attirer sur la France et sur nous.

Il était l'heure pour les députés de prendre un peu de repos après tant de fatigues, et de se réfectionner un moment dans les maisons hospitalières qui leur étaient ouvertes. Ils se dispersent donc ; mais à dix heures ils se trouvent réunis pour la seconde messe célébrée par Mgr l'archevêque de Tours et où l'on va de même en procession. Elle se déroule, bannière en tête, tout le long de l'avenue, jusqu'à l'estrade où a été dressé un autel provisoire.

La bannière était portée par M. le comte de Diesbach, que relèvent tour à tour, dans cette fonction glorieuse mais fatigante, MM. Paul Besson, Glas, de Saint-Victor. Les cordons étaient tenus par MM. d'Abbadie de Barrau, de Belcastel, Cornulier, Kolb-Bernard. C'était un beau spectacle que nos députés faisant ce grand acte de foi avec une si admirable simplicité. Autour de moi bien des cœurs tressaillaient d'aise ! Beaucoup de pèlerins pleuraient.

A propos d'une foule si pieuse, il serait superflu de signaler son recueillement. Laissez-moi dire cependant qu'au moment de l'élévation, tous les genoux étant fléchis et les fronts inclinés, le silence de l'adoration était si profond, qu'en fermant les yeux, on eût pu se croire isolé dans un immense désert.

Aux alentours de l'autel, la foule est plus nombreuse encore que le matin, et elle grossit encore à une heure et demie pour la nouvelle procession et pour les vêpres, où l'on entend un sermon de M. l'abbé Besson.

La réputation de l'orateur est assez connue pour que je me dispense d'insister sur l'effet considérable qu'il a su produire, parlant devant un tel auditoire en de telles circonstances. A un moment où sa parole ardente excitait dans les âmes une émotion plus forte, des applaudissements se font entendre, aussitôt réprimés; Mgr de Léséleuc se lève alors, et avec un mouvement admirable : « Messieurs, dit-il, n'applaudissez pas. Vous savez que ce n'est pas le langage de l'Eglise. Et d'ailleurs songez qu'il n'y a point de place ici pour les manifestations purement humaines, car nos cœurs sont plus haut. » Avons-nous besoin de dire de quelle sorte ce paternel avertissement a été accueilli?

Au milieu de ces exercices, le soir était venu, et les députés, apprenant qu'on voulait leur faire l'honneur de les reconduire à la gare en les accompagnant aux flambeaux, s'étaient promis de ne plus se réunir afin d'éviter cet honneur.

Néanmoins quelques-uns se rencontrent, on les reconnaît, et bon gré mal gré, les pèlerins et la population les accompagnent avec des cris de joie, des vivat et des bravos répétés : *Vive le Sacré Cœur! Vive Pie IX! Vive l'Assemblée nationale! Vive la France!* C'était à qui jetterait avec plus d'ardeur aux partants ces cris de l'enthousiasme.

Il fallait répondre à ces émouvants adieux. M. Chesnelong se charge d'exprimer le sentiment de tous les députés. En quelques paroles émues et ardentes, il se fait l'interprète de la reconnaissance de tous pour cet accueil dont ils sont profondément touchés, et, faisant allusion, pour finir, à la consécration du matin : « Recevez-en la promesse, s'écrie-t-il, les engagements que nous avons pris, nous ne les trahirons pas. »

A ces mots, les bravos redoublent avec les acclamations. En vérité, c'était un beau spectacle, et qui couronnait dignement une journée dont le souvenir sera éternel, parce que, s'il plaît à Dieu, nous en recueillerons les fruits.

P.-S. — Dans cette lettre rapide, j'ai forcément oublié bien des choses. D'autres vous les feront savoir et me suppléeront. J'aurais regret pourtant d'omettre, parmi les pèlerins, les noms de M. de Champagny, de l'Académie française; M. le comte de Ségur, et M. de Châteaurenard, tous deux conseillers d'Etat. Il y avait aussi deux généraux, des officiers et, dit-on, un aide de camp du maréchal Mac-Mahon. Mgr Dupanloup, qui devait venir, en a été empêché par la fatigue que lui donnent les travaux du conseil de l'enseignement supérieur. Sa Grandeur avait bien voulu se charger de remettre à chacun de ses collègues un cœur brodé or sur soie rouge par les sœurs de la Visitation d'Orléans. Au dernier moment, Mgr Dupanloup, se voyant obligé de renoncer au voyage, avait chargé M. de Belcastel de vouloir bien le suppléer dans cette distribution. Inutile de dire que le député de la Haute-Garonne n'y a pas manqué, et ce sont ces cœurs que nous avons vus rayonner sur la poitrine de nos représentants dans les rues de Paray.

Députés présents à Paray-le-Monial le 29 juin.

MM.
D'Abbadie de Barrau.
De la Bassetière.
Des Bassyns de Richemont.
De Belcastel.
De Bermont.
Besson.
Buisson.
De Bouillé.
De Carayon-Latour.
Chesnelong.

MM.
De Cintré.
De Colombet.
Combier.
Cornulier.
Cottin.
De Diesbach.
Dufaur (Basses-Pyrénées).
Dumon.
De Féligonde.
Keller.

De Kergorlay.
De Kéridec.
De Kermenguy.
James.
De la Grange.
De Lorgeril.
De Lur-Saluces.
Pajot.
Pradié.
De Quinsonas.
Pory-Papy.

Riant.
De la Rochefoucauld-Bisaccia.
De Rodez-Benavent.
De Sugny.
De Saint-Victor.
Théry.
Du Temple.
Vidal.
Vimal-Desseigne.
De Vinols.

LES EXPIATIONS DE LA FRANCE

FIGURÉES PAR LA PRIÈRE DE LA CHANANÉENNE.

Sermon prêché le 29 juin 1873,

DANS LE PÈLERINAGE DE PARAY-LE-MONIAL.

Adspicient ad me, quem confixerunt.
Ils reviendront à moi après m'avoir transpercé.
(Zach., XII, 10.)

Messeigneurs [1],

Ce fut six cents ans avant Jésus-Christ que Zacharie prononça cette prophétique parole, et c'est dix-huit cents ans après Jésus-Christ qu'elle se vérifie dans ces lieux de la manière la plus précise, la plus rigoureuse et la plus littérale. Zacharie avait donc entrevu dans les lointaines profondeurs de l'avenir ce spectacle qui se déroule depuis un

---

[1] Mgr de Léséleuc, évêque d'Autun, présidait la cérémonie. Étaient présents : Mgr Fruchaud, archevêque de Tours, et Mgr Baudichon, évêque de Basilite *in partibus*.

mois dans le cloître de Paray. Il avait vu ces trois cents bannières se lever à la fois, en France comme en Belgique, de Lille à Marseille et de Nantes à Besançon, parmi toutes les races qui parlent la langue des Francs, et mener cent mille pèlerins, la croix sur le cœur, le cantique à la bouche, dans une humble cité, centre de la France, devenue tout à coup l'objet de toutes les paroles, le but de tous les regards, le centre de l'univers étonné et attendri. Il avait entendu Jésus lui dire : « Ils reviendront à moi après m'avoir transpercé : *Adspicient ad me, quem confixerunt.* »

Non, les jours ont beau se succéder, le spectacle ne change pas. Voici l'Eglise de Tours avec son évêque ; c'est l'Eglise illustrée par l'épée de saint Martin et la plume de saint Grégoire, l'Eglise où l'on écrivait, dès le viie siècle, les faits et gestes que Dieu avait accomplis par le bras des Francs, et où l'on peut ajouter aujourd'hui une belle page à cette grande histoire. L'Eglise de Lyon revient pour la troisième fois avec les grands noms des Pothin et des Irénée ; Chalon, Besançon, Dole, Dijon, Lons-le-Saunier, recommencent leur pèlerinage ; Belley prépare le sien ; Avignon, Toulouse, Bordeaux, sont déjà signalés ; il ne manquera pas une ville à l'appel, pas une bannière à la voûte ; les bannières s'inclinent vers les tabernacles où Jésus a montré son cœur couronné d'épines et transpercé d'un glaive. Vous venez de saluer celle qu'offrent deux cents députés de notre Assemblée nationale. Cette Assemblée est, de toutes les chambres françaises réunies depuis quatre-vingts ans, la plus honnête et la plus chrétienne. Vos députés comprennent leur mandat dans toute son étendue et dans toute sa rigueur : ce sont les vrais mandataires de la France.... (*Ici les applaudissements ont éclaté, et M*^{gr} *l'évêque d'Autun s'est avancé sur le bord de l'estrade pour demander qu'on s'abstînt de ces démonstrations.*) La bannière de l'Assemblée nationale était à Auray devant les autels de sainte Anne, à Lourdes et à Chartres devant les autels de Marie, sa place est à Paray devant les autels de Jésus. C'est celle que Jésus regarde entre toutes les autres ; il se retourne vers Marguerite-Marie, son humble servante : « Voilà, dit-il, les hommages et les expiations que j'ai demandés à la France par ta voix pour me faire oublier les ingratitudes. » Il se retourne vers les prophètes, qui ont raconté son histoire anticipée, et il les invite à lire dans nos annales leurs prédictions les plus précises : « Le voici, ce peuple que j'aime. Ils reviennent à moi après m'avoir transpercé : *Adspicient ad me, quem confixerunt.* »

Ecoutez une page de l'Evangile et apprenez avec quel esprit il faut se tourner vers Jésus pour obtenir sa grâce : les expiations de la France sont admirablement figurées par les supplications de la Chananéenne, et toutes les paroles du récit évangélique s'appliquent à nos disgrâces et à nos espérances.

L'esprit d'expiation est un esprit de prière, et la Chananéenne, qui le figure, en donne à la France la leçon et le modèle. Elle sort de sa patrie, c'est-à-dire qu'elle en abjure la superstition et l'erreur. Et nous, sortons à son exemple des erreurs de notre siècle, abjurons ce culte idolâtre de la vaine raison, du triste progrès, de la stupide licence. Raison, progrès, lumières fausses, liberté plus fausse encore, voilà les mots qui bornent vos esprits aux quatre points cardinaux. Il faut franchir cette frontière des erreurs modernes et sortir à tout prix des ténèbres où la France s'est perdue : *Egressa de finibus illis.*

La Chananéenne se met à crier : *clamavit.* Et nous, il nous faut élever le cri de notre misère et de notre douleur et épancher devant Dieu en toute liberté notre âme éplorée et malade. Grâce ! pitié ! merci ! Merci après nos épreuves ! Pitié pour nos plaies ! Grâce pour nos familles et pour nos cités ! Le péril presse ; il faut crier à Jésus. Nous avions abandonné les tabernacles dans lesquels Jésus a voulu résider au milieu de nous. C'est pourquoi nous venons, en esprit d'expiation, chercher de toutes les extrémités de la France l'église lointaine de Paray. La loi du dimanche n'était plus observée, et nous avions fait du jour du Seigneur un jour de travail et de débauche. C'est pourquoi nous venons, en esprit d'expiation, changer ici tous les jours de la semaine en dimanche et faire d'un mois tout entier un mois de prières publiques et de neuvaines expiatoires. Nous nous cachions pour prier, et nous tremblions d'être vus. C'est pourquoi nous voulons, en esprit d'expiation, crier chaque jour plus fort et pousser vers Jésus des cris chaque jour plus nombreux et plus éplorés : *clamavit !*

La Chananéenne crie en invoquant le Seigneur. Elle invoque sa divinité : *Domine !* Elle invoque son humanité : *Fili David !* C'est l'Homme-Dieu qu'elle reconnaît, c'est l'Homme-Dieu qu'elle implore. O France ! prends ce cri sur tes lèvres et jette-le à tous les vents de la presse, de l'opinion et de la renommée ! Expie, à force d'adoration, les hommages hypocrites qu'un romancier a rendus à Jésus en niant sa divinité ; purifie par tes acclamations saintes la langue française pervertie par le scepticisme et accommodée aux blasphèmes. Avoue, confesse, proclame et du cœur et de la bouche que Jésus est ton Seigneur et ton maître. *Miserere mei, Domine, Fili David.*

La Chananéenne implore la pitié de Jésus, parce que le démon tourmente cruellement sa fille. Elle fait en deux mots le tableau de son propre malheur et des maux de sa fille, dont elle est la victime : *Miserere mei, filia mea malè à dæmonio vexatur.* O France ! ô mère désolée, voilà aussi la cause de tes disgrâces. C'est parce que tes fils sont sous la puissance du démon que tu es si malheureuse. Longtemps tu ne l'as ni senti ni avoué. A présent tu le comprends, tu l'avoues, tu le cries. Longtemps tu as nié les puissances infernales et tu les reléguais dans le rang des fables et des superstitions. A présent, il te faut bien le reconnaître, c'est le démon qui a surpris, gagné, tourmenté tes enfants. Là où ils n'ont vu longtemps que le mouvement, le progrès, la vie, l'avenir, te voilà forcée de reconnaître que ce mouvement n'était qu'une agitation stérile, ce progrès un retour à la barbarie, cette vie une mort affreuse, cet avenir l'enfer en ce monde et en l'autre ; et tout cela se dit d'un mot, tout cela c'est le démon : *Filia mea malè à dæmonio vexatur.*

La Chananéenne n'obtient d'abord ni un regard ni une parole. Et vous aussi, mères chrétiennes, combien de fois, en vous retournant vers Jésus, n'avez-vous trouvé d'abord que de la froideur ! Vos familles semblaient abandonnées, l'esprit de Dieu semblait s'être retiré de la France, on la croyait vouée à l'esprit du mal, on désespérait de sa guérison. Il y a soixante et dix ans que nous attendions, comme la Chananéenne, un signe, un regard, une parole. Dieu était sourd, le Ciel était muet, tout semblait perdu. Mais les apôtres ont intercédé pour cette femme ; mais la France a des apôtres qui intercèdent pour elle. Jésus parle enfin ;

mais il répond qu'il n'est venu que pour sauver les brebis d'Israël. Qu'est-ce à dire, Seigneur ? Les gentils et les enfants des gentils sont donc condamnés pour toujours ! Mais, là-dessus, il entre dans une maison, et il s'y cache aux regards inquiets et éplorés de la malheureuse mère. Comme ce trait s'applique à notre patrie ! Non, Jésus n'est pas venu en France pour y recommencer sa vie publique ; mais il est venu en France pour s'y cacher et s'y faire chercher par les regards d'une autre Chananéenne. La maison où il est entré, où il s'est caché, c'est le cloître de Paray. Il s'y est caché non pas deux jours, mais deux siècles ; mais qu'importent les jours et les siècles ? Enfin la France sait où il est venu, la France a trouvé la maison, la France en a forcé les portes. La voici ! elle entre, elle se prosterne, elle adore, elle s'écrie : *Domine, adjuva me !* Seigneur, aidez-moi.

La Chananéenne a trouvé Jésus, mais c'est pour essuyer un refus nouveau. « Non, il n'y a pas de grâce pour toi ; *il n'est pas juste que je prenne le pain de mes enfants et que je le jette aux chiens.* » Quelle parole sévère ! et cependant Jésus-Christ n'a pas fini de la prononcer que la mère réplique avec une grâce et une candeur charmantes : *Il est vrai, Seigneur, mais les petits chiens se nourrissent des miettes qui tombent de la table de leurs maîtres.* Admirable instance ! Voilà Jésus-Christ confondu par ses propres paroles. Eh bien ! soit, je vous prends au mot. Si je ne suis qu'une chienne, je suis cependant de la maison. J'ai droit à être nourrie, et je ne peux m'éloigner de la table. Quelle réplique ! quelle persévérance ! quelle violence dans cette supplication ! Le Seigneur disait pour l'éprouver : On ne peut pas, cela n'est pas permis ; et la Chananéenne insiste, elle discute, elle donne un démenti au Seigneur. Et nous aussi, nous persévérons, nous insistons, nous disons hardiment à Jésus : Vous pouvez guérir nos enfants, cela est possible ; vous devez les délivrer du démon, cela est nécessaire ; ils sont de la maison, vous ne parviendrez pas à les chasser. Les miettes de votre table suffiront à les nourrir. Regardez, les voici, ils demandent ces miettes sacrées, ils reprennent leurs places à cette table, quand on les attend le moins ; enfants, jeunes gens, soldats, les plus éloignés, reviennent pour le sacré banquet.

Jésus, enfin, s'est laissé toucher par les supplications maternelles en donnant un libre cours à sa tendresse : *O femme, ta foi est grande, ta parole me touche. Va, qu'il soit fait selon ta volonté ! O mulier, magna est fides tua ; fiat tibi sicut vis !* Le voilà, ce divin Maître, faisant la volonté de celle à qui il refusait tout. Au même instant, la fille de la Chananéenne est guérie : *Et sanata est filia ejus ex illâ horâ.* C'est vous que ce passage regarde, ô mères chrétiennes, ô mères françaises ; pressez, suppliez, importunez le Seigneur, jusqu'à ce qu'il vous ait dit comme à la Chananéenne : *Femme, ta foi est grande*, va, tes fils sont délivrés du démon. Vous connaissez ce que j'aurai la hardiesse d'appeler le côté faible de Jésus. La prière l'apaise, le touche, l'attendrit, l'entraîne. C'est par la prière qu'on s'empare de lui, qu'on le saisit au cœur, qu'on le décide à pardonner. La prière expie tout, obtient tout, triomphe de tout. Allons ! courage ! pressez ce Cœur qui veut être pressé ; importunez, attendrissez, redoublez d'instances, répliquez hardiment ; regardez-le, ce cœur blessé et ouvert, vous le fléchirez par vos supplications. Le prophète l'a dit et les prophètes ne mentent jamais : *Adspicient ad me, quem confixerunt :* ils se retourneront vers moi après m'avoir transpercé.

Ces regards, la France les partage aujourd'hui entre Rome et Paray. Paray, où Jésus a montré son cœur sanglant et désolé ; Rome, où saint Pierre a été crucifié à l'exemple de Jésus et où Pie IX souffre, à l'exemple de saint Pierre, toutes les tortures d'un crucifiement dans un règne miraculeux qui dépasse en durée le règne du prince des apôtres. Auguste vicaire de Jésus-Christ, pardonnez-le à la France repentante. Ah ! si les Francs n'ont pas toujours été à vos côtés comme le souhaitait Clovis et comme Charlemagne l'avait voulu, ils ne savent que trop ce que leur a coûté cet abandon. C'est pour avoir abandonné le Tibre qu'ils ont perdu le

Rhin; c'est pour être devenus, par cette misérable désertion, les complices de votre crucifiement, qu'ils ont vu la victoire déserter leurs drapeaux. Et maintenant que le malheur nous a forcés de retourner la tête vers cette Rome où nous montions la garde depuis tant de siècles, regardez, en ce jour de la fête de saint Pierre, ce qui reste au pape : ce n'est plus un coin de terre, ce n'est plus une ville, ce n'est plus même un quartier, mais seulement un palais; que dis-je un palais, c'est une prison et des fers comme au prince des apôtres ! Le voilà comme saint Pierre, le voilà sur sa croix ; mais il y demeure parmi tant de débris écroulés, pour forcer la France, pour forcer le monde à se retourner vers lui, pour montrer à la France et au monde l'image de ce juste que l'antiquité rêvait, mais que l'Eglise seule pouvait offrir dans l'infaillibilité de la sagesse éternelle : *Fractus si illabatur orbis, impavidum ferient ruinæ*. A ce spectacle, toutes les indocilités ont cessé et tous les cœurs se sont rendus. Plus de vaines chicanes, plus de querelles puériles, plus de disputes, plus de préjugés d'école et de nation. La France n'a qu'une voix pour répéter le mot de saint François de Sales, ce mot d'une si vive allure, d'une concision si ferme et d'un tour si français : Le pape et l'Eglise, c'est tout un. Nous professons tous l'infaillibilité pontificale, nous chantons d'une voix unanime le *Credo* de la foi; plus les flots de la révolution montent, envahissent, débordent, plus nos lèvres sont fermes, et plus l'accent de nos cœurs y retentit avec une vigueur incomparable. Gloire à l'Eglise ! gloire au pape ! Le pape et l'Eglise, c'est tout un ! Gloire à saint Pierre ! gloire à Pie IX ! Saint Pierre et Pie IX, c'est tout un !

Ce spectacle d'expiation et de retour, on pouvait le prévoir. Le drapeau de la prière s'est déployé avant tous les autres dans les jours de l'infidélité ; il s'est trouvé un soldat qui est venu parler au pape comme le centurion avait parlé à Jésus-Christ, et ce soldat était un Français. Il a dit à ses zouaves : Demeurons auprès du pape quand tout l'abandonne, et ils sont demeurés : *Et dico huic : Vade, et vadit.* Il a dit encore : Sauvons la France, et ils sont venus : *et alii : Veni, et venit.* Ce drapeau, qui n'a jamais reculé, c'est le drapeau brodé à Paray, bénit par Pie IX, porté par les zouaves, c'est le drapeau du Sacré Cœur. Huit zouaves sont morts à la peine, en le tenant contre l'ennemi, mais le drapeau est resté à l'honneur, mais le drapeau est resté à la France. Paray l'a revu, ce glorieux débris de Patay, de Loigny et du Mans ; toute la France est venue le saluer entre les mains de Charette et de Sonis ; c'est le drapeau de la gloire, il s'est tenu debout devant l'ennemi, parce qu'il s'est humilié devant l'autel. Le cœur n'a point failli à ceux qui le portaient, parce que c'est le drapeau du Sacré Cœur. Repose-toi maintenant, ô noble étendard, jusqu'à ce que les jours d'expiation s'achèvent. Un jour tu te lèveras, tu reprendras le chemin de Rome, tu mèneras la France aux pieds du pape, et le pape, rétabli par nos armes, se relèvera avec la France, avec l'Europe, avec le monde, sous le drapeau du Sacré Cœur.

Voilà ce que nous souhaitons, ce que nous demandons, ce que nous implorons avec les supplications touchantes de la Chananéenne. Ne semble-t-il pas que le Ciel a déjà entendu le cri de notre foi et que ce cri a percé les nues ? Quand ce matin le *Credo* sortait de vos lèvres avec tant de vivacité et d'ardeur, quand vous le faisiez monter vers Dieu d'une voix si unanime, la réponse de Jésus ne semblait-elle pas descendre d'en haut sur toute la nation ? O France, que votre foi est grande : *Magna est fides tua!* Forçons Jésus à ajouter qu'il fera ce que nous voudrons : *Fiat tibi sicut vis.* Ce que nous voulons, c'est le retour aux traditions catholiques, c'est la délivrance de la patrie encore opprimée par le démon, c'est la guérison complète de tous les enfants de la France. Quelle peste et quelle guérison ! quelle détresse et quel miracle ! « Allez, disait Belsunce en annonçant que la peste de Marseille avait cessé par la grâce du Sacré Cœur, allez, vaisseaux rapides qui partez de ce port pour parcourir les mers, publiez partout les bienfaits de Jésus-Christ et la reconnaissance que nous lui devons. » Cette nouvelle a fait l'admiration du dernier siècle. Mais qu'est-ce que la peste de Marseille en compa-

raison du mal affreux qui rongeait la France?
Qu'est-ce que cette guérison en comparaison de celle
que le Sacré Cœur commence à opérer dans les
âmes? Qu'est-ce que la gloire de cette délivrance
au prix de la gloire que la France acquiert par des
expiations si inattendues, si publiques et si persé-
vérantes? Si Belsunce, après avoir éprouvé pour sa
ville de Marseille les effets de la bonté de Jésus,
voulait que l'univers entier en fût informé, vous,
Monseigneur, vous l'informerez d'une guérison
plus grande et plus merveilleuse encore. Quel beau
sujet de mandement pour votre plume si épiscopale! Votre ministère pouvait-il souhaiter des prémices plus consolantes? Quel présage de bénédictions pour l'avenir!

O France! ô ma patrie! il est donc bien vrai que
ta guérison commence. Jésus loue déjà ta foi qui
se réveille. A cette nouvelle le monde est dans l'attente, car il sent que tes glorieuses destinées vont
reprendre leur cours. Ce n'est plus, comme après
la peste de Marseille, vingt navires seulement qui
s'élancent de ce port pour publier la guérison.
Vous y verrez la rapidité de la presse et de la vapeur, et l'étincelle électrique plus rapide encore;
vous entendrez toutes les voix réunies du monde
catholique; la stupeur des méchants égale déjà
l'admiration des bons, le monde s'étonne et crie :
Quel prodige inattendu! Non, quoi que fasse la
France, rien ne doit nous surprendre. Non, il n'y

a donc point de gloire que cette France ne puisse atteindre et obtenir. Venez voir la France à Paray, la France aux pieds de Jésus. S'il y a, pour parler la langue de Bossuet, quelque chose d'achevé que le malheur donne aux plus grandes vertus, il y a quelque chose de plus achevé encore, c'est la pénitence. La France a conquis cette palme nouvelle. Venez voir la France aux pieds de Jésus dans la pénitence de l'amour et de la gloire.

Le temple qui se prépare sur les hauteurs de Montmartre en sera le couronnement. Quelle expiation nationale et française ! Il y a bientôt un siècle que l'impiété, dans son délire, s'est emparée de la basilique inachevée de Sainte-Geneviève et qu'elle a voulu en faire le Panthéon de la gloire profane. Ce temple n'a pas tenu ; les misérables héros de la révolution, dont les cendres y ont été apportées avec tant de pompe, n'ont pas joui de leur sépulcre ; il n'y a guère que les tombeaux qui y fassent encore quelque figure, et la patronne de Paris est remontée publiquement sur les autels qui lui avaient été dédiés. Mais, à côté de cet autel rétabli, Paris en doit un autre pour marquer le terme de nos égarements ; Paris doit à la France et au monde le temple de l'expiation, et ce temple sera consacré au Sacré Cœur. La piété des fidèles le désire, la voix d'un grand pontife le propose, les mandataires de la nation exprimeront tous nos sentiments en le votant, au nom de l'intérêt public qui le réclame, et ce jour-là c'est la France qui votera par leurs mains sa pénitence, sa résurrection et sa gloire. Ce temple s'achèvera, nous en avons la confiance, avant que le premier siècle de la révolution soit achevé. C'est sur le seuil de ce temple dédié au Sacré Cœur que la France rouvrira le livre de ses destinées glorieuses. Ce jour-là l'homme aura compris tous ses devoirs, Dieu reprendra tous ses droits, la France remontera pour des siècles à la tête des nations, les anges et les saints applaudiront du haut du ciel, et la voix de Jésus s'y fera entendre pour nous dire : Va, marche, commande encore, ô France, puisque ta foi est grande : *O mulier, magna est fides tua.*

J'ai nommé sainte Geneviève, l'église qui lui fut dédiée et les vicissitudes de son culte. Cette vierge, qui fut pour l'Eglise de Paris un apôtre, est représentée, parmi les statues des évêques, des reines et des vierges qui peuplent le porche de Saint-Germain-l'Auxerrois, sous les traits d'une femme au visage modeste, à l'attitude recueillie, aux yeux remplis d'une céleste douceur. D'une main elle tient un livre d'Heures, symbole de la prière, de l'autre un flambeau allumé, symbole de la foi. Je tremble pour cette flamme vacillante, car un démon apparaît entre les chapiteaux et lance sur elle un souffle perfide. La flamme va s'éteindre ; non, ne craignez rien, car voici d'un autre côté un ange à la tunique flottante qui prend le flambeau des mains de Geneviève et qui le rallume aux flammes de l'autel. C'est l'image de la lutte perpétuelle entre la foi et l'incrédulité. Il y a seize siècles que cette lutte dure dans notre France, seize siècles que la flamme sainte semble expirer sous le souffle du démon, seize siècles que l'ange va la rallumer aux mains des patrons et des fondateurs de nos Eglises, seize siècles que les Pothin et les Irénée la conservent, toujours tremblante, à l'Eglise de Lyon, les Bénigne à l'Eglise de Dijon et de Langres, les Martin à l'Eglise de Tours, les Symphorien à l'Eglise d'Autun, les Denis et les Geneviève à l'Eglise de Paris, les Ferréol et les Ferjeux à l'Eglise de Besançon. Eh bien ! cette flamme, qui tremble toujours et qui semble toujours près de s'éteindre, va se rallumer avec un éclat incomparable à la source de toute lumière. Nos patrons et nos anges gardiens la prennent aujourd'hui dans nos mains ; mais ils l'apportent au sanctuaire de Paray, ils la présentent à Jésus : Jésus la ranimera dans son cœur et la jettera, des hauteurs de Montmartre, sur la France et sur le monde. Elle croîtra, elle grandira, elle éclatera avec une vigueur divine, jusqu'au jour où, après avoir conduit au ciel les derniers enfants de Clovis, de Charlemagne et de saint Louis, elle s'éteindra dans les clartés adorables et les profondeurs lumineuses de la vérité éternelle.

PÈLERINAGES

EN L'HONNEUR DE LA SAINTE VIERGE.

NOTRE-DAME DU MONT,

COMMUNE DE THORAISE (Doubs).

Jeudi 22 août 1872, a eu lieu la bénédiction de la nouvelle chapelle de Notre-Dame du Mont. C'est un gracieux édifice de style gothique, dont la façade, surmontée d'un campanile, regarde les hauteurs d'Abbans-Dessus et de Byans, tandis que son chevet domine les bords resserrés et sauvages du Doubs. En face s'élèvent les ruines fantastiques du vieux donjon de Montferrand; à ses pieds, une verrerie étend ses vastes constructions au ton rougeâtre; puis, à perte de vue, des prairies, des champs, des bois, des villages qui se succèdent presque à l'infini pour se perdre dans les contours bleus des montagnes de la Saône et du Jura. Rien de plus pittoresque pour le touriste.

Rien de plus séduisant d'ailleurs que le chemin qui y conduit. De la station de Montferrand, en quelques minutes on atteint ce charmant village de Thoraise à demi caché dans la verdure, dont le château fièrement campé dresse sa tour, trop massive il est vrai, sur son rocher et laisse entrevoir ses arcades et les galeries de son escalier célèbre. Après le village la percée, d'où l'œil embrasse tout le vaste contour que fait le Doubs pour baigner les murs du splendide château de Torpes.

Notre-Dame du Mont est un sanctuaire longtemps fréquenté;

son origine remonte, dit-on, au xvi⁰ siècle. Les seigneurs de Montferrand et de Thoraise l'enrichirent; la maison d'Achey en reconstruisit l'enceinte dans la première moitié du xvii⁰ siècle. Une pieuse confrérie d'hommes y prit naissance en 1648. A la révolution, l'église fut dépouillée, vendue, démolie; il en restait à peine un pan de muraille, quand M. l'abbé Boivin, nommé curé de Thoraise le 1ᵉʳ juin 1855, conçut la pensée de restaurer cet autel détruit. Il fallut dix-sept années pour mener à bonne fin cette entreprise. M. Boivin, nommé à un autre poste, dut confier cette œuvre à son successeur, M. l'abbé Amyot. Celui-ci s'y dévoua, mais trouva la mort au pied des murs qu'il relevait; après lui, l'œuvre fut interrompue; il fallut que la même main qui avait jeté les fondations couronnât l'édifice.

Il était beau de revoir ainsi ces vieilles traditions renouées à travers des siècles, ce même autel, cette même statue, d'entendre ces mêmes tintements de cloche, ces mêmes chants, ce même nom célébré comme au temps de la Réforme, comme aux jours de la Fronde, comme à la veille de la révolution. Le 22 août 1872 a revu ces fêtes; il y eut encore, comme autrefois, de nobles sentiments, des cœurs généreux et une foi non moins sincère et non moins vive.

L'éloquence eut son orateur. M. l'abbé Besson, dans un langage souvent pathétique, toujours émouvant et élevé, retraça la fondation, les gloires et la ruine de ce pèlerinage. Il s'arrêta plein d'onction devant un nom qu'il rencontra dans cette histoire, celui d'une jeune fille que l'Europe entière a louée et bénie, celui de sœur Marthe, l'ange de la charité dans ces désastres du premier empire que ceux du second pouvaient seuls égaler. Elle aussi avait prié sur le seuil du temple et y avait puisé cet amour de l'humanité, comme une autre héroïne s'était inspirée de l'amour de la patrie dans l'église de Domremy.

Après ce discours, la statue de la Vierge fut portée au sommet de la montagne, précédée de centaines de fidèles dont les longues files suivirent longtemps les pentes abruptes et boisées, bannières déployées, oriflammes déroulant leurs devises, au milieu des chants les plus joyeux du culte. Rien de poétique comme cette solennité. Pourquoi les gais rayons du soleil ne venaient-ils pas éclairer cette fête? Au lieu de cela, des torrents de pluie défoncèrent les chemins, inondèrent les pèlerins, firent ruisseler les bannières ; mais rien ne trahit un instant d'hésitation. Quand la tourmente faisait rage, la chapelle étincelait de lumières, l'encens brûlait, les chœurs retentissaient, et chacun suivait pieusement les prières de la messe célébrée avec tant d'éclat. Pendant ce temps, la petite cloche, dont la bénédiction avait eu lieu la veille, résonnait de ses plus joyeux accents et portait au loin la bonne nouvelle. Le reste du jour, ce fut réjouissance au village, parce que les habitants avaient retrouvé la protectrice des anciens jours.

Le clergé comptait à cette fête de nombreux représentants. M. Perrin, vicaire général, présidait la cérémonie. Il était assisté de MM. les curés de Saint-Jean de Besançon, de Baume-les-Dames, de Grandfontaine, de l'Isle-sur-le-Doubs, de Rioz, de M. Caillet, missionnaire d'Ecole, de M. l'abbé Echenoz, aumônier militaire, et de près de cinquante prêtres de la province. Un député, M. de Mérode, y était présent; on voyait aussi M. Ducat, l'architecte si habile et si désintéressé de la chapelle. La messe en musique avait été exécutée par les frères de Marie de Besançon et de Courtefontaine. Une pieuse pensée était réalisée : la religion avait relevé un de ses autels détruits, et les cœurs et les esprits s'étaient une fois de plus détachés de la terre pour s'élever vers le ciel et vers Dieu.

A. Gauthier.

DISCOURS

PRONONCÉ LE 22 AOUT 1872,

POUR LA

BÉNÉDICTION DE LA CHAPELLE DE N.-D. DU MONT.

Ecce enim ex hoc beatam me dicent omnes generationes.
Désormais toutes les générations publieront mon bonheur.
(*Luc.*, I, 48.)

Ainsi la femme bénie entre toutes les femmes voyait d'avance les honneurs que lui décerneraient ses enfants, elle comptait les paroisses, les cités, les empires, qui devaient la choisir pour patronne ; elle assistait, dans un ravissement prophétique, à l'inauguration de ses temples et de ses autels ; et suivant d'un œil ému la pompe de nos fêtes, elle s'écriait avec une confiance que tous les siècles et tous les lieux justifient par un accord unanime : Désormais toutes les générations publieront mon bonheur : *Ecce enim ex hoc beatam me dicent omnes generationes.*

La solennité qui nous réunit appartient aux

gloires de Marie, et c'est avec les paroles de Marie elle-même qu'il convient d'en célébrer la joie et la grandeur. Le Ciel en soit béni ! Le pèlerinage de Notre-Dame du Mont est restauré; l'œuvre est achevée, l'église est debout, le clergé et le peuple viennent, après quatre-vingts ans de révolutions et d'épreuves, reprendre le long de ces hauteurs le chemin tracé par nos ancêtres ; voilà l'autel où le saint sacrifice, interrompu depuis quatre-vingts ans, va être célébré par le prêtre en qui nous saluons aujourd'hui d'une commune voix le restaurateur et le chapelain de Notre-Dame du Mont. La modestie sacerdotale refuse toutes les louanges, reportons-les à Marie et disons avec Marie elle-même ces paroles qui s'appliquent si bien à son culte, à cette fête, à cette restauration, à tous les souvenirs de ces lieux : Désormais toutes les générations publieront mon bonheur : *Ecce enim ex hoc beatam me dicent omnes generationes.*

Je crois être agréable à votre piété en vous proposant pour sujet d'entretien l'histoire de ce pèlerinage. C'est une page de vos annales religieuses que je viens vous raconter. Vous y trouverez, je l'espère, de quoi vous édifier, vous instruire, animer votre dévotion et soutenir les espérances de votre vie chrétienne. Les faits et les chroniques sont ici la plus éloquente prédication.

Parmi les contrées chères à Marie, la province de

Franche-Comté, plus grande en piété qu'en territoire, peut revendiquer un des premiers rangs. Chaque siècle y a vu naître des saints, mais le culte de Marie y est de tous les siècles. Chaque église a ses protecteurs et patrons, Marie étend son sceptre et abaisse ses regards maternels sur toutes nos églises à la fois. Ici elle brise les fers de la captivité : c'est Notre-Dame de Consolation dans les gorges du Dessoubre ; là elle assiste les agonisants : c'est Notre-Dame des Malades, si chère aux habitants de Vercel ; ailleurs elle tend les bras aux affligés : c'est Notre-Dame des Douleurs près de Voray. Salins se confie à Notre-Dame Libératrice, Conliége à Notre-Dame de Lorette, Echenoz à Notre-Dame de Solleborde, Poligny à Notre-Dame de Vaux. Citons encore Notre-Dame de Leffond, de Miéges, de Bletterans. Besançon implore sa chère image de Notre-Dame des Jacobins, et reprend le chemin de la chapelle des Buis, qui couronne les hauteurs de la citadelle. L'Alsace, la Lorraine, la Franche-Comté, tournent ensemble leurs regards vers Notre-Dame de Ronchamp : c'est la gardienne commune de trois provinces toujours amies et, malgré la fortune, toujours également françaises. Notre-Dame de Gray est connue de toute la France : c'est le plus beau joyau de la couronne que nos ancêtres ont posée sur la tête de la Mère de Dieu.

Mais cette divine Mère a gardé, ce semble, les bords du Doubs avec un soin tout particulier, depuis la source de cette rivière, où l'on trouve Notre-Dame du Lac et Notre-Dame de Remonot, jusqu'aux montagnes d'Aigremont et du Mont-Roland, si remarquables par l'antiquité de leurs traditions et l'affluence de leurs pèlerins. C'est le long de cette chaîne bénie qu'elle a choisi pour un de ses trônes les hauteurs de Thoraise et qu'elle a voulu y être invoquée sous le nom de Notre-Dame du Mont. Remarquez bien à quels nobles cœurs elle a inspiré cette grande pensée. Il y a dans l'histoire des familles privilégiées qui prennent l'initiative des entreprises religieuses. Telle fut la maison d'Achey, qui posséda dès le xive siècle la seigneurie de Thoraise et qui fit revivre la piété et la foi des sires de Montferrand, d'où elle était sortie. Parmi leurs exemples domestiques, les seigneurs d'Achey trouvaient celui de défendre et de servir l'Eglise. Ils donnaient des prélats aux plus grands siéges et des abbesses aux monastères les plus illustres. Partout où l'on trouve leur nom, on trouve aussi la trace de leur dévotion envers Marie. Parcourez les forêts de leurs domaines, vous y verrez les chênes se creuser pour servir d'asile et de tabernacle aux statues de la Vierge ; regardez les oratoires qu'ils relèvent, vous y lirez le vocable de l'Immaculée Conception. Enfin personne n'a glorifié avec plus d'éclat que l'archevêque Claude d'Achey ce premier et incomparable privilége de la Mère de Dieu, puisqu'il a fait de la fête de l'Immaculée Conception la fête patronale de tout son diocèse, attestant ainsi, de la manière la plus solennelle, que cette croyance, devenue un dogme, était aussi ancienne et aussi profonde que la foi de nos pères. Voilà l'illustre maison à qui Marie a confié le soin de sa gloire, voilà le prélat qu'elle a élu pour donner au pèlerinage de Notre-Dame du Mont sa célébrité et son éclat.

Le pèlerinage commence à la fin du xvi° siècle. Représentez-vous l'état de notre chère Franche-Comté : au nord, l'hérésie, introduite par la violence dans la principauté de Montbéliard ; à l'est, les paysans de la terre de Saint-Claude repoussant les soldats armés par Calvin, et les habitants de Morteau changeant leurs rochers en remparts et leurs faux en glaives vengeurs pour prévenir l'invasion de la Réforme ; au centre, Besançon attaqué, surpris dans une nuit fameuse, mais renvoyant à l'hérésie terreur pour terreur et ne laissant pas dans ses murs un seul soldat ni un seul adepte du protestantisme. Au dehors, tout était péril et combat ; au dedans, tout fut grâce, miracle et victoire. Jésus venge sa présence réelle en opérant le prodige de Faverney ; Marie vengera son culte en multipliant ses bienfaits et en signalant partout son nom à la fois redoutable et béni.

Thoraise est une des hauteurs sur lesquelles elle veut marquer la trace de ses pas. Sous l'inspiration du seigneur d'Achey, une humble chapelle fondée en 1590 s'agrandit peu à peu et finit par devenir un temple au commencement de l'âge suivant. Telle est son importance qu'on la consacre solennellement en 1615, et qu'un des plus dévots serviteurs de Marie, le P. Poiré, dans son ouvrage sur la *Triple Couronne* imprimé en 1630, cite Notre-Dame du Mont, « près de Thouraise, » parmi les pèlerinages célèbres de Franche-Comté. Consultez les titres de ces temps reculés ; c'est ici qu'un chapelain fixe sa demeure pour répondre à la piété des pèlerins ; ici que les fiancés viennent faire bénir leurs promesses ; ici qu'on apporte les enfants nouveau-nés ; ici que les prêtres aiment à marquer le repos de leur tombe. Les espérances des fiançailles, les joies du mariage, les premiers cris de la vie, les leçons et les souvenirs de la mort, tout s'abrite et se sanctifie au pied de cet humble autel. Notre-Dame du Mont accueille, soutient, bénit ses enfants sur les hauteurs qu'elle aime ; du berceau jusqu'à la tombe, elle les attire auprès d'elle, tempérant leur joie, consolant leur tristesse, renouvelant leur piété, comblant leurs vœux, se faisant une auréole de gloire avec les *ex-voto* dont la reconnaissance entoure son front, un trône miraculeux avec les béquilles désormais inutiles que les infirmes entassent à ses pieds. Je vous salue, oratoire disparu, trône de miséricorde devenu invisible aux regards mortels. Ah ! qu'importe que le temps vous ait détruit ; non, il n'a rien effacé dans le ciel de tant de grâces obtenues, de tant de guérisons merveilleuses, de tant de conversions qui ont fait l'allégresse des anges et la gloire de Jésus, et Notre-Dame du Mont demeure, dans l'assemblée des élus, toute rayonnante de clarté sur l'autel que la piété de nos pères avait bâti avec les souvenirs de leur reconnaissance et les efforts de leur amour.

Laissez passer au pied de ce sanctuaire la guerre de dix ans avec la peste et la famine, triste cortége de ces longs combats. A peine la paix est-elle rendue à la Franche-Comté, que la chapelle de Notre-Dame du Mont devient plus populaire que jamais. Ce n'est pas assez pour la tendre piété de Claude d'Achey d'ordonner la restauration du monument et de le faire consacrer le 21 novembre 1648 par son suffragant, dom Joseph Saulnier, évêque d'Andreville (1). L'illustre prélat va encore plus loin. Dans son zèle pour la gloire de Marie et pour le pèlerinage si cher à la maison d'Achey, il veut étendre à toute la province les grâces dont il plaisait à Dieu de combler son épiscopat. C'est dans ce but qu'il institue une

---

(1) Die 21 novembris 1648 consecrata est ecclesia Sanctæ Mariæ de Monte prope Toraise ad instantiam domini Chevillot, presbyteri, in honorem ejusdem Virginis Annuntiatæ, et in altari fuere inclusæ reliquiæ SS. Sociorum S. Dionisii, Ferreoli et Ferrucii, S. Joannis Baptistæ, S. Marini, S. Justi et S. Juliani, martyrum. Et fuere ibidem confirmati circiter 80.

(Pontifical de Joseph Saulnier, abbé de St-Vincent et évêque d'Andreville, suffragant de Besançon. — Fonds St-Vincent. — Série H, Archives du Doubs.)

In ejus (Thoraize) territorio eremus elegans cum adjuncto sacello

confrérie sous le titre de Notre-Dame du Mont. Le clergé, la noblesse, le peuple, chacun s'y enrôle à l'envi. Ecoutez le témoignage d'un auteur contemporain : « Quantité de personnages considérables vont tous les ans en pèlerinage à cet oratoire. Le nombre des confrères, fixé d'abord à cent, s'éleva tellement, qu'on fut obligé de le limiter et de le fixer à cinq cents. Un prieur, choisi parmi les hauts dignitaires du clergé, dirigeait la confrérie. Il y avait, continue le même auteur, un vrai sujet d'édification à voir des personnes de toute condition, soit de la ville, soit des paroisses de la campagne, suspendre leurs occupations pour venir en ce lieu satisfaire leur piété et rendre leurs hommages à Marie. Ce n'était point une dévotion qui ressentit le faste ni l'éclat ; c'était une assemblée pieuse de gens de bien qui venaient uniquement pour adorer Dieu et vénérer sa sainte Mère. »

Je n'ai pas besoin de vous dire qu'une dévotion si populaire ne tarda pas à recevoir l'attache du saint-siége. Par une bulle donnée en 1677, le pape

---

in monte sub titulo B. V. Mariæ, unde vulgo dicta Notre-Dame du Mont, in qua confraternitas solemnis cujus confratres tenentur pro quolibet sodali defuncto celebrare aut celebrari facere; conventus sodalium quotannis celebratur in dicto sacello, in die octavo Assumptionis B. V. Mariæ. Habet sodalitas indulgentias plenarias à summo pontifice ; ei initium dedere parochi d'Osselle, Busy, Grandfontaine et Byans et aliquot laici pro solis masculis duabus tantum leucis ab eremo dissitis. Et approbavit Claudius archiepiscopus decima septembris 1647. Fundatores sacelli dicuntur domini d'Achey.

(Pouillé dioc. Décanat de Sexte, p. 48.—Série G, Arch. du Doubs.)

Innocent XI autorisa la confrérie, en loua le but et l'enrichit d'indulgences. Ce fut Antoine-Pierre de Grammont, le Borromée de la Franche-Comté, qui reçut cette précieuse autorisation et qui développa l'œuvre de son illustre prédécesseur. Oh! ne craignez rien, désormais, pour la chapelle de Notre-Dame du Mont. Quand les d'Achey s'éteignent, les Grammont revendiquent l'honneur de protéger le miraculeux sanctuaire. Quand l'édifice menace ruine, c'est l'architecte Nicole qui le relève en consacrant les premiers crayons de son art à la gloire de sa paroisse natale. C'est le chanoine d'Orival qui le bénit; c'est un autre Grammont, Antoine-Pierre II, qui le prend sous sa protection. Non! je ne me lasserai pas de redire ces noms, que la Franche-Comté prononce avec respect depuis des siècles. Ce sont des noms qui ne rappellent qu'honneur, noblesse, talent, religion, piété, dévouement au pays, et ceux qui les portent aujourd'hui sont, comme leurs ancêtres, de pieux et fervents serviteurs de Marie.

J'aborde des temps où la hache a fait tomber les plus nobles têtes et le marteau les plus nobles monuments. Honte au crime! flétrissons-le! paix aux pécheurs! pleurons sur eux! Mais avant que la révolution eût changé le sanctuaire de Notre-Dame du Mont en un monceau de ruines, une jeune fille avait été élevée à l'ombre de cet autel protecteur, et elle y avait appris à pratiquer la charité. Un jour qu'elle parait de fleurs l'image de

Marie, un cri perçant frappe son oreille. Elle sort de la chapelle, pénètre dans le bois voisin, et trouve un pauvre enfant, tout meurtri et presque mourant, qui vient de tomber d'un arbre. Elle prend, elle charge la victime sur ses épaules, que ce poids ne fait point plier, la dépose un moment au pied de l'autel, puis la porte à sa mère, panse ses blessures, veille à son chevet, se constitue sa garde-malade, et ne la quitte point qu'elle ne l'ait guérie à force de soins, de prières et de tendresse. Oh! laissez-la croître cette jeune fille qui dans un sein vierge porte déjà un cœur de mère. On l'appelle Anne Biget dans son village; l'Europe un jour l'appellera sœur Marthe. L'humble cliente de Notre-Dame du Mont remplira les hospices et les palais du bruit de son nom et des prodiges de son dévouement. Etrangers et Français, alliés et ennemis, chacun la bénit et l'honore, parce que, dans les batailles qui ont mis toutes les nations sous les armes au commencement de notre siècle, elle fut pour les soldats de toutes les nations une sœur, disons mieux, une mère. Venez maintenant, princes et seigneurs, couvrez sa poitrine de décorations, vous ne lui ferez oublier ni Thoraise son berceau, ni Notre-Dame du Mont sa protectrice, ni la chapelle où elle a passé les jours de sa première enfance, ni les premières inspirations qu'elle y a puisées pour dévouer sa vie au soulagement de l'humanité souffrante.

Ainsi, quand Notre-Dame du Mont semblait abandonnée, au milieu même des révolutions, des orages et des guerres, elle inspirait et soutenait encore la charité, elle avait son héroïne, elle continuait son œuvre, et c'était à Marie, dans la personne de sœur Marthe, que se reportaient, comme autant d'*ex-voto*, les hommages des princes et l'admiration des peuples.

Quand de telles traditions enfantent de tels prodiges, c'est pour la postérité une loi de les recueillir, et l'on peut être assuré qu'un tel pèlerinage aura encore dans l'avenir une longue et belle histoire. Voyez ce qu'est devenue Notre-Dame du Mont ! Bien loin de la faire oublier, les révolutions n'ont réussi qu'à en étendre la gloire. Trois lieux se disputent l'honneur de la vénérer. La paroisse de Serre-les-Sapins possède la statue qui a été l'objet de tant d'hommages ; la maison des missionnaires diocésains est devenue le centre de la confrérie qui a été signalée par tant de faveurs apostoliques ; il reste à Thoraise les souvenirs de trois siècles et les traces de cent mille pèlerins. On nous parle avec une sainte émotion de ces paroisses et de ces communautés du moyen âge qui se disputaient l'honneur de posséder les reliques des saints, et qui rivalisaient, pour les obtenir ou les conserver, d'ardeur, de piété, de nobles efforts et de pieuses ruses. Mais quoi ! n'est-ce pas la même foi que nous voyons aujourd'hui ? Thoraise rebâtit le sanctuaire de

Notre-Dame du Mont, quoiqu'il n'ait plus que des souvenirs ; Ecole garde les archives de la confrérie et en célèbre avec pompe les solennités touchantes; Serre veille sur la sainte image avec une noble et filiale jalousie. N'essayez point de réunir ce qu'il a plu à la divine Providence de séparer ; ce sont les épaves de la foi et de la piété recueillies avec un droit égal et un égal amour, puisqu'il s'agit de notre mère commune. Ce sont les débris d'un magnifique héritage que des enfants possèdent et gardent au même titre, car ils sont tous enfants de Marie, et Marie a pour eux la même tendresse et les mêmes soins. O impiété ! tu as donc été trompée dans tes calculs. Il ne t'a donc rien servi de railler, de détruire, de disperser ! Autant tu as fait de ruines, autant les pierres de ces ruines éparses ont ressuscité et fleuri. Le culte sacré de Marie est descendu des hauteurs de Thoraise dans les plaines d'alentour ; c'est la rosée bienfaisante qui, après avoir baigné les sommets, se répand de vallée en vallée et porte partout la fraîcheur, la grâce et l'abondance.

Mais ce n'était pas assez pour Thoraise de conserver ces pieux souvenirs. La pensée de restaurer le pèlerinage est née, il y a dix-huit ans, de la proclamation du dogme de l'Immaculée Conception. C'est au lendemain de cette fête si fameuse dans les annales de notre siècle que le curé de Thoraise s'est fait quêteur et pèlerin, et qu'il a sollicité, sou par sou, la charité publique pour relever sur cette montagne l'antique sanctuaire de Notre-Dame du Mont. Que de peines, que de travaux, que d'épreuves et parfois que de disgrâces ! Après avoir racheté la terre sacrée du pèlerinage et jeté les fondements du nouvel édifice, il est forcé de s'éloigner de Thoraise, laissant à d'autres le soin de le continuer. Son successeur se met au travail ; mais il laisse sa vie sur ces murs inachevés. Vous n'avez point oublié ce dévoué pasteur qui a payé de sa tête le zèle avec lequel il veillait sur ces travaux, encore une fois interrompus par sa mort. Regardez ces deux tombes réunies au pied de cet autel ; quel rapprochement ! L'une est celle de messire Claude Chanu, chapelain de Notre-Dame du Mont, qui, en 1722, tombe du haut de cette montagne, roule jusqu'à la profondeur de cent douze pieds sans se faire aucune blessure, et remonte à pied, le lendemain, pour célébrer dans la chapelle une messe d'action de grâces. L'autre est celle de M. l'abbé Amiot, qui, le jour même de l'Immaculée Conception, le 8 décembre 1863, fait ici une chute mortelle et laisse tous les cœurs remplis tant des pieux souvenirs de sa vie que de la triste impression de sa mort. Ah ! si Marie n'a pas envoyé ses anges, comme elle l'avait fait dans un autre siècle, pour préserver votre corps de ce funeste accident, ô cher et vénéré confrère, n'accusez pas sa sollicitude maternelle ; c'est à votre âme qu'elle leur a ordonné de porter leurs soins ; c'est à votre lit de mort qu'elle a prodigué ses faveurs ; c'est votre dernier soupir qu'elle a sanctifié par la résignation et par la piété. Reposez en paix, ministre de Jésus-Christ, au pied de cet autel qui se relève. Que votre corps meurtri serve de fondement au nouveau tabernacle ! Dieu viendra un jour le prendre des mains de sa Mère pour vous le rendre, glorieux et transfiguré, avec l'auréole du dévouement et du martyre.

Il entrait dans les vues de ce Dieu de miséricorde que le prêtre qui avait commencé la restauration du pèlerinage mît la dernière pierre à l'édifice. C'est pourquoi Dieu l'a ramené ici comme par la main. Il vous l'a ramené, en dépit de la religieuse paroisse qui voulait le retenir, en dépit de son âge et de sa santé, en dépit de ce que le monde appelle la raison, la nature, les convenances; il l'a ramené pour l'éprouver encore par mille contrariétés et mille accidents ; il l'a ramené parce que sa Mère le voulait pour être à Thoraise votre curé et à Notre-Dame du Mont son premier chapelain. Non, je ne louerai ni sa persévérance, ni son zèle, ni sa piété, l'amitié me l'a interdit, mais je vous remercierai en son nom, puisque vous avez compris son grand cœur et que vous lui avez donné d'achever son ouvrage. Agréez donc tous nos remerciements, et pour cet autel que la piété d'un prêtre a bâti, et pour cette cloche, don d'une famille si honorable et si chrétienne, qui doit apprendre trois fois le jour aux échos de la montagne le nom et les louanges de Notre-Dame, et pour ces verrières qui font rayonner au fond de cette enceinte le glorieux mystère de son Assomption. Que reste-t-il à souhaiter encore? Je vois des socles qui attendent des statues. Ils sont destinés aux images de saint Pierre et de saint Paul, les patrons de l'Eglise universelle, et à celles des saints Ferréol et Ferjeux, les apôtres de l'Eglise de Besançon. Hâtez-vous, renouvelez vos offrandes, comblez tous les vœux, couronnez cette montagne de tous les signes qui peuvent attester votre foi et attirer sur nous l'abondance et la plénitude des miséricordes éternelles.

O Marie! ô ma Mère! la France vous implore aujourd'hui par ma voix. Nous achevons sous vos auspices l'octave de cette fête plus que deux fois séculaire, dans laquelle un roi s'est mis, avec sa maison et son peuple, sous la protection de votre main. C'est de ce vœu qu'est sorti Louis le Grand, avec son siècle, c'est-à-dire avec le génie, la science, la vertu, la piété, l'éloquence et la gloire. Non, ma Mère, nous n'avons pas démérité de votre amour, c'est le même peuple qui vous honore, c'est la même langue qui vous chante, c'est le même sacerdoce qui relève vos temples et vos autels. Ces plaines, ces montagnes, cette vallée du Doubs, retentissent comme il y a trois siècles de votre nom et de vos louanges. Hier vous avez été couronnée à Mont-Roland par la main de l'évêque de Saint-

Claude, sur les ordres du souverain pontife. Aujourd'hui vous êtes acclamée et bénie sur les hauteurs de Thoraise au nom de l'archevêque et du diocèse de Besançon, dans une imposante assemblée de prêtres et de fidèles qui forment autour de vous une couronne d'honneur et de vertus. Ici nous nous croyons plus près du ciel, parce que nous sommes à vos pieds, que vos regards nous animent et que vos bras nous soutiennent. Elevez-nous encore davantage, ô ma Mère, élevez au-dessus des passions de la chair et des bassesses du temps cette paroisse, ce diocèse, cette province, cette France que vous aimez. Sauvez la France, rassurez le monde, apaisez autour de l'Eglise les tempêtes de l'irréligion, et que les pèlerins qui vous auront saluée ici-bas comme le guide de leur marche, tombant des bras de la mort sur votre sein maternel, ressuscitent à la gloire parmi les ravissantes clartés de la céleste Jérusalem.

NOTRE-DAME DE CHATILLON-LE-DUC,

PRÈS BESANÇON.

Le 22 et le 23 octobre 1870 resteront des dates mémorables dans les annales de Besançon. L'ennemi s'approchait de nos murs ; quelques bataillons étaient sortis à la hâte pour arrêter sa marche, la garde nationale courait aux remparts, et l'on entendait autour de Châtillon-le-Duc la voix sinistre du canon. Tandis que mille sentiments divers, inspirés par l'amour de la patrie, agitaient tous les cœurs, une pieuse chrétienne implorait la Vierge Marie et faisait le vœu d'élever une statue en son honneur.

Ce projet fut bientôt connu ; Mgr le cardinal archevêque de Besançon le bénit et donna le noble exemple de la générosité ; une souscription fut ouverte en faveur de l'œuvre. M. le curé de Châtillon y mit son zèle, M. l'architecte Ducat son talent, et la statue de la Vierge Marie couronne aujourd'hui le sommet de la montagne, désormais célèbre.

La bénédiction de ce monument a eu lieu le jeudi 14 novembre 1872, à onze heures du matin. L'enceinte de l'église n'a pu contenir la foule qui, malgré la rigueur de la saison, était venue rendre hommage à la Vierge Marie et témoigner de son souvenir pour les braves soldats qui avaient défendu cette cime escarpée. On remarquait dans l'assemblée M. Loiseau, premier président de la cour d'appel, M. le général d'artillerie Crouzat, M. le lieutenant-colonel de Bigot, M. Rozet, ancien colonel des mobilisés du Doubs, M. Ducat, M. Card, M. le marquis de Lénoncourt, ancien capitaine d'état-major, M. L. de Sainte-Agathe, M. J. Chalandre, deux aumôniers décorés de la Légion d'honneur, M. l'abbé Besson, missionnaire du diocèse de Saint-Claude, ancien aumônier des mobiles du Jura, et M. l'abbé Echenoz, aumônier de la place de Besançon. Dans le sanctuaire, M. le curé de Saint-Jean, M. l'abbé Boilloz, missionnaire d'Ecole, M. le curé de Marchaux, tous les prêtres de la contrée.

M. Ruckstuhl, vicaire général, présidait la cérémonie au nom de Son Eminence.

La messe a été célébrée par M. l'abbé Denizet, curé de Châtillon. La fanfare du 3ᵉ bataillon de chasseurs a joué pendant l'office des airs guerriers et religieux dont toute l'assistance a remarqué la perfection et apprécié le sentiment. Après la messe, M. l'abbé Besson, supérieur du collège de Saint-François-Xavier, a fait entendre du haut de la chaire ces nobles accents de foi et de patriotisme qui émeuvent les âmes vraiment chrétiennes et vraiment françaises. Il raconta ces deux fameuses journées, l'émoi de la cité, le courage des nôtres, la retraite de l'ennemi, et fit valoir l'importance du monument élevé par la reconnaissance à Celle qui est nommée le *Secours des chrétiens*.

La procession se développa ensuite dans le chemin aux replis multiples et gracieux qui conduit au pied de la statue de la Sainte Vierge. Isolée sur un rocher qui s'avance comme un cap au front de la montagne, cette statue, haute de trois mètres, se dresse sur une sorte de tour carrée dont les créneaux rappellent la cité voisine. Les armes de la ville de Besançon ornent le socle de la statue. On lit sur les faces du piédestal les inscriptions suivantes :

MONUMENT D'ACTIONS DE GRACES.
COMBATS DES 22 ET 23 OCTOBRE 1870.
DÉLIVRANCE DE BESANÇON.
Ave, Maria.
SOUSCRIPTION DU CARD. ARCHEVÊQUE DE BESANÇON ET DES FIDÈLES DU DIOCÈSE.

La base du monument repose sur une esplanade qui domine les contours du chemin. Sur cette esplanade se groupèrent le clergé, les autorités civiles et militaires et une partie de la foule.

Après la bénédiction du monument, M. le général Crouzat, dans un discours plein d'une mâle énergie, rappela les combats de Châtillon, montra les tombes de ceux qui étaient morts avec courage, et, à ce souvenir, il nous adjura tous de songer à la résurrection de la France, résurrection qui se fera « avec l'aide de Dieu. » Ce souhait semblait heureusement inspiré par la beauté du site et l'éclat de la cérémonie. La terre avait revêtu son manteau d'hiver, les buissons agitaient sous le léger souffle du vent leur blanche et froide parure; mais un soleil radieux faisait reluire les chapes d'or, les croix et les oriflammes frissonnantes. Ne pouvait-on pas dire là, aux pieds de Marie : C'est le soleil de l'espérance? Le site est fait pour le plaisir des yeux et les grands sentiments de l'âme. A droite, le cours sinueux de l'Ognon, les Auxon, témoins de la fusillade, les bois qui recélaient les Prussiens et les pentes d'où nos soldats décimaient leurs rangs, Cussey, où périrent tant de braves en arrêtant l'ennemi, la pointe du château d'Oiselay, au pied duquel passèrent les chars venus pour le pillage et qui emmenaient silencieusement les morts et les blessés d'outre-Rhin. De l'autre côté, les hauteurs de Montfaucon préparées pour la défense, les profondeurs bleuâtres de Besançon, ses forts; près de Miserey la chapelle des saints Ferréol et Ferjeux, où les canons allemands demeurèrent muets ou inutiles, et, plus loin, autre gage d'espérance, le sommet qui porte Notre-Dame du Mont; enfin les ondulations des montagnes couronnées par le sanctuaire de Mont-Roland.

Mais qu'étaient ces sites, ces souvenirs, auprès des sentiments qui agitaient les âmes? En redescendant les sentiers de Châtillon, on avait sous les yeux quelques tombes des victimes de la guerre. La patrie semblait dire à chacun de nous, en montrant et ces tombes et la statue de Marie :

> Voilà le souvenir et voici l'espérance !
> Emportez-les, mon fils.

H. RIGNY.

DISCOURS

PRONONCÉ LE 14 NOVEMBRE 1872,

A LA

BÉNÉDICTION DU MONUMENT DE CHATILLON-LE-DUC.

Ave, Maria !

C'est la salutation de l'ange à Marie ; l'Eglise, qui la redit depuis dix-huit siècles avec un goût merveilleux, semble ne se répéter jamais, tant cette redite plaît à son amour, et la pierre du souvenir sur laquelle vous venez de graver cette parole bénite, la redira avec l'expression toute particulière d'une patriotique reconnaissance. Ainsi ce n'est plus autour d'une tombe que les chefs de l'Eglise, de la magistrature et de l'armée se réunissent aujourd'hui. Un autre monument nous appelle au sortir de ce temple. Plus de marches funèbres, plus de fronts tristement baissés, plus d'adieux déchirants ni de pleurs répandus dans le champ du repos. Nous irons saluer et bénir, au nom de tout le diocèse de Besançon, l'image de Marie, notre auguste patronne, et après les accents de triomphe que mérite ici la fortune de nos armes, nous aurons des accents de vénération et d'amour pour la Vierge à qui nous en rapportons tout l'honneur. Voilà le souvenir qui nous amène dans cette église ; voilà le devoir que nous venons remplir. Conservons dans nos annales le récit des journées de Châtillon, et remercions le Ciel, qui nous a sauvés. Vous constatez la grandeur du bienfait par la solennité des actions de grâces. Je satisferai donc à tous vos désirs, en venant rappeler ici la gloire modeste, mais véritable, de ces deux journées, et en me faisant l'interprète de cette gratitude, à la fois chrétienne et patriotique, dont tous vos cœurs sont pénétrés.

I. On a fait à nos ennemis une réputation de savants, qui les honore et qui nous confond. Je doute cependant qu'ils aient profondément étudié la géographie et l'histoire de ces lieux. Connaissaient-ils cette ligne admirable de défense que forme la côte de Châtillon avec ses bois épais, ses revers pleins d'accidents et ses secrets replis? Savaient-ils que les châteaux de Châtillon, de Choye, de Gy et de Gray, placés d'étage en étage entre le Doubs et la Saône, commandaient dès le moyen âge à toute la Comté de Bourgogne ; que les ducs, nos derniers maîtres, prêtaient foi et hommage aux archevêques de Besançon pour en obtenir la garde, et que le nom même de Châtillon-le-Duc, souvenir de leur domination autant que de leur séjour, atteste l'importance capitale de ces inexpugnables hauteurs? Ce que nos livres auraient pu leur apprendre, une maîtresse impérieuse, l'expérience, les a bien forcés à le retenir. Châtillon aura désormais une place dans leurs cartes comme dans leur histoire.

Werder, l'heureux vainqueur de Strasbourg, s'était promis de surprendre Besançon et d'écraser sous nos murs l'armée de Cambriels, qui venait à peine d'établir ses campements. Il néglige Belfort, traverse la Haute-Saône à marches forcées, s'arrête à peine à Vesoul, passe à Rioz et débouche à Oiselay, sur le bassin de l'Ognon : c'était le 22 octobre 1870. Jamais soleil ne s'était levé sur lui avec les présages d'une plus heureuse journée. Il étendait sa ligne de bataille sur toute la rive droite et s'apprêtait à franchir la rivière à Etuz aussi bien qu'à Voray. Sept cents mobiles, disons mieux, car notre campagne n'a rien eu de plus brave, sept cents héros des Vosges, soutenus par le bataillon des Hautes-Alpes venu à leur secours, arrêtent l'ennemi pendant cinq heures entre Etuz et Cussey. Ils ne cèdent que vers le milieu du jour, menacés par un mouvement tournant, après avoir repris et soutenu trois fois le combat. Au bruit de cette héroïque résistance, Besançon se remplit d'admiration et de mouvement, sort des murs, se porte tout entier vers Châtillon comme vers sa première et sa plus sûre défense. Ni le général Cambriels ni l'état-major de Besançon n'avaient manqué de résolution ou d'activité. Le colonel Perrin avait guidé une colonne de reconnaissance à travers les bois qui couvrent la rive droite de l'Ognon; le commandant d'Olonne y avait mené nos mobiles du Doubs avec toute la sécurité que lui donnait la connaissance du pays et toute la hardiesse qu'il savait inspirer à ses troupes. Mais le moment est venu d'attendre l'ennemi au lieu de le chercher. Il est quatre heures. L'ennemi a passé l'Ognon sur toute la ligne. Buthiers, Voray, Devecey, sont abandonnés, les bataillons qui les quittent, le 85e et le 78e, mêlés à un détachement du 16e chasseurs, s'adossent comme des tours, mais comme des tours qui savent réparer leurs brèches, aux rochers de Châtillon. Tout l'intérêt de la soirée se concentre sur ce point redoutable. Le canon commence la bataille, mais la hauteur de notre position trompe la portée des meilleures pièces, et les obus les mieux lancés éclatent à peine au seuil de ce rempart formé par la nature. Deux pièces suffisent au colonel Perrin pour éteindre les batteries de l'ennemi et porter la mort dans ses plus fières colonnes. Son tir, d'une extrême justesse, frappe tout ce qu'il vise et couche par terre tout ce qu'il frappe. Cependant, une vive fusillade éclate dans les vignes, à travers les buissons, jusqu'à mi-chemin du village. Plus d'un brave est atteint, mais là où nous relevons dix blessés, l'Allemand viendra cette nuit relever plus de cinquante morts. Qu'il change son plan d'attaque, le sort de nos armes ne changera pas : Auxon est deux fois attaqué, mais deux fois conservé à notre drapeau. Le colonel de Bigot, qui a été l'âme de toute notre défense, est accouru pour contenir l'ennemi dans la plaine. Cette armée victorieuse par le nombre, qui s'avance avec la tranquillité de la manœuvre, ne le déconcerte pas. Avec une demi-batterie d'artillerie, il la prend en écharpe et la force à se replier devant lui. Une heure après, une nouvelle colonne ennemie s'avance en échelons, crible Auxon d'obus et finit par y pénétrer. Mais le 47ᵉ de marche et un bataillon des Vosges descendent les hauteurs et chargent les Allemands à la baïonnette, tandis que les zouaves se précipitent sur les flancs de l'ennemi pour lui couper la retraite, le prennent corps à corps, le culbutent, le délogent, et couronnent la journée du 22 de toute la gloire d'une expédition africaine. Werder n'ira donc pas coucher à Besançon, comme son audace se l'était promis. Besançon dormira donc encore une nuit sous le drapeau de la France. Mais quelle sera la journée du lendemain ?

Vous vous rappelez ce réveil du 23 octobre, mêlé de gloire et d'inquiétudes, ces nouvelles démenties à chaque quart d'heure, ces patriotiques alarmes peintes sur tous les fronts avec l'expression d'un mâle courage. Tous les citoyens étaient soldats et tous les soldats couraient à leur poste. Les uns veillaient sur les remparts, d'autres improvisaient des tranchées, des redoutes, des terrassements, d'autres allaient, le fusil à la main, à la rencontre de l'ennemi. Cambriels, qui s'était rapproché de la place, laisse croire aux Allemands que nous avons abandonné nos positions. Il faut tenter un nouvel effort, il faut escalader Châtillon au pas de charge. Six compagnies d'élite montent à l'assaut. Elles hésitent un moment, mais les chemins semblent ouverts, le canon se tait, on n'entend pas même le sifflement d'une balle. Ce silence les rassure, leur ardeur redouble, l'espoir leur donne des ailes ; encore quelques pas, et Châtillon est emporté. Non, les Allemands n'emporteront d'ici que la honte et la mort. La légion bretonne suffit à la garde de cette formidable position. Nos soldats embusqués derrière les arbres jaunis par les vents d'automne ont laissé venir l'ennemi jusque sous leur feu. Une effroyable décharge jette le désordre dans les rangs. Quelle confusion ! quelle fuite précipitée ! Voyez comme ils tombent les uns sur les autres. Les fuyards se cachent, les blessés demeurent à l'abandon, il faut attendre l'entrée de la nuit pour relever les cadavres et calculer les pertes. Ce second assaut ne nous a pas coûté un seul homme, mais l'Allemagne pleure ses soldats par centaines, mais elle nomme un colonel tué sous Châtillon, mais elle regarde, en s'éloignant, ces inaccessibles hauteurs, elle les maudit, elle les déclare inutiles à ses desseins parce qu'elles sont imprenables à son courage. Non, l'Allemand ne les emportera pas. Il faut, pour monter sous le feu, quelque chose de plus que le nombre des soldats, la régularité des mouvements, l'obéissance docile de toute une colonne ; il faut la hardiesse, la témérité, la grandeur d'âme. Il faut qu'un Condé jette dans les rangs ennemis son bâton de commandement, qu'il mette pied à terre pour le reprendre, qu'il entre le premier dans la place. L'Allemand sait vaincre, mais il ne sait pas risquer sa vie pour ravir la victoire.

Ce n'est pas encore le dernier assaut. Les ennemis, ne pouvant escalader ces hauteurs, essaient de les surprendre par un de ces mouvements tournants qui sont si familiers à leur tactique. Leur canon s'établit sur la colline de Miserey, mais ce canon demeure impuissant. Ils ne savaient pas qu'ils avaient adossé leurs pièces à la chapelle des saints Ferréol et Ferjeux. Ils ne savaient pas que ces saints sont de toutes nos batailles, qu'ils veillent sur Besançon, qu'ils l'ont déjà défendu en 1575 dans la nuit fameuse de la surprise, et que nous chantons chaque année autour de nos murs toujours inviolables l'hymne de la délivrance. Oui, Besançon la chantera encore une fois, et les noms de nos saints seront encore une fois acclamés et bénis par la reconnaissance publique. Ce canon muet, qui regarde Châtillon et les hauteurs de Miserey, ne servira pas même à protéger la reconnaissance tentée par les Prussiens. Voyez comme ils s'avancent sous bois et comme ils montent jusqu'aux Trois-Croix, avec la prudence qui caractérise leur marche. Les francs tireurs des Vosges donnent l'alarme, et le 47ᵉ de ligne, quittant la lisière du bois, s'abrite derrière les buissons et commence le feu. Voici les mobiles du Jura, avec toute l'ardeur qui sied à leur patriotisme et à leur jeunesse. Le général Crouzat couvre de son artillerie tous les lieux d'où l'on peut repousser l'attaque Il occupe à la fois Valentin, les Montarmots et le Point-du-Jour. L'action s'engage, la fusillade éclate, tous les feux convergent sur les Trois-Croix. Au bout d'une heure, il faut rebrousser chemin, il faut redescendre la pente fatale, il faut passer en se retirant sous le feu de la légion bretonne, qui achève d'accabler les restes épars de la défaite des Trois-Croix.

L'Allemand sera donc toujours déçu dans ses attaques : soit qu'il canonne Châtillon en face, soit qu'il le prenne à revers, soit qu'il essaie de le tourner, Châtillon sera toujours inexpugnable. Ils avaient le nombre, mais le nombre n'a servi qu'à multiplier leurs pertes. Comptez-les, comptez-les encore, voyez ces chars qui couvrent la route de Vesoul, suivez les blessés dans les ambulances et dans les hospices, cherchez sous ce drap mortuaire qui recouvre des restes illustres, ces chefs, pour lesquels les rapides convois de nos chemins de fer envahis ne sont plus que des convois funèbres. Nous cherchons, nous aussi, nos glorieux blessés, mais le combat des Trois-Croix n'a fait qu'une victime. C'est le 47e de ligne qui la signale et qui la pleure. Appelons-le d'un nom plus cher encore à l'Eglise, à l'histoire, au diocèse de Besançon ; c'est la légion d'Antibes, c'est la légion romaine. Elle a servi d'un même cœur le pape et la France ; elle a honoré tout ensemble et le colonel d'Argy, qui l'a formée, et notre province qui lui a fourni de si vaillantes recrues, et notre bien-aimé pontife, qui s'en est montré le protecteur si ferme, si noble et si généreux. Vous l'avez connu, vous l'avez aimé, ce brave d'Argy, ce capitaine d'une si haute taille et d'un si grand cœur, et qui était si bien fait pour commander une légion et pour l'entraîner. Il était mort à Rome dans les premiers jours de cette année si fatale à la France et à l'Eglise. Mais il était mort comme un chrétien doit mourir. Un si noble exemple ne sera pas perdu. Il a appris à ses lieutenants, non-seulement comment on méprise la vie, mais comment on la quitte.

Je n'en veux pas encore d'autres preuves que la jeune victime du combat des Trois-Croix. C'est un Corse, et il porte dans son nom toute la gloire de cette île fameuse. Paul-Jérôme Napoletti venait d'être nommé capitaine, il veut mériter ce grade une seconde fois, il se découvre, il tombe la poitrine traversée par une balle. O bonheur! ô trait de Providence! c'est un prêtre qui le relève, le ramène à Besançon et le confie aux soins des sœurs de Charité. Là il trouve un autre prêtre qui l'accueille, l'encourage, le bénit, l'édifie, et qu'il édifie lui-même par sa résignation et sa piété. Pardonnez à mon émotion. Cet aumônier volontaire qui s'est mis à la tête de cette ambulance improvisée, était notre ami, notre frère, l'immortel honneur de notre collége et de notre diocèse. M. l'abbé Marmier a assisté le capitaine Napoletti pendant deux mois, il lui a fermé les yeux, il lui a ouvert les portes du ciel, et lui-même, épuisé de fatigues, succombant à la tâche, modeste martyr d'un devoir inconnu au monde, a fini avec son héroïque mission ; il est tombé, non, il s'est envolé, comme à un souffle qui venait du ciel, au milieu de notre stupeur et de nos larmes, vers ce séjour de repos, de gloire et de lumière, dont les portes se sont tant de fois ouvertes, dans cette année fameuse, à nos prêtres et à nos soldats. Les prêtres et les soldats se sont trouvés ensemble à la peine ; non, vous ne les séparerez ni dans la vie ni dans la mort. Soldats de la France, votre drapeau est une croix. Prêtres de Jésus-Christ, notre croix est un drapeau. Donnons-nous la main sous ce noble étendard, tenons-nous fortement unis et embrassés dans les vaillantes étreintes d'un commun devoir. Vous êtes à l'Eglise sous la casaque des batailles ; nous sommes à la France sous les livrées du sanctuaire. Faisons notre devoir, le Ciel fera le reste.

Mais il faut achever ce récit. Ainsi s'était écoulée cette journée du 23, qui devait être décisive. Qui se retirera devant Châtillon, après ces trois assauts ? Est-ce la France, est-ce l'Allemagne qui cédera le terrain ? Que Besançon se rassure, Werder calcule tout, Werder commence à trembler pour ses armes jusque-là victorieuses et dont il faut dissimuler le premier échec. Il tremble que nos troupes, prenant la route de Marchaux, ne viennent, par un habile mouvement, envahir Moncey, Cromary, Buthiers, et qu'elles n'enferment dans un cercle de fer et de feu les Allemands répandus sur toute la ligne de l'Ognon. Ah ! si quelque inspiration eût révélé à nos chefs la crainte de nos ennemis.... Mais le dessein de Dieu était de nous sauver et non pas de nous livrer le vainqueur de Strasbourg. C'est assez que Châtillon demeure dans nos mains et que Besançon soit à tout jamais à l'abri d'une surprise. Les Allemands se cachent, leurs canons se taisent, mais les feux de leurs bivouacs ne s'éteignent pas. Leur sommeil sera plein d'agitations et de trouble, si l'on peut donner le nom de sommeil à cette vive et mortelle alarme qui tient les chefs en suspens et qui arrache aux soldats des imprécations contre Châtillon, contre Besançon et contre la France.

Leur sommeil sera court. Ecoutez : deux heures sonnent à peine, et le boute-selle a déjà sonné. Fontenoy-lez-Montbozon, Pin, Voray, Buthiers, Oiselay, Cussey, toute la ligne de l'Ognon s'éveille à la fois. Il faut partir, on part, on est parti. Nos ennemis se sont dissipés comme la poussière, et quand le soleil se lève, on n'aperçoit plus un seul nuage à l'horizon. Ecrivez maintenant que ces attaques étaient des feintes et non des surprises, que vous n'avez voulu que voiler le long de l'Ognon la marche d'une armée, tenir Cambriels à distance et vous assurer un passage tranquille en Bourgogne. Ce n'est pas pour une feinte qu'on risque trente mille hommes, quatre généraux et douze batteries ; on n'immole pas quatre mille hommes sous des hauteurs à peine gardées pour s'assurer des passages qu'on ne vous dispute plus. L'histoire jugera ces misérables excuses ; l'histoire comptera Cussey, Auxon, Châtillon, parmi les gloires trop rares de la campagne ; l'histoire dira que notre Comté, après avoir ainsi commencé la victoire, l'a soutenue à Arcey, à Sainte-Marie, à Champey, à Villersexel, dans les gorges de Salins et jusqu'aux dernières limites de notre province, entre les portes de la Cluse, où l'aigle d'Allemagne, toute chargée de butin, a été obligée de lâcher sa dernière proie et finit par avouer une défaite.

II. Commençons maintenant le cantique d'actions

de grâces. Mais déjà l'Eglise de Besançon l'avait entonné pendant la bataille, dans ce psaume 86e que chaque prêtre récite le samedi et que nos aumôniers achevaient à peine, le pied sur l'étrier, le bréviaire à la main, courant de toute la vitesse de leurs chevaux au secours de nos blessés. Ils disaient avec le roi-prophète en regardant ces hauteurs : C'est Dieu lui-même qui les a affermies et sanctifiées pour le service de sa Mère et de son Eglise : *Fundamenta ejus in montibus sanctis.* Il aime, il défendra les portes de cette cité : *Diligit portas Sion.* Voici l'étranger qui les assiége : *Ecce alienigenæ et Tyrus et populus Æthiopum.* Mais le Seigneur se réserve une page à écrire dans les annales de ces princes et de ces peuples : *Dominus narrabit in scripturis populorum et principum.* Dieu de mon salut, c'est en vous que j'espère, c'est vers vous que je crie et pour le jour et pour la nuit : *Domine Deus salutis meæ, in die clamavi et nocte coram te.* Ecoutez ma prière et prêtez-moi une oreille attentive. Non, vous ne me précipiterez point dans la mort, car personne ne racontera vos miséricordes au fond du sépulcre, et la terre de l'oubli ne dirait pas votre justice : *Numquid narrabit aliquis in sepulcro misericordiam tuam et virtutem tuam in perditione?* Mais moi, je veux chanter dans l'éternité les miséricordes de mon Dieu : *Misericordias Domini in æternum cantabo.*

Ce cantique d'actions de grâces, ainsi commencé

par les prêtres pendant la bataille, se continue depuis deux ans dans les familles, dans les paroisses, dans nos plus humbles hameaux et dans nos plus florissantes cités, partout où vit encore le sentiment de la reconnaissance publique. Les plus habiles architectes se disputent l'honneur de bâtir aux portes de Besançon la basilique vouée à la mémoire des saints Ferréol et Ferjeux. La pierre s'apprête, la toile s'anime, les dons précieux s'accumulent sur les autels. Tous les arts seront employés à acquitter la dette de la province. Ah ! que ma droite se sèche plutôt que d'être ingrate ! que ma langue s'attache à mon palais plutôt que d'oublier ce que nous devons au Seigneur ! C'est l'ingratitude qui attirerait encore sur notre tête les anathèmes de la justice divine ; c'est la reconnaissance qui nous conciliera à jamais le cœur de Dieu par l'intercession des saints.

Mais il y a au-dessus des saints une femme bénie entre toutes les femmes, la patronne du diocèse, la Mère de Dieu par nature et la Mère des hommes par adoption, la Reine de la terre et du ciel. C'est elle qui se met à la tête des légions d'en haut et qui mène la troupe invisible des bienheureux au secours des soldats chrétiens. C'est elle qui a gagné contre les musulmans les grandes batailles de Poitiers, de Vienne et de Lépante. Deux mots, transmis par la bouche d'un ange et répétés par la bouche des hommes, suffisent pour l'appeler dans ces occasions critiques. « *Ave, Maria!* Je vous salue, Marie! » Plus les lèvres qui les prononcent sont pures et modestes, plus elle écoute, plus elle exauce. Ah! je ne suis pas surpris d'apprendre que nous venons accomplir ici un vœu tombé de ces lèvres pieuses à qui Dieu laisse si souvent l'initiative des grandes entreprises. C'est le vœu d'une femme [1]; d'autres femmes l'ont conçu et répété comme par l'effet de cette cordiale entente qui s'établit subitement entre les âmes chrétiennes. « O Marie, disaient-elles, soyez-nous propice. Nos foyers sont en larmes, nos campagnes en ruines, toute la patrie en deuil. O Marie! sauvez Châtillon des mains de nos ennemis, et nous élèverons un monument à votre gloire. » Ce vœu a été entendu, Châtillon a été sauvé, Besançon sauvé avec lui n'a point senti frémir ses dalles sous les pas du vainqueur, et l'envahissement de nos montagnes a été retardé de trois mois, et Dieu, dans sa miséricorde, ne leur a laissé répandre que les dernières larmes de la guerre et de l'invasion. Voilà le vœu qui nous sauve. Acceptons-en la glorieuse solidarité et accomplissons-le comme il convient à une nation reconnaissante. L'entreprise aura ses entraves. N'importe, il faut briser toutes les entraves pour satisfaire à de tels engagements. Un curé meurt avant même d'avoir pu recevoir les premiers dons

---

[1] Mlle de Tallenay.

et poser la première pierre. N'importe, son successeur se sent redevable à Marie, pour sa paroisse et pour lui-même, de tout ce qui a été promis à Marie au nom de sa paroisse. Le monument est commencé ; mais ses proportions dépassent de beaucoup la modestie du vœu et la valeur des offrandes. N'importe, un grand prélat adopte l'entreprise, et c'est au nom de Mgr le cardinal archevêque de Besançon et des fidèles de son diocèse qu'elle s'achève et qu'elle éclate aujourd'hui dans toute sa grandeur. Un dignitaire de l'Eglise vient la bénir. Toute la contrée vient la saluer. Prêtres, soldats, magistrats, tous ceux à qui leur caractère ou leur position sociale fait un devoir autant qu'un honneur de parler pour les autres, viennent s'écrier au pied de ce monument : « O Femme bénie entre toutes les femmes, soyez mille et mille fois bénie pour votre maternelle assistance. Soyez bénie pour nous avoir sauvés, soyez bénie mille et mille fois encore, sauvez-nous encore, sauvez-nous toujours : *Ave, Maria !* »

La voilà élevée sur son piédestal comme sur les créneaux d'une tour, cette Reine victorieuse et triomphante dont nous nous déclarons aujourd'hui les serviteurs, les soldats, les enfants. Qu'elle règne sur nos contrées, qu'elle y gouverne les esprits, qu'elle y guérisse les cœurs, qu'elle nous rende dociles aux commandements de Dieu et qu'elle nous mette tous sous le joug de cette obéissance chrétienne qui est tout le secret du bonheur domestique, de la gloire française et de l'ordre social ! Non, je ne me plaindrai point des retards de l'entreprise. Ces deux ans passés depuis le jour de nos épreuves n'ont-ils pas mis dans un nouvel éclat la puissance, la bonté, la miséricorde de Marie ? Ses sanctuaires se sont remplis de pèlerins, ses statues s'élèvent sur toutes les montagnes, sa voix console, sa main guérit, sa tendresse attire, toute la France en est émue, toute la chrétienté s'en réjouit. Ce n'est pas assez que les anciens pèlerinages se restaurent, des hauteurs jusque-là ignorées deviennent tout à coup célèbres dans les annales de l'Eglise, des grottes inconnues s'emplissent de lumière, des miracles avérés en signalent la gloire, et d'un bout de la France à l'autre il n'y a qu'une voix pour saluer, pour bénir, pour implorer Marie comme la patronne de la France. *Ave, Maria !*

O Notre-Dame de Châtillon, c'est sous ce nom, nouveau pour nos contrées, que je vous invoque du haut de cette chaire, abaissez sur l'Eglise de Besançon et sur toute la Comté les regards de votre maternelle douceur. Ces champs ravagés par la guerre ont refleuri, ces maisons abîmées dans l'incendie se sont relevées, ces braves qui ont fait avec tant de générosité le métier de soldat, auquel ils n'étaient point habitués, ont repris le soc de la charrue et achèvent le sillon commencé par leurs pères. Toute la province renaît à l'aisance ; ce n'est pas assez, faites-la renaître aux bonnes mœurs, à la vieille foi, aux fortes et énergiques vertus. Vous nous avez arrachés aux mains de nos ennemis ; ce n'est pas assez, arrachez-nous à des mains qui sont plus acharnées encore à notre perte. Délivrez-nous du luxe et de la mollesse, préservez-nous de l'impiété et du blasphème, faites de nous des prêtres sans reproches, des soldats sans peur, des citoyens pleins d'honneur, des chrétiens pleins de grâce, des élus pleins de gloire.

NOTRE-DAME DE MONT-ROLAND,

PRÈS DOLE.

La chapelle de Notre-Dame de Mont-Roland est située au sommet d'une montagne peu élevée, non loin de Dole, la vieille et illustre capitale. Elle a été bâtie par les révérends pères jésuites depuis peu d'années, au lieu même où se trouvait l'ancienne église, sur les plans et sous la direction d'un artiste de grand talent, plus modeste encore qu'il n'est habile, de M. Ducat, architecte à Besançon.

Le Mont-Roland est situé entre la Bourgogne et la Franche-Comté. De la chapelle on peut embrasser par la vue les campagnes fertiles, les plaines, les coteaux et les collines boisées des deux provinces. L'horizon est immense. Il s'étend comme à l'infini, avec des sites et des accidents divers dont les proportions semblent ne pouvoir être mesurées, tant il y a de profondeur dans le lointain qui se déroule sous les regards.

Le 11 novembre, cet horizon était comme fermé. La neige tombait dès le matin et ne laissait rien apercevoir. Dans le milieu du jour, des brouillards et des nuages enveloppaient la montagne et les montagnes voisines. Ce n'est qu'à de courts intervalles qu'il était possible, en certains moments, de distinguer quelques clochers voisins et les coteaux les plus rapprochés.

Mais ce n'était pas la nature, quelque grandiose qu'elle soit, qu'on était venu considérer. D'autres pensées agitaient les esprits et les cœurs.

Dès trois heures du matin, des prêtres étaient à tous les autels, et jusqu'à onze heures le saint sacrifice a été sans cesse offert. Le chœur, la nef et les chapelles latérales, et plus tard les trois tribunes, ont été toujours remplis d'une foule pieuse et recueillie. A chaque messe, de nombreux fidèles recevaient le pain céleste. La prière était fervente, et là, pendant cette journée, elle n'a jamais été interrompue.

Le 11 novembre, avant le jour, on gravissait déjà les sentiers de la montagne, et lorsqu'on était au sommet, on entendait les chants pieux des pèlerins, en grande troupe, encore dans les rampes du bas, qui préludaient, dans les hommages qu'ils allaient rendre à la Mère de Dieu, par des hymnes en son honneur. Le brouillard cachait les serviteurs de Marie, mais leurs voix traversaient les nuages et formaient d'admirables concerts. C'était là, vraiment, la prière publique, en plein air et dans un siècle qui voulait abolir toute prière. Ainsi périssent les volontés humaines lorsqu'elles se détachent de la volonté divine, et nous ne sommes qu'au début des réparations et des abaissements.

Vers dix heures, les cloches de la chapelle ont sonné à toute volée. Elles annonçaient la messe solennelle de Sa Grandeur Mgr Nogret, évêque de Saint-Claude. Mont-Roland est dans son diocèse, et l'évêque était venu rehausser l'éclat des cérémonies par sa présence. Le vénérable prélat a célébré la messe avec toutes les pompes que peut donner le culte catholique. Il était entouré à l'autel d'un grand nombre de prêtres en chape ou en dalmatique, et dans le sanctuaire, autour de l'autel, se tenaient pressés sur plusieurs rangs des prêtres venus de tous les points des deux provinces.

La chapelle peut contenir sept à huit cents fidèles; il y en avait quatorze à quinze cents. Six mille pèlerins n'ont pu y pénétrer. Après la messe, le *Magnificat* a été entonné par les chantres. Toutes les voix des fidèles ont continué ce cantique admirable. On aurait dit de loin qu'il n'y avait qu'une voix, tant l'accord était grand, mais une voix puissante à laquelle l'orgue ajoutait ses mâles et harmonieux accents.

Lorsque cette foule émue et frémissante chantait :

Ecce enim ex hoc beatam me dicent omnes generationes; quia fecit mihi magna qui potens est, et sanctum Nomen ejus;

« Voici que désormais toutes les générations me diront
» bienheureuse ; car Celui qui est puissant a fait pour moi
» de grandes choses, et son Nom est saint ; »

On donnait à la prédiction une attestation nouvelle et on glorifiait une fois de plus Celle dont on implore le secours et en laquelle de si grandes choses ont été faites.

Et cet autre verset :

Et misericordia ejus à progenie in progenies timentibus eum;

« Et sa miséricorde s'étend de génération en génération
» à ceux qui le craignent. »

La crainte se réveille avec la foi, et la crainte doit être suivie de la miséricorde, c'est Dieu qui le dit, et jamais sa parole n'a failli.

Comment ne pas croire à un pardon prochain et à des jours meilleurs ?

Le mal est puissant, mais le même cantique nous rassure : *Dispersit superbos*, il a dissipé les orgueilleux ; *deposuit potentes*, il a déposé les puissants ; *et exaltavit humiles*, et il a élevé les humbles.

« Et il a reçu Israël comme son enfant, se souvenant de sa
» miséricorde. »

N'y aurait-il que ce cantique qu'il faudrait espérer une régénération prochaine à la vue des pèlerinages qui s'accomplissent. Le retour à Dieu en donne la prévision.

Quarante bannières avaient été envoyées de divers points de la province. Mgr Nogret les a bénites et reçues, et elles figurent, appendues aux murs du sanctuaire, comme un hommage perpétuel des catholiques des deux provinces à la Reine du ciel et de la terre.

L'Alsace et la Lorraine n'avaient point voulu manquer cette occasion nouvelle de se rendre favorable Celle qui est toute-puissante auprès de Dieu.

La bannière envoyée était entourée d'un crêpe noir en sautoir. Lorsqu'elle montait du fond de la chapelle vers le sanctuaire, des larmes étaient dans tous les yeux et une grande douleur était dans tous les cœurs.

La procession n'a pu être faite autour de la chapelle et sur les flancs de la colline. La pluie n'a presque cessé de tomber.

A l'heure des vêpres, M. l'abbé Besson, en présence de M l'évêque de Saint-Claude, d'un nombreux clergé et d'un grand auditoire de fidèles, a prononcé un éloquent discours. Il a glorifié dignement Notre-Dame de Mont-Roland, célébré le sanctuaire antique vers lequel on était venu, et dit qu'avec une foi invincible dans les miséricordes du Seigneur, il fallait garder une indomptable espérance.

Ce discours a été comme le couronnement de la fête. Il retraçait les titres de Notre-Dame de Mont-Roland à la vénération des fidèles; n'était-ce pas une œuvre essentielle en cette journée? C'était la justification du pèlerinage et la glorification de Celle qu'on était venu honorer.

Le chant du *Te Deum* et la bénédiction du saint Sacrement, donnée par M l'évêque de Saint-Claude, ont terminé la cérémonie religieuse.

Toutes les portes de la chapelle ont été ouvertes au moment solennel de la bénédiction, et la foule restée aux abords du monument a pu assister au dernier acte et en recueillir les fruits.

Les pèlerins ont, aussitôt après la bénédiction, quitté le sommet de la montagne, satisfaits de ce qu'ils y avaient vu, entendu et senti. La neige et la pluie ont entravé cette manifestation religieuse, et les chemins livraient difficilement passage, tant ils étaient détrempés par la pluie ou la neige fondue; mais on peut faire un pèlerinage nouveau à une saison plus propice et voir ou revoir ces lieux fameux, au milieu des splendeurs de la nature. Il y aura dix mille pèlerins de plus, et ce ne sera pas trop pour rendre hommage à Celle par qui le salut nous est venu et nous viendra.

J. MICHEL.

(Extrait de l'*Union franc-comtoise.*)

DISCOURS

PRONONCÉ LE 11 NOVEMBRE 1872,

DANS LE

PÈLERINAGE DE NOTRE-DAME DE MONT-ROLAND.

Levavi oculos meos in montes, undè veniet auxilium mihi.
J'ai levé les yeux vers les montagnes d'où nous viendra le secours.
(Ps. cxx, 1.)

Monseigneur [1],

Il y a huit jours que ces sentiments sont dans tous les cœurs, ces paroles sur toutes les lèvres, et que, d'un bout à l'autre des deux Bourgognes, tous les yeux se tournent, avec la même expression de foi et d'espérance, vers Notre-Dame de Mont-Roland. A la première pensée d'un pèlerinage national qui réunirait ces deux provinces voisines et amies, vous avez tous acclamé cette montagne fameuse. Ni la rigueur du froid ni les intempéries

---

[1] M?? Nogret, évêque de Saint-Claude.

de l'air n'ont fait hésiter votre courage. La saison des pèlerinages semblait passée ; mais il n'y a point de saison pour la prière. Les besoins de la France et de l'Eglise ne passent point ; il faut à tout prix désarmer le Seigneur. Vous avez oublié toutes les considérations humaines, vous avez bravé tous les ennuis pour élever les yeux vers ce sanctuaire, gravir ces pentes abruptes et venir, à travers des chemins affreux, solliciter le secours : *Levavi oculos meos in montes, undè veniet auxilium mihi.*

Un saint évêque commande et soutient toute cette marche. Comme son exemple nous anime et comme son courage nous entraîne ! Il a voulu, en dépit de l'âge et de l'hiver, se mettre à la tête du pèlerinage : le voilà, dans toute la majesté de son sacerdoce, au milieu de son clergé et de son peuple, les mains chargées des vœux et des offrandes de trois diocèses, priant, comme le pontife Onias, pour toute la cité, répétant, avec la foi si vive et l'espérance si ferme de tout l'épiscopat français, ces paroles du psalmiste : *Levavi oculos meos in montes, undè veniet auxilium mihi.*

Que ce pèlerinage est bien nommé ! C'est vraiment le pèlerinage de la foi et de l'espérance. Je ne veux pas faire autre chose que de commenter ce titre glorieux que je lis sur vos bannières. Vous êtes aujourd'hui les députés de la foi, vous serez demain les messagers de l'espérance. C'est la foi qui vous envoie : vous venez, au nom de nos paroisses et de nos cités, chercher sur cette montagne le secours que vos ancêtres y ont tant de fois imploré et obtenu ; vous en descendrez, le cœur rempli d'une sainte espérance, et vous porterez à vos frères les présages d'un meilleur avenir.

I. Les pèlerinages ne datent pas d'hier, comme on affecte de le croire ; ils appartiennent aux plus anciennes habitudes des peuples et aux plus chères traditions de l'Eglise. La révolution a pu les interrompre ou les rendre plus rares ; mais, pour qui sait l'histoire, pour qui n'a pas borné sa vie et enfermé son regard dans l'étroit horizon de nos annales révolutionnaires, il y a des sanctuaires chers à nos ancêtres et où l'on retrouve depuis des siècles la trace de leurs pas. Nos ancêtres les visitaient, tantôt le bâton à la main, en pèlerins isolés et solitaires, tantôt bannières en tête, sous la conduite de leurs pasteurs, priant et chantant le long des chemins et faisant monter avec eux la voix des plus solennelles supplications. Vous trouverez dans l'histoire le pèlerinage mêlé à tous les accidents de la vie privée et de la vie publique. A la veille d'un mariage, au lendemain d'un décès, au départ ou au retour de la croisade, au milieu des calamités qui désolaient les nations, chacun cherchait le secours surnaturel et fixait ses regards sur les lieux saints, où la foi se promettait de l'obtenir. Vous ne faites donc que marcher dans la voie de la tradition. Vous avez pour avant-garde, en montant à ce sanctuaire, des apôtres et des pontifes, des héros, des princes, des reines, des peuples entiers, qui ont rempli comme aujourd'hui la montagne de pèlerins et couvert l'autel de bannières et d'offrandes. Pèlerins du Mont-Roland, écoutez l'histoire : l'histoire vous absout, l'histoire vous encourage et vous applaudit dans cette manifestation de votre foi.

Quel est le premier qui a prié sur ces hauteurs ? J'en crois la tradition, c'est le premier apôtre de nos contrées, c'est saint Lin, le disciple et le successeur de saint Pierre, saint Lin, si redoutable aux démons, si terrible aux idoles, et qui, dans son rapide passage en Séquanie, les a terrassés partout sous l'éclair de son regard et de sa voix. Il n'a fait que passer ; mais le souvenir de ses prédications reste dans nos légendes, et, quand il faut achever la conquête évangélique de ces belles contrées, voici un autre député de la foi, un apôtre non moins fameux, qui reprend le chemin de la montagne. Saluons ce soldat devenu évêque, qui a engagé et gagné, dans toutes les Gaules, les dernières batailles du christianisme contre l'idolâtrie. Saluons saint Martin, dont la France célèbre aujourd'hui la fête et dont toutes les églises honorent la mémoire. J'en crois nos traditions, cet homme si puissant en œuvres et en paroles est venu prêcher chez les

Éduens et chez les Séquanais [1]. Il a réduit l'enfer au silence, mettant les faux dieux en poussière et abattant sous sa main les chênes que la superstition révérait encore. C'est sur les ruines de ce paganisme muet et foudroyé qu'il a dédié le premier autel et invité les premiers fidèles de ces contrées à saluer la femme bénie entre toutes les femmes comme la reine de la terre et du ciel. Témoin cette humble maisonnette, située à quelques pas d'ici et que le peuple désigne encore sous le nom de loge de saint Martin. Témoin cette statue de Notre-Dame, si consumée de vieillesse et si vermoulue, mais si vénérable et si précieuse, et dont la matière, le style, le caractère, les traits, rappellent les premiers âges du christianisme. Ainsi, c'est l'apôtre des Gaules qui a consacré à Marie les hauteurs où nous sommes, d'où l'œil se repose tour à tour sur les Alpes, sur le Jura et sur les Cévennes. Il a préparé ici le trône de Marie, et Marie, se rendant à son invitation, a commencé à étendre son sceptre de miséricorde sur les prairies, les collines, les vallons, les cités, les provinces étendues à ses pieds, dans toute la splendeur de cet incommensurable horizon.

Les saints ont commencé le pèlerinage, les héros le continuent. Voici Roland, attiré par le bruit des

---

[1] Quid etiam in pago Æduorum gestum sit referam, etc. *(Vita beatissimi Martini, Turonensis episcopi, ab ejus discipulo Severo Sulpitio conscripta*, XIII.)

miracles qui s'opèrent sur la montagne. Le fier paladin se dépouille de tous les avantages de sa naissance et de toutes les gloires de sa valeur. Titres, épée, cuirasse, il dépose tout aux pieds de la Vierge. Ce n'est plus le neveu de Charlemagne, c'est le serviteur de Marie : *Virginis servus*. Mais, sa prière achevée, il se souvient qu'il est prince, et il fonde un monastère à côté de l'antique chapelle bâtie par saint Martin. Il meurt dans cette vallée fameuse où sa voix semble retentir encore après tant de siècles. Mais pouvait-on oublier ici son pèlerinage, sa piété, ses bienfaits ? Sa mémoire est agrandie par la légende de cet âge héroïque, et il lui faut une statue aussi gigantesque et aussi pompeuse que sa mémoire. Son nom demeure à la montagne où il a passé, tant il a marqué fortement la trace de ses pas. C'en est fait, son souvenir ne se séparera plus du culte de Marie. Gloire à Marie ! honneur à son paladin ! La postérité dira désormais : « Notre-Dame de Mont-Roland ! »

Après les héros, voici les papes, les princes et les reines. Citons les papes qui ont protégé et béni ce sanctuaire. L'Eglise n'a rien de plus illustre : c'est saint Grégoire VII, l'héroïque champion des droits du saint-siége et de la liberté des âmes ; c'est Urbain II, à qui nous devons le bienfait des croisades ; c'est Calixte II, dont le berceau est à Quingey et qui n'oublia jamais les lieux chers à son enfance. Leurs bulles nomment l'église de Mont-Roland parmi les antiques possessions de l'abbaye de Baume-les-Moines ; leurs anathèmes frappent tous ceux qui tenteraient de troubler l'indépendance du cloître et la piété des peuples. Le siècle trouve ici, comme l'Eglise, ses noms les plus fameux : c'est Béatrix de Bourgogne, cette gracieuse et fidèle compagne de l'empereur Barberousse, qui préfère à tout ce site enchanteur et qui sort chaque semaine de son palais de Dole, où les arts ont réuni tant de merveilles, pour venir répandre devant l'image de Notre-Dame son cœur tant de fois éprouvé d'épouse, de reine et de mère. C'est Jean de Chalon, baron d'Arlay, qui se fait honneur d'entretenir dans cette église une lampe perpétuelle. La comtesse Marguerite et le duc Philippe de Bourgogne continuent cette liste glorieuse, en laissant dans leur testament l'impérissable souvenir de leur dévotion envers la Souveraine de ces lieux. Voilà les princes à qui Notre-Dame de Mont-Roland a confié, de siècle en siècle, le soin de sa renommée ; voilà les noms qu'elle a choisis, entre les plus glorieux du moyen âge, pour recommander ce pèlerinage à la dévotion des âges suivants.

Que le XVIe siècle vienne avec toutes les railleries et tous les blasphèmes de la Réforme, ni ces railleries ni ces blasphèmes ne trouveront d'écho dans les contrées où règne Notre-Dame de Mont-Roland. Ailleurs, c'est un siècle de trouble et de désordres ; ici, c'est un siècle de prières, de grâces et de prodiges. Marie atteste, en multipliant les miracles, que son cœur est toujours celui d'une mère et sa puissance celle d'une reine. Plus la tempête se déchaîne, plus les enfants de l'Eglise mettent d'empressement à chercher un refuge dans les bras de Marie, plus ce cœur maternel se donne et s'élargit pour les recevoir. Les bénédictins du prieuré de Jouhe, qui desservent la sainte chapelle, peuvent à peine suffire à la dévotion des pèlerins ; la compagnie de Jésus, qui vient d'établir à Dole un collége florissant, ouvre les registres de sa congrégation pour y consigner le récit des miracles opérés par l'intercession de Notre-Dame de Mont-Roland ; l'autorité diocésaine vaque presque constamment sur la montagne sainte pour informer sur les guérisons miraculeuses dont la renommée remplit toute la province. Toutes les plumes se disputent l'honneur de les écrire. Gollut, le plus naïf et le plus ancien de nos historiens, compte le sanctuaire de Mont-Roland parmi ceux où il s'opère le plus de merveilles [1]. D. Gody les raconte dans un livre plein de foi et de piété [2], et le P. Poirey, dans son livre intitulé *la Triple Couronne de Marie* [3], ajoute encore à tous ces traits par l'autorité

---

(1) GOLLUT, *Mémoires historiques*, liv. II, 49.
(2) *Histoire de l'antiquité et des miracles de Notre-Dame de Mont-Roland*, 45-112.
(3) *La Triple Couronne de la Vierge Marie*; Paris, 1630, in-4°. Le P. Poirey, né à Vesoul en 1584, devint recteur du collége de Dole, et mourut dans cette ville en 1637.

de son éloquente érudition. Reportez-vous par la pensée au milieu des *ex-voto* et des souvenirs qui paraient cette vieille église. « Tout y était remply, » dit un chroniqueur, de chaînes, de potences et » d'autres pareilles marques de liberté recouvrée et » de santé receüe par l'invocation de cette Mère » de nostre salut. » Là pendaient des drapeaux à moitié pourris de vieillesse ; là le baron de Montjustin, au retour de la journée de Lépante, était venu attacher aux murs sa rondache et son coutelas ; là éclataient, parmi les armes des sires de Rye et d'Oiselay, les cierges énormes offerts par les villes de la Comté ; les lampes d'argent pendaient devant les autels; des robes de drap d'or formaient le vêtement de la sainte image ; des couronnes étincelantes de diamants ceignaient sa tête ; les cœurs, les chapelets, les croix d'or, rayonnaient de toutes parts au-dessus des tableaux commémoratifs des grâces et des délivrances ; les vases du saint sacrifice, les parements du tabernacle, les vêtements des prêtres, tout respirait la reconnaissance et la générosité. Telle était la vieille chapelle de Mont-Roland au commencement du xviie siècle. Qu'importe qu'elle ait disparu avec ses richesses et ses souvenirs ! Qu'importe que les cendres de ceux qui reposaient sous ses voûtes aient été jetées au vent ! Rien ne se perd dans l'Eglise. Les présents offerts à cet autel disparu reparaîtront au milieu de la Jérusalem céleste avec tout l'éclat d'un or qui ne se ternira jamais. Toutes les prières que la langue humaine a murmurées dans ces lieux sont montées, le front voilé et d'un pied boiteux, jusqu'au seuil de la cité sainte; mais là les anges les ont attendues, ils leur ont prêté leurs ailes, il les ont menées, d'un vol rapide et d'un front glorieux, vers le trône du Seigneur, ils leur ont donné le ton et l'accent de l'éternelle louange. Et vous, qui avez péri avec les ruines des premiers édifices, cendres des preux et des héros, vous aurez votre jour de résurrection et de grandeur. C'est au ciel que votre pèlerinage s'achèvera, c'est aux pieds de Marie que votre corps se redressera dans toute sa jeunesse et dans toute sa vigueur, et le bâton qui vous a soutenus le long des pentes de Mont-Roland deviendra un jour dans vos mains le sceptre de votre gloire.

Ce fut la guerre de dix ans qui fit ces ruines sur la montagne sainte. Tandis que Dole, protégée par Notre-Dame de Mont-Roland, ferme ses portes à Condé et soutient pendant six semaines un siége si fameux dans l'histoire et si glorieux pour la province, une soldatesque impie monte ici la flamme à la main, renverse les autels, fouille les sépultures, déchire les images, abat et foule aux pieds la statue que tant de siècles avaient vénérée, que tant de barbares avaient épargnée dans leur fureur (1). Mais

(1) En 1636.

ces insultes prodiguées par les soldats suédois ne serviront qu'à faire éclater la foi du peuple et la puissance de Marie. Les sectaires peuvent porter sur la statue de notre Mère des mains sacriléges ; mais ils n'empêcheront pas son bras invisible d'écarter les bombes qui pleuvent sur la cité, de soutenir, au milieu des murs qui croulent, le patriotisme des prêtres, des soldats et des magistrats, de fermer obstinément à vingt-huit mille ennemis ces portes à peine défendues, jusqu'à ce qu'enfin Condé lève le siége et que la solennité de l'Assomption soit célébrée au ciel par les transports des anges et des saints, à Dole par les actions de grâces d'un peuple qui renvoie à Dieu et à Marie tout l'honneur de cette délivrance [1].

Que Condé, réparant ces honteux sacriléges, relève l'image de Notre-Dame et la fasse porter au couvent des capucins d'Auxonne, ce sera encore pour vos pères une occasion solennelle de faire éclater leur foi et leur piété. Il faut quinze ans de prières, d'instances et de négociations, l'intervention des deux reines de France et d'Espagne et les efforts réunis des plus habiles diplomates pour que la France consente à rendre à la Franche-Comté la miraculeuse statue. Mais quelle joie pour la ville de Dole en apprenant que ses vœux sont comblés ! Quel cortége se forme pour aller recevoir Marie !

---

[1] BOYVIN, *Siége de Dole.*

Quels regrets et quelles larmes parmi les habitants d'Auxonne rapportant en triomphe Celle que D. Gody appelle la « divine exilée ! » Quelle allégresse et quels transports chez les Dolois, qui ramènent leur mère au milieu de sa famille et qui replacent leur Reine sur ce trône quinze fois séculaire [1] ! Ils la revêtent d'habits magnifiques, ils la couronnent d'or et de pierreries, ils baisent en pleurant ses pieds et ses mains, ils redoublent d'ardeur pour sa gloire et de zèle pour son culte. Ils obtiennent, tant leur foi est vive, dès le lendemain de la translation, une guérison surnaturelle ; le miracle se renouvelle trois fois dans cette heureuse octave de prières et d'actions de grâces, et, avant que l'année soit achevée, deux prodiges nouveaux, attestés par l'archevêque de Besançon, ont redoublé dans tous les cœurs la joie, la confiance, la piété et la reconnaissance publique envers Notre-Dame de Mont-Roland [2].

Ai-je besoin de vous dire qu'après avoir recouvré la sainte image, il n'y eut plus à Dole et dans toute la province qu'une seule pensée, élever à Marie un tabernacle digne d'elle et couronner par un temple majestueux ces hauteurs où elle avait tant de fois signalé sa miséricorde et son amour.

---

[1] Le 28 septembre 1649.
[2] *Histoire de l'antiquité et des miracles de Notre-Dame de Mont-Roland*, par D. Simplician Gody ; Dole, 1651.

Les bénédictins se mettent à l'œuvre, et l'œuvre est achevée en 1719 avec toute la régularité, toute la grandeur, toute la magnificence qu'on pouvait attendre de ces pieux et savants architectes. Mais par quelle fatalité ne puis-je signaler cette nouvelle église qu'en pleurant presque aussitôt sur ses ruines ? Il faut cependant aborder cette époque où l'impiété révolutionnaire a tout détruit sous prétexte de tout réformer, et où les arts, les sciences, les lettres, n'ont pas obtenu plus de grâce ni de répit qu'on n'en a fait à la religion et aux moines. Cloître, sanctuaire, *ex-voto*, tombeaux antiques, jardins délicieux chers à la piété, tout disparaît, tout s'abîme dans la tempête, excepté cette statue de Roland, dernier vestige du moyen âge, dernier témoin de ces temps fameux où les preux étaient, sinon par la taille, du moins par le cœur, des géants d'honneur, de vaillance et de foi. Ah! vieille sentinelle du passé, demeure du moins au milieu de ces ruines, attire les regards, provoque les souvenirs, intéresse la curiosité publique, proteste encore, proteste toujours, contre le triomphe du sacrilége et de l'impiété !

Cependant l'ombre du paladin veillait du haut de la montagne. Elle veillait sur la sainte image qui lui avait été confiée par la piété de nos pères. Notre-Dame de Mont-Roland n'a point péri; elle est descendue dans l'église de Jouhe, après la dispersion des bénédictins et la ruine de leur maison ; elle a été triomphalement conduite au milieu de l'humble village à qui elle avait été si propice et qui lui devait depuis tant de siècles l'honneur de ses familles, la vivacité de sa foi et les riches vendanges de ses coteaux. Venez, ô divine Mère, ce ne sont plus des princes et des grands qui forment votre cour, mais d'obscurs paysans, de fidèles vignerons, un peuple bon, simple et droit, que vous avez vu croître sous vos yeux et qui s'honore de compter parmi vos clients. Parmi tant de désastres, de profanations et de sacriléges, quand la sainte hostie de Faverney disparaît, quand le corps de saint Claude est brûlé presque tout entier, quand le saint-suaire de Besançon est envoyé à l'Hôtel-Dieu pour y être mis en pièces, quand d'autres reliques insignes ne sont préservées de la ruine que dans ces obscurs réduits où la piété tremblante les ensevelit comme les indices d'un crime, la paroisse de Jouhe, plus vaillante et plus heureuse, a sauvé l'image de Notre-Dame de Mont-Roland, elle l'a exposée sur l'autel en pleine révolution et en pleine Terreur, elle l'a entourée de vœux, d'hommages et d'offrandes avec toute l'obstination de la foi comtoise ; elle a été l'asile de la Mère méconnue, de la Vierge poursuivie et de la Reine condamnée à l'exil.

Non, je me trompe, ce n'était point là l'exil, mais la patrie ; ce n'était point le toit de l'étranger, mais le foyer de la famille. Partout Marie est sur son trône, partout Marie trouve des sujets, des clients, des enfants qui l'aiment. Quand un tel culte enfante de tels prodiges, ce culte est bien vivant encore, et la postérité la plus lointaine ne le verra pas finir. Jugez comme Notre-Dame de Mont-Roland est demeurée populaire. Trois sanctuaires se disputent l'honneur de la servir : Jouhe possède la vieille statue, Dole la réclame dans les pestes et dans les calamités publiques, et vous savez avec quels transports elle y fut accueillie, il y a dix-huit ans, quand la peste décimait la cité [1]; enfin voici, au sommet de la montagne, une nouvelle église et une nouvelle image. La nouvelle image a continué les miracles de la première. C'est pourquoi le pèlerinage a recommencé avec notre siècle comme avec tous les autres, et les dons se sont accumulés là où il n'y avait plus que des souvenirs. Il a fallu tracer des routes, planter des arbres, rebâtir une maison de prière et de retraite, élever enfin à la gloire de Marie un temple encore plus imposant et plus beau que tous les monuments du passé. Marie est plus que jamais la Dame du Mont-Roland. La foi qui vient l'implorer sur ces hauteurs est plus vive, plus profonde, plus enracinée que jamais.

Tels sont les soins que votre zèle se donne aujourd'hui, illustre et pieuse compagnie qui avez rassemblé les débris épars de toute cette antiquité

---

[1] *Notes historiques sur Notre-Dame de Mont-Roland*, par M. le conseiller Jeannez.

chrétienne. Jouissez avant tous les autres de cette église où l'art s'est fait si heureusement l'interprète de notre foi. Non, ce n'est pas sans raison que les enfants de saint Ignace sont venus relever les enfants de saint Benoît dans la garde du sanctuaire de Mont-Roland. Marie a voulu intéresser à son culte ces hommes apostoliques à qui il n'est permis de se délasser des travaux du collége que par les travaux des missions. Elle en fait, dans sa maison et sous son regard, des apôtres chaque jour plus évangéliques, des instituteurs chaque jour plus habiles, des directeurs chaque jour plus consommés dans la science des âmes et du salut. Le Ciel en soit béni ! Ce sanctuaire s'enrichit de nouveaux trésors à mesure que les prêtres qui le desservent s'enrichissent eux-mêmes de nouveaux mérites ; tout y respire la règle et la piété, tout y persuade la foi de nos pères.

Mais ce temple nouveau a déjà eu ses épreuves. A peine achevé, à peine revêtu de toutes ses parures, et quand les cloches venaient à peine de se réunir au sommet de cette tour pour jeter à tous les vents du Ciel le nom de Marie, voilà que la guerre s'abat comme un fléau sur les deux Bourgognes ; la compagnie de Jésus est dispersée, Mont-Roland est en proie à l'impiété et à la licence, la révolution l'envahit au mépris des lois, l'étranger l'occupe au mépris de la patrie, on croit un moment que Marie l'abandonne. Non, Marie est toujours là. Les vénérables gardiens du pèlerinage ont retrouvé, après ces jours de deuil, leur cher sanctuaire sans dégradation et presque sans souillure. Il faut remercier Dieu d'un tel bienfait, il faut saluer Marie sur son trône consolidé et affermi dans cette courte mais violente tempête. Vous êtes venu, Monseigneur, couronner au nom de Pie IX cette Reine victorieuse [1]. Notre-Dame de Mont-Roland comptera désormais parmi les plus illustres de la chrétienté : c'est la première fois que les deux Bourgognes reçoivent une si grande faveur ; elles en ont tressailli de joie, et, se sentant ainsi soutenues par la main d'un grand pape, aux genoux de leur Reine, elles se sont ranimées dans la fidélité et dans la ferveur des anciens jours.

Jetez maintenant, ô Marie, jetez un regard de compassion sur ces pèlerins qui vous implorent. Les voici, sous les bannières de leur paroisse, avec toute la foi de leurs ancêtres, plus nombreux et plus pressés qu'on ne les a jamais vus aux pieds de vos autels. Trois évêques les ont bénis au départ, trois cents prêtres les conduisent, les vœux de deux provinces les accompagnent ; ce sont encore les deux Bourgognes dans toute la variété de leur caractère, mais avec la parfaite unanimité de leurs sentiments. Quel élan ! quelle manifestation de patriotisme et de ferveur ! Dole, Besançon, Lons-le-Sau-

---

[1] Le 2 août 1872.

nier, Salins, Arbois, Pesmes, Gray, Dijon, Auxonne, toutes les grandes cités de la nation bourguignonne sont à vos pieds. Regardez : voici les congrégations, les monastères et les colléges. Voici les classes lettrées et les classes laborieuses, le cultivateur, l'ouvrier, le vigneron, les hommes, les femmes, les enfants, tous ceux qui pensent, tous ceux qui prient, tous ceux qui croient. Ils viennent comme leurs pères sont venus, parce qu'ils ont la foi de leurs pères. Ils viennent avec le mandat de leurs paroisses et de leurs cités. Ils ont mis devant vous, ô ma Mère, les noms de tous ceux qui leur sont chers. Ils ont reçu commission des affligés, des malades, des voyageurs, des absents. Des incrédules à moitié convertis leur ont dit au départ : Demandez la foi pour mon âme. Des pécheurs leur ont dit : Vous qui priez, priez pour moi. Toute la France, toute l'Eglise vous dit par leur bouche : O Marie, glorifiez l'Eglise, sauvez la France.

Il y a, parmi ces bannières qui s'inclinent devant ces autels, une bannière voilée et à demi couverte de deuil ; c'est la foi qui l'apporte, c'est la foi qui la fait pleurer de douleur. Vous y avez reconnu les armes de l'Alsace et de la Lorraine. Non, ce n'est point ici une bannière étrangère, placez-la hardiment parmi les étendards des deux Bourgognes. Il y a longtemps qu'elle est avec les nôtres à la bataille et à l'honneur. La politique a beau les séparer, la religion les tiendra étroitement unies. O frères d'Alsace et de Lorraine, vous n'êtes point parmi nous des exilés ; nous sommes vos hôtes, vous êtes nos amis, soyez les bienvenus ; nos cités, nos colléges, nos églises, vous sont ouverts. Vous nous donnez partout l'exemple de la foi. C'est ici qu'il convient de placer votre drapeau ; un jour, à l'ordre de Marie, nous viendrons le détacher de ces voûtes, et vous le reporterez avec nous du sommet des Vosges aux bords du Rhin, en jetant au monde le cri de la délivrance : Victoire à la France ! Gloire à Marie !

II. Le prophète royal, qui a chanté avec tant de vérité, de justesse et de profondeur les malheurs de l'humanité inquiète, souffrante, dévoyée, a jeté aussi parmi tant de cris de douleur et de repentir le cri sublime de l'espérance. Ecoutez-le : « Seigneur, c'est en vous que j'espère, je ne serai pas confondu : *In te speravi, non confundar* [1]. »

Eh bien ! nous aussi, nous espérons, pèlerins de l'Eglise et de la France, et nous venons le chanter ici avec la langue des prophètes. Nous espérons pour l'Eglise des jours de paix et de gloire, pour la France des jours de prospérité et de religion. De tels intérêts ne sauraient ni se combattre ni se séparer. Qui prie pour l'Eglise prie pour la France. L'Eglise est notre mère ; mais la France est la fille

---

[1] *Psalm.* LXX, 1.

aînée de l'Eglise. La fille suit les destinées et la condition de sa mère. Ensemble elles sont éprouvées, elles souffrent ensemble, elles se relèveront, d'un commun effort, à la face du soleil, et la fille, remontant à côté de la mère sur le char du triomphe, paraîtra encore à la tête des nations. Qui souhaite la gloire de la France lui souhaite aussi la foi et la piété. C'est de la foi que nous sommes nés, c'est la foi qui nous donnera de renaître. La foi est le tout de la France. Sa confusion éternelle devant l'histoire, ce serait d'avoir perdu la foi. Mais non, il n'en sera rien, nous espérons, et notre espérance ne sera pas confondue : *In te speravi, non confundar.*

Nous espérons parce que nous avons prié, prié tous ensemble, prié publiquement, prié au nom de la nation.

Quand la force prime le droit, quand la politique se trouble, quand la sagesse hésite, que reste-t-il, si ce n'est la prière ? Quand tous les remèdes sont impuissants, la prière demeure le remède souverain et infaillible. Elle touche le cœur de Dieu, et Dieu, une fois qu'il est touché, change comme il lui plaît le cours des événements, soit qu'il sème l'illusion dans les conseils des princes enivrés de leurs succès, soit qu'il ressuscite les nations qui semblaient perdues. Que faut-il pour opérer ce miracle ? Un cri d'espérance qui monte jusqu'à Dieu : *In te speravi.*

Nous prions ensemble : hommes, femmes, enfants, vieillards, personne ne manque à l'appel. Les provinces se répondent d'un bout de la France à l'autre, les langues se confondent dans l'expression des mêmes sentiments, les pèlerinages se succèdent et la même unanimité éclate dans toutes les supplications. Ce n'est pas deux ou trois chrétiens seulement, et cependant Dieu a promis de se trouver parmi eux. Les sanctuaires où l'on prie se comptent par centaines, les pèlerins par centaines de mille. O Seigneur, vous êtes près de nous, vous nous entendez, vous nous exaucerez ! C'est l'espérance de toute cette foule, et cette foule n'a qu'un cri pour vous le dire : *In te speravi*.

Nous prions publiquement et à ciel ouvert. Le monde avait inventé des trains de plaisir. Malgré tout l'art et tout le génie de l'homme, ces trains de plaisir sont devenus souvent des trains de détresse et de mort. Eh bien ! voici un spectacle que notre siècle n'attendait pas ; voici des trains de prière. Ils ont tué le respect humain sous les roues brûlantes de ces chars de feu ; ils ont jeté à pleines mains l'encens et la louange des cantiques à travers les nuages de fumée, image des vanités mondaines et des préjugés du siècle ; ils ont semé les grains du chapelet et les salutations de l'ange sur tous les chemins frayés à l'industrie et au commerce par la vapeur triomphante ; ils ont déposé au pied des sanctuaires une multitude qui vient confesser sa foi et confier aux quatre vents du ciel le cri de son espérance. Non ! non ! cette espérance ne saurait être confondue. *In te speravi, non confundar.*

Nous prions non pas seulement en qualité de chrétiens, mais en qualité de Français ; non pas seulement pour nous-mêmes, mais pour la patrie. Quel heureux changement ! quelle légitime espérance ! La prière est redevenue non-seulement un besoin public, mais un besoin national. C'est la France qui le proclame par la bouche de ses mandataires. Cette Assemblée souveraine, dont le patriotisme, l'honnêteté, les lumières, font tant d'honneur à ceux qui l'ont élue, et qui inspire tant de confiance même à nos ennemis, est l'Assemblée la plus chrétienne qui ait représenté la France dans les temps modernes. Elle s'est séparée en votant des prières pour son retour, elle s'assemble aujourd'hui avec la pensée de vaquer bientôt à ce grand devoir. Une neuvaine s'organise dans tous les diocèses pour l'aider à le remplir ; la voix des évêques anime et soutient cette immense supplication ; toutes les églises se remplissent de vœux et d'offrandes. Le cloître gémit, le jeûne s'impose comme une heureuse mortification, la table sainte s'apprête partout. Dimanche prochain, il n'y aura dans toutes nos églises qu'une âme, un cœur, une voix pour demander pardon au Seigneur. O saint Martin, j'en jure par votre fête, par votre nom, par votre tombeau, vous vous présenterez devant le trône de

Dieu avec la moitié de ce manteau que vous avez coupé si généreusement aux portes d'Amiens, et qui est aujourd'hui tout rayonnant de la gloire du ciel. Vous montrerez à Jésus la France, encore toute couverte des plaies des batailles, et vous lui direz : Seigneur, faites-lui grâce, et laissez-moi, pour la mettre à l'abri de la révolution et de l'étranger, l'envelopper encore de ma charitable intercession. Vous avez souri au catéchumène, écoutez l'évêque, exaucez l'apôtre. C'est en vous que j'espère, et l'espérance de vos saints ne saurait être confondue. *In te speravi, non confundar.*

Nous espérons parce que nous avons souffert. Cent mille Français ont souffert la mort sur les champs de bataille, dans les prisons, dans les ambulances et dans les hospices ; trois cent mille soldats ont souffert la captivité et l'exil ; toutes les mères ont souffert pour leurs fils absents, vaincus, blessés ou agonisants sous les armes ; toute la France a souffert l'humiliation et la défaite de son drapeau. N'est-ce donc rien, pour fléchir la justice, que ces retours soudains et ces changements inouïs de la fortune, ces dangers qui se sont succédé pendant six mois, ces alarmes de toutes les nuits, ces affreuses nouvelles de tous les jours, le froid et la faim tant de fois bravés, tant de larmes répandues, tant de sang versé, et, pour rendre ce sang plus précieux et ces larmes plus pures, après les nobles victimes de la guerre étrangère, les victimes plus nobles encore de la guerre civile : un pontife, un magistrat, des prêtres et des religieux réunis dans le même holocauste ; les balles partagées, par une communion toute fraternelle, entre les fils de saint Ignace et les fils de saint Dominique, et le Calvaire transporté tout entier dans nos rues et sur nos places avec toutes les injures de la Passion et tout le fiel de la croix ? Ah! s'il est vrai que le malheur est une leçon, la France n'a-t-elle pas tout appris ? S'il est vrai que le malheur donne je ne sais quoi d'achevé aux plus grandes vertus, la France n'a-t-elle pas eu cette perfection ? Nous espérons le salut de la France, parce que la France a eu ses martyrs. Non, Seigneur, votre prophète l'a dit, une telle espérance ne saurait être confondue : *In te speravi, non confundar.*

Nous espérons, parce que le Ciel commence à se laisser fléchir et qu'il autorise par des prodiges la plus légitime confiance. Heureux pèlerins de Notre-Dame de Lourdes, c'est votre témoignage que j'invoque. Nous vous avons envoyés, comme autrefois saint Jean envoya ses disciples à Jésus-Christ ; nous vous avons envoyés vers cette grotte fameuse où Marie s'est montrée dans tout l'éclat de son Immaculée Conception ; nous vous avons envoyés pour savoir ce qu'il fallait croire de cette grotte, de cette apparition, de ces miracles, et Marie vous a répondu, comme autrefois Jésus-Christ aux disciples du précurseur : *Allez, et dites ce que vous avez vu et entendu. Les boiteux marchent, les sourds entendent, les muets parlent, les paralytiques recouvrent l'usage de leurs membres.* Ces lépreux guéris, ces boiteux redressés, ces sourds qui entendent, ces muets qui parlent, vous les avez vus, comptés, touchés, félicités. L'impiété se trouble, l'indifférence sort de son dédain, la foi se console, toute la France s'émeut, toute la chrétienté est attentive. La vie surnaturelle, que l'on croyait étouffée ou amoindrie, circule dans les veines épuisées et commence à ranimer tout ce grand corps. O Notre-Dame de Lourdes, nous vous demandons maintenant des miracles plus grands encore que ceux dont il vous a plu de récompenser la foi de vos serviteurs. Que de pieds qui trébuchent dans les voies du salut ! Redressez-les. Quelle lèpre hideuse le péché étend sur les âmes ! Guérissez-la. Que d'âmes qui n'ont plus d'oreilles pour la parole sainte ! Mettez fin à cette affreuse surdité. Que de lèvres muettes pour la prière ! Ouvrez-les et forcez-les à vous confesser et à vous bénir. Que de morts spirituels qui exhalent la pourriture et l'infection ! Ressuscitez-les à la grâce, et que cette grâce devienne votre gloire. Encore un miracle, ô ma Mère, encore un miracle de miséricorde et d'amour ! C'est là notre espérance, et cette espérance ne sera pas confondue : *In te speravi, non confundar.*

Non, Marie, ne laissera pas dans la confusion

Pie IX, ce grand pape à qui nos pèlerinages sont si particulièrement agréables et qui les a encouragés et bénis avec toute l'autorité attachée à ses prières, à ses épreuves, à ses propres espérances. Du haut de ce roc immuable où repose sa sagesse infaillible, il suit avec un intérêt tout paternel le mouvement de cette armée qui s'est mise en route vers les sanctuaires de Marie et vers les tombeaux des saints. Son palais, qui est devenu comme une prison, ne lui laisse plus que la liberté de l'âme, la liberté du regard, de la prière et de la parole. Mais c'est assez pour planer au-dessus des choses de ce monde, c'est assez pour commander la marche et pour l'entraîner. Il a été averti de votre dessein, et le télégraphe vient de nous apporter la nouvelle de ses sympathiques encouragements. Vous allez recevoir, par les mains de votre évêque, la bénédiction du saint-père. Ce n'est pas tout : l'Eglise vous ouvre ses trésors et vous offre ses plus singulières faveurs. Une indulgence plénière accompagne la bénédiction apostolique, et vos âmes, si bien préparées à la recevoir, compteront les grâces de cette journée parmi les plus signalées de votre vie, tant il est vrai qu'il nous est permis d'espérer, d'espérer encore, et que notre espérance ne saurait être confondue : *In te speravi, non confundar.*

Retirons-nous maintenant, pèlerins de l'Eglise et de la France, et, après avoir reçu cette bénédiction d'un si heureux présage, emportons dans nos âmes toutes les espérances qu'elle autorise. Mais il dépend de nous d'être exaucés promptement. Nous pouvons abréger l'épreuve et faire que les jours heureux se hâtent d'arriver. Aidons la France, aidons l'Eglise, et le Ciel les aidera.

Ce n'est pas pour nous arrêter ni pour consumer notre vie en stériles regrets, en vaines déclamations et en reproches pleins d'aigreur contre nos frères, que nous nous sommes mis en route vers cette montagne et que nous avons inauguré la marche. Qui dit un pèlerin dit un soldat toujours en campagne. Tout pèlerin est un soldat d'avant-garde. En avant pour le service de l'Eglise et de la France! En avant dans la discipline, dans la vertu, dans l'honneur des grandes entreprises! En avant! quand il faudra remplir les devoirs du citoyen, au lieu de reculer et de pâlir devant la responsabilité d'un vote, ou de ménager, par un honteux calcul, les maîtres d'un affreux lendemain. En avant! quand il faudra remplir les devoirs du chrétien au péril de votre vie, au lieu de vous réfugier dans un stupide silence et d'attendre de vos bassesses complaisantes quelque délai aux tyrannies dont vous vous croyez menacés.

Qui dit un pèlerin dit un esprit libre de tout préjugé, un cœur détaché de toutes les vanités de la terre. Vos cités, vos paroisses, vos familles, attendent de vous de grandes vertus et de grands exemples :

l'argent, la joie, la vie, il faut tout quitter, il faut tout donner, si Dieu vous le demande; c'est assez pour des pèlerins du pain de chaque soir et du bâton de voyage. Périsse l'argent, pourvu que notre patrie soit riche d'honneur et de vertus ; périsse la joie, pourvu que l'Eglise triomphe par nos souffrances et, s'il le faut, par notre martyre ; périsse la vie, pourvu que nous la retrouvions au delà du tombeau et qu'elle dure toute l'éternité !

Qui dit un pèlerin dit une âme compatissante et charitable. Tendez la main à vos frères et à vos sœurs, prêchez par votre conduite et donnez à votre zèle cette douceur, cette discrétion, ce charme divin qui touche les plus endurcis. Faites des recrues, gagnez des âmes à force d'être bienveillants, généreux, chrétiens d'un grand esprit et d'un large cœur.

Peut-être, quand vous toucherez au but de votre pèlerinage, entendrez-vous rugir encore autour de vous le monstre qui venait rôder auprès du lit de saint Martin. Mais vous emprunterez au saint son geste, sa parole et sa foi. Tout dépouillés que vous serez des biens et des vanités de la terre, vous attaquerez le démon par cette vigoureuse apostrophe : « Bête cruelle, que viens-tu faire ici ? Non, tu ne trouveras plus rien en moi qui puisse me perdre : *Quid hic stas, immanis bestia ? Nil, funeste, in me reperies.* » Le démon s'enfuira à ces mots, la vision infernale s'évanouira, et votre âme passera d'un monde à l'autre, en murmurant avec un doux ravissement et une douce certitude ces paroles de l'espérance chrétienne que je laisse pour souvenir et pour adieux aux pèlerins de Mont-Roland : *In te speravi, non confundar in æternum :* Seigneur, c'est en vous que j'espère, et mon espérance ne saurait être confondue dans l'éternité.

NOTRE-DAME DES JACOBINS,

A BESANÇON.

C'est sous ce titre que l'on vénère, dans l'église métropolitaine de Besançon, une image miraculeuse de la sainte Vierge peinte à Rome par le chevalier Dominico Passignani et rapportée à Besançon, après un naufrage, par le chanoine Claude Ménétrier, à qui Passignani l'avait donnée. Ce tableau fut déposé le 2 janvier 1633 dans l'église des Frères prêcheurs. Il y attira dès le commencement une foule de pèlerins, tant de la Franche-Comté que de la Suisse et de la Bourgogne. Quand le couvent des Jacobins fut supprimé, en exécution des décrets de l'Assemblée constituante, la sainte image fut portée processionnellement dans une des chapelles de l'église métropolitaine. Elle y demeura pendant toute la Terreur, entourée des hommages publics ; son culte est encore aujourd'hui très populaire, et la chapelle où elle repose est une chapelle de pèlerinage.

SERMON

SUR

LA DÉVOTION ENVERS NOTRE-DAME DES JACOBINS,

PRONONCÉ LE JOUR OCTAVAL DE L'IMMACULÉE CONCEPTION
DANS L'ÉGLISE MÉTROPOLITAINE DE SAINT-JEAN,

16 DÉCEMBRE 1872.

Sic in Sion firmata sum, et in civitate sanctificatâ similiter requievi, et in Jerusalem potestas mea.

Voilà comme j'ai été affermie et enracinée, je repose dans une ville sainte, et mon pouvoir s'étend sur Jérusalem.

(Eccli., XXIV, 15.)

Eminence [1],

L'Eglise, prenant au livre de l'Ecclésiastique ces fortes paroles, ne fait pas difficulté de les mettre dans la bouche de Marie pour rendre témoignage à la grandeur, à la puissance et à la bonté de cette divine Mère.

N'hésitons pas à notre tour à en faire une application toute particulière à la sainte Image que

---

[1] Mgr le Cardinal Archevêque de Besançon.

possède cette métropole et que nous venons vénérer aujourd'hui. Il convient d'achever ainsi cette octave de l'Immaculée Conception et de compléter, par un récit historique et national, la couronne que nous avons déposée sur la tête de Marie.

Entre les pèlerinages les plus anciens, comme ceux de Fourvières et d'Ensiedeln, et les plus modernes, comme ceux de Lourdes et de la Salette, Besançon a le droit de réclamer une place d'honneur pour sa Notre-Dame des Jacobins. Vierge deux fois miraculeuse, c'est à force de prodiges qu'elle s'est ouvert deux sanctuaires dans vos murs, le premier en surmontant les vents et les tempêtes, le second en bravant les orages de la révolution. C'est ainsi qu'elle règne sur notre Jérusalem par l'effet d'une invincible puissance. Elle y est affermie et enracinée dans son repos avec cette vertu merveilleuse qui n'appartient qu'à elle et qui lui a fait dire d'elle-même avec les paroles de l'Ecriture : *Sic in Sion firmata sum, et in civitate sanctificatâ similiter requievi, et in Jerusalem potestas mea.* Gloire à Notre-Dame des Jacobins ! Je salue, en la célébrant, un trône miraculeusement établi et miraculeusement conservé. Il a été établi pour le salut de nos pères ; c'est pour le nôtre que Dieu le conserve, et sa main le soutiendra jusqu'à la fin des temps pour l'édification de nos derniers neveux.

I. Les trente premières années du xvii⁰ siècle furent pour la Franche-Comté une ère de paix profonde, de foi vive et de constante prospérité. Les colléges, les monastères, les hospices, toutes les institutions catholiques étaient florissantes. L'agriculture était heureuse et honorée dans nos campagnes ; nos petites villes étaient remplies d'une bourgeoisie studieuse et chrétienne ; il n'y avait point de bourg où l'on ne pût trouver et entretenir quelques érudits. C'était le temps des bons livres, des bonnes mœurs et des bonnes gens ; c'était l'ère de la liberté, sous la domination paternelle et lointaine des derniers archiducs de la maison d'Autriche ; c'était le règne de Marie.

Marie, si chère à nos ancêtres, étendit alors d'une manière plus sensible que jamais sa protection sur notre province. Tous nos grands pèlerinages commencent ou reprennent faveur. A côté de Notre-Dame de Mont-Roland, qui voit les deux Bourgognes à ses pieds, Notre-Dame de Gray devient fameuse en moins de dix ans par l'éclat des miracles qu'elle opère et des pèlerins qu'elle attire. Cusance, Bletterans, Bellefontaine, Jussey, Salins, Conliége, Vercel, Voray, érigent, agrandissent ou réparent dans le même temps les sanctuaires de la Mère de Dieu. Il n'y a qu'une voix dans nos plaines comme dans nos montagnes pour la proclamer la reine du pays.

Aux deux extrémités de la ville de Besançon,

dans la courbe gracieuse que dessine le Doubs autour de ses murailles, s'élevaient, comme les forteresses de la foi, les couvents de Saint-François et de Saint-Dominique. Ces deux maisons sont de la même date ; elles remontent ensemble à l'origine des deux grands ordres qui les ont fondées ; elles étaient également chères à la ville et à la province dont ils faisaient l'édification, et qui leur donnaient de nobles et vaillants religieux. Ce fut entre les deux couvents des Cordeliers et des Jacobins que la sainte Vierge partagea ses faveurs. Besançon mérita ainsi d'avoir, dans ce XVII° siècle si fécond en bienfaits, deux sanctuaires également fameux par des grâces extraordinaires. Le peuple allait vénérer aux Cordeliers une statue, aux Jacobins un tableau. Notre-Dame des Cordeliers a péri pendant la tourmente révolutionnaire ; consolons-nous, il nous reste Notre-Dame des Jacobins.

Son origine est un miracle, mais la science, l'art, la piété, ont aussi leur part dans ce glorieux souvenir et achèvent de l'immortaliser. Un prêtre franc-comtois, Claude Ménétrier, de Vauconcourt, avait été attiré dans la ville éternelle par l'amour de Dieu, du pape et de la véritable érudition. Son séjour s'y prolongea durant plusieurs années au milieu des plus nobles études et des plus illustres amitiés. Urbain VIII, qui occupait le trône de saint Pierre, et dont le Bernin a immortalisé les traits dans une statue d'une expression à la fois si noble et si paternelle, remplissait les rues, les places, les églises, des monuments de son règne. Son neveu, le cardinal Barberini, qui protégeait les étrangers, se plaisait surtout à entretenir des relations avec ceux qui parlaient la langue française. La reine Anne d'Autriche l'avait fait son aumônier ; et il était destiné à occuper avec éclat les siéges de Poitiers et de Reims. Ce fut dans l'intimité de ce prince de l'Eglise que Claude Ménétrier s'initia à la connaissance des tableaux, des sculptures, des médailles antiques. Il contracta une étroite liaison avec le chevalier Dominico Passignani, l'un des représentants les plus illustres de la peinture moderne, qui décorait alors, sous les regards d'Urbain VIII, la basilique de Saint-Pierre, l'église de Saint-André *della Valle* et celle de Saint-Jean des Florentins. Sur le point de quitter Rome pour aller achever sa vie à Florence, où il avait reçu le jour, Passignani employa son dernier pinceau à faire le portrait de la sainte Vierge. Regardez cette image où la facilité du dessin se joint à la vivacité du coloris. L'artiste y a mis tout son talent et toute sa piété, disons tout d'un seul mot, il y a mis toute son âme. Il n'a point séparé la Mère du Fils, comme s'il avait pressenti que les mères et les fils viendraient prier ensemble devant cette image. Marie est résignée et sereine, comme il convient à tant de mères ; Jésus laisse, ce semble, échapper quelques larmes ; on dirait qu'il nous invite à pleurer nous-mêmes en renouvelant l'exemple qu'il en a donné dans l'Evangile. O touchant portrait ! comme il était bien fait pour essuyer les tempêtes, calmer les douleurs, apaiser les passions, inviter au repentir, à la confiance et à l'amour ! Quoiqu'il eût donné dix écus d'or, Claude Ménétrier avait cru bien moins payer le prix du tableau que recevoir de Passignani une marque d'amitié. Il quitta Rome presque en même temps que le peintre, car il venait d'être pourvu par le pape d'un canonicat dans l'église métropolitaine de Besançon, et il lui tardait de prendre possession de son titre. Pour mettre le comble à sa joie, le légat envoyé par Urbain VIII à Louis XIII lui offrit une place sur l'une des galères qui l'accompagnaient jusqu'à Marseille. Jamais voyage n'avait été entrepris sous des auspices plus heureux ; mais la tempête qui le termine sera plus heureuse encore. Bénissez-la, car vous lui devez votre chère Notre-Dame.

Claude Ménétrier revenait dans le comté de Bourgogne avec toutes les faveurs ecclésiastiques auxquelles sa piété pouvait prétendre, et tous les trésors que sa science avait amassés. Le savant qui avait réuni des médailles, des bronzes, des tableaux de prix, s'apprêtait à en jouir et se promettait de les offrir à l'admiration publique. Non, ce n'est pas le savant qui sera récompensé de ses mérites ; le savant sera éprouvé et confondu ; mais Dieu réserve au prêtre une grâce bien plus belle, qui le consolera de toutes ses épreuves, survivra à sa fortune, immortalisera son nom, et lui vaudra l'honneur d'être encore cité, loué, béni, deux cent cinquante ans après l'événement, dans les annales de notre Eglise.

La galère qui le ramenait à la suite du légat, avec tous ses trésors et toutes ses espérances, fut favorisée d'un bon vent jusqu'à sept ou huit lieues de Marseille. Rien ne faisait pressentir une catastrophe, quand un de ces avertissements intérieurs auxquels les âmes saintes obéissent força, pour ainsi dire, Claude Ménétrier à quitter la galère et à s'embarquer sur un canot pour prendre terre sans retard. A peine est-il en sûreté, que la tempête éclate, le navire se brise, l'équipage se disperse, toutes les richesses qu'il possède deviennent la proie des vagues furieuses. O Marie, ô douce étoile, je reconnais votre divine protection. Vous avez veillé sur votre serviteur, vous l'avez sauvé : est-ce tout, ô ma mère, et qu'est devenue votre image ?

Au premier bruit de la catastrophe, toute la ville de Marseille s'était émue, et le gouverneur avait envoyé des marins, des barques, des cordages, pour secourir la galère. Il était trop tard, ce n'était plus qu'une ruine flottante et des débris couverts d'écume. Les passagers croyaient du moins retrouver quelque reste de leurs bagages naufragés, mais la violence de la tempête les avait mis en pièces, l'eau de la mer avait achevé de les détruire ou de les souiller, et leurs dernières espérances s'évanouissaient dans leur âme en même temps que les flots venaient mourir au rivage. Claude Ménétrier voyait s'abîmer et disparaître ainsi tout le fruit de ses longues études et de ses savantes épargnes. Ses livres, ses tableaux, ses médailles, tout avait péri sans retour. Il demeurait depuis trois jours les yeux fixés sur ce lamentable spectacle, quand le dernier objet retiré de la mer frappa ses regards. C'était sa chère image de Notre-Dame. O prodige! ô consolation! ô faveur bien capable de lui faire oublier toutes ses pertes et toutes ses disgrâces! La voilà, après trois jours passés au sein des vagues furieuses; rien ne la défendait contre la tempête, et cependant elle n'a rien perdu ni de l'éclat de ses couleurs ni de la douceur de ses traits. Seul, de tout ce naufrage, le tableau sort des flots sans souillure et sans tache; seule, de tous les tableaux que le savant rapporte, l'image de Marie revient à lui et se remet comme d'elle-même entre ses mains. O Marie, ô douce étoile, vous avez donc aussi veillé sur votre image. Les anges qui ont amené votre serviteur sain et sauf avaient donc aussi reçu de vous l'ordre de lui rendre, parmi tous ses trésors, le seul trésor qu'il lui fallait garder et qui sera désormais le trésor d'une grande nation.

Le pieux chanoine se dit à lui-même qu'il ne saurait conserver pour sa maison un tableau signalé par tant de merveilles, et que son diocèse doit en jouir. Il cède aussitôt à une de ces inspirations soudaines telles que le Ciel les envoie dans ses desseins de miséricorde, et sa reconnaissance éclate en même temps que sa générosité. La pensée du saint Rosaire et du couvent des Jacobins de Besançon se présente à son esprit. Il dédie, il voue sa chère Notre-Dame à ces religieux qu'il ne connaissait pas, mais dont il savait la haute réputation de foi et de ferveur, et il s'achemine vers Besançon pour accomplir son vœu. Rien ne l'en détournera, tant il est ferme et résolu. Il montre à Lyon la sainte image, les connaisseurs l'admirent et demandent à l'acheter, mais il leur répond que Dieu l'a déjà payée et qu'il en est le maître. Il la dépose à Besançon chez le chanoine Dumay, qui la sollicite inutilement pour l'insigne basilique et le vénérable chapitre de Sainte-Madeleine. Il la confie enfin, car des affaires pressantes le rappellent à Rome, aux soins pieux d'un ami, messire Jean-Antoine Alviset, curé de Saint-Pierre, avec la charge de l'offrir en son nom à l'autel du Rosaire.

C'est le 2 janvier 1633 que le vœu est accompli avec toute la solennité qui peut lui donner du relief aux yeux d'une ville chrétienne. Jean-Antoine Alviset apporte l'image en grande pompe à l'heure de la messe, et quand l'offertoire est venu, il la présente au prieur en retraçant, dans un discours latin fort élégamment écrit, les circonstances de cette pieuse donation. Le prieur accepte la Notre-Dame, la bénit, en fait l'histoire à son tour dans la harangue qu'il adresse à l'assemblée, et l'expose, à partir de ce jour, à la vénération publique.

La voilà donc élevée sur un trône digne d'elle, digne de nous et de toute la Comté. On la connaît à peine de vue, et déjà elle est devenue illustre. Les prières commencent à ses pieds pour ne plus finir. Témoin Ferdinand de Rye, archevêque de Besançon, déclarant trois ans après, en cour de Rome, que les messes célébrées devant la sainte image depuis le grand matin jusqu'à midi peuvent à peine répondre à la dévotion des fidèles ; témoin les cogouverneurs de la cité de Besançon, déclarant, sous la garantie de leur parole et sous le sceau de leurs armes, que cet immense concours, tant du dedans que du dehors, s'explique par les grâces extraordinaires dont le sanctuaire des Jacobins est devenu le théâtre.

Là, en effet, la mère vient demander pour son enfant la grâce du saint baptême, et cette grâce ne lui est point refusée. Le corps, il est vrai, n'a plus ni couleur ni mouvement, mais la vie n'en est pas encore sortie, un regard de Marie la ranime, un cri la réveille, et l'ange qui veillait sur le départ de cette âme l'emporte au ciel toute trempée des eaux de la régénération éternelle. Là s'accumulent, comme des trophées, des béquilles désormais inutiles aux paralytiques et aux boiteux. Là on apporte et l'on suspend autour de Notre-Dame l'image d'une maison préservée de la flamme ou d'un navire soutenu sur les flots. Là on écrit, tantôt dans une poésie naïve et grossière, tantôt dans un emblème, tantôt dans un chiffre et dans une date, le souvenir d'une guérison obtenue, d'un heureux voyage, d'une conversion inespérée. Les pèlerinages sont de tous les jours et les grâces extraordinaires de toutes les heures.

A la tête des pèlerins il faut placer la cité de Besançon. Qu'elle était belle et pieuse à voir, dans la pompe des supplications publiques, représentée par ses quatorze cogouverneurs, l'élite des citoyens, et par ses sept bannières, images de ses vieilles et fidèles paroisses! Les élus du peuple se faisaient alors un honneur et un devoir d'être les interprètes des besoins et des vœux communs, non-seulement auprès des Majestés de la terre, mais auprès de la Majesté éternelle. Ils faisaient leur cour à Marie avec une assiduité touchante. Quand la peste menaçait d'envahir la contrée, quand la vigne n'offrait plus qu'un pampre stérile, quand on redoutait la guerre avec quelque voisin puissant, à la veille d'une bataille ou au lendemain d'une victoire, dans la prospérité comme dans les revers, la sainte image voyait à ses pieds tous les citoyens. La cité se montrait tantôt tout en pleurs, tantôt tout en joie, toujours fidèle à Dieu et à sa chère dévotion.

Les princes et les seigneurs eurent aussi leur place dans ce sanctuaire. La maison de Lorraine y précéda la maison de France. Là le duc Charles IV commence à expier, par des prières et par des présents, les fautes de sa vie ; la princesse de Cantecroix met toute sa gloire à parer Notre-Dame des Jacobins, et le duc d'Elbeuf fait brûler devant elle une lampe d'argent. Ni le roi Louis XIV ni la reine Marie-Thérèse, pendant leur séjour à Besançon, n'oublièrent de témoigner leur piété et leur confiance envers une Vierge si renommée. Mais qu'est-ce que la naissance et la grandeur devant les saints autels ? Et combien les plus belles couronnes de la terre paraissent peu de chose en un tel lieu ! Non, Marie, non, vous n'avez pas été plus touchée de ces magnifiques hommages que vous ne l'étiez des offrandes et des pèlerinages du pauvre. Les humbles, les petits, les mendiants, formaient d'ordinaire votre cour et en remplissaient les abords. C'est dans cette foule inconnue que vous avez distingué le bienheureux Benoît Labre, ce pèlerin si méprisé de son siècle, et à qui le nôtre a décerné les honneurs célestes. Il est venu passer la nuit à la porte de cette église métropolitaine, où le Saint-Suaire attacha longtemps ses regards satisfaits ; mais Notre-Dame des Jacobins a eu le lendemain sa première prière. Il sortait de Gray, où Marie l'avait béni ; il partait pour Cusance et pour Ensiedeln, où Marie l'attendait encore. Marie lui avait offert à Besançon les marches de l'autel du Saint-Suaire pour reposer son corps, et les miracles accomplis dans l'église des Jacobins pour entretenir son âme dans la piété. Il part content, et le souvenir qu'il emporte de notre province le suit et le soutient jusqu'à Rome, où le pèlerinage de sa vie s'achève, à la porte du Peuple, au milieu des témoignages de l'admiration universelle.

Mais, pour retrouver toute l'histoire de notre miraculeuse Vierge, il faudrait parcourir la province, pénétrer dans tous les foyers, ressusciter dans tous les cimetières les cendres de vos pères. Rien n'égale dans le dernier siècle la popularité de cette dévotion. On élevait, le long des chemins et au sommet des montagnes, des oratoires en l'honneur de Notre-Dame des Jacobins. Telle on voit encore la chapelle de Delémont, avec une copie authentique du tableau que vous vénérez. Des gravures et dessins d'un petit format étaient dans toutes les mains. Le voyageur, le pèlerin, le soldat, ne s'éloignait pas de la Comté sans emporter dans son livre de prières, dans quelques replis secrets de son portefeuille ou de son manteau, cette image qui devait le protéger contre tous les dangers du corps et de l'âme. Ainsi le culte de Notre-Dame des Jacobins était porté par les enfants de Besançon et de la Comté sous tous les soleils qui souriaient à leurs entreprises. Ils revoyaient, en la contemplant, nos murailles, nos montagnes, nos églises, et vivaient encore au milieu de leur famille par la pensée, le sentiment et le regard. Ah! combien de fois, ô Marie, n'avez-vous pas parlé à leur âme de leur paroisse, de leur mère, de leur curé! Combien de fois, en saluant d'autres pèlerinages, n'ont-ils pas senti leurs yeux se mouiller de larmes, et leurs larmes tomber avec un doux sourire sur l'image chère à leur foi! Ils démêlaient, dans les accents d'une cloche étrangère, l'accent de la cloche des Jacobins, ils se rappelaient le jour où leur mère les avait voués à Notre-Dame, ils croyaient entrer dans son sanctuaire, entendre ses religieux, relire les inscriptions qui leur parlaient de grâce et de guérison, et pour recueillir et sceller tous ces précieux sentiments, ils pressaient sur leur cœur, ils portaient à leurs lèvres, ils couvraient de baisers ce portrait, tant de fois béni, de la meilleure des mères.

Le récit de ce glorieux passé n'est pas un reproche pour l'âge où nous sommes. Notre-Dame des Jacobins est encore au milieu de nous. Pour s'y établir, elle a bravé les vents et les flots; pour y demeurer, elle a affronté les tempêtes mille fois plus furieuses des révolutions. C'est un miracle qui nous l'a donnée; c'est un miracle qui nous la conserve. Le second est encore plus grand que le premier. Ecoutez-le.

II. Il entrait dans les desseins de Dieu d'éprouver la foi du peuple français par une des plus violentes secousses qui aient ébranlé l'Eglise et renouvelé le monde. La Révolution, si fatale à toute l'antiquité chrétienne, ne dépouilla d'abord nos châsses, nos reliquaires, nos images miraculeuses, que de leurs lames d'argent, de leurs fines pierreries et de leurs couronnes d'or. Les églises où priaient les moines ayant été fermées, les autels perdirent leur parure, et la nation en vendit à vil prix les vases et les ornements; mais les statues, les tableaux, les reliques, emportés avec des marques de vénération que commandait encore la foi des peuples, reçurent un asile dans les églises paroissiales desservies par le clergé constitutionnel. Tel fut le sort de Notre-Dame des Jacobins. La foule lui fit un cortége d'honneur quand elle fut transportée, de son premier sanctuaire désormais fermé à la dévotion publique, dans cette cathédrale où les saints mystères furent encore célébrés pendant trois ans. Mais le schisme fit place à l'impiété, et la Révolution finit par répudier les prêtres de la Révolution. Les châsses et les reliquaires avaient été vendus; mais la France, au lieu de s'enrichir de ces dépouilles sacrées, n'en était devenue que plus misérable. Le démon qui l'agitait s'abattit alors sur les corps des saints, sur les tableaux miraculeux, sur tous les objets de la dévotion populaire. Quatorze siècles de souvenirs furent condamnés aux flammes. O honte! ô douleur! ô pages lamentables que je voudrais tremper de mes larmes pour les effacer de nos annales! On a tiré de nos sanctuaires les saints conservés depuis l'origine même du christianisme; on les a conduits comme des criminels et jugés par défaut devant le tribunal révolutionnaire; les apôtres et les martyrs des premiers âges ont été encore une fois livrés à la mort; et un immense bûcher, élevé en plein jour, le 8 mai 1794, au milieu de Chamars, a englouti et consumé, sur l'ordre et sous les yeux d'un proconsul [1], presque toutes nos saintes reliques et nos saintes images. Ah! qu'êtes-vous devenu, ô béni Saint-Suaire, souvenir du Calvaire et des croisades, apporté dans cette métropole et gardé pendant tant de siècles avec un soin si jaloux? C'est à peine si quelques mains pieuses ont pu dérober de nuit et enfouir sous terre les restes épars des Ferréol, des Ferjeux, des Prothade. Le bras de saint Etienne n'est pas épargné. Un jour, un seul jour d'impiété et de démence, a plus anéanti de trésors et de souvenirs que les barbares n'en avaient pillé dans leur passage et déchiré dans leur ignorance et dans leur fureur. Tant il est vrai que la civilisation elle-même porte les fruits les plus amers et les plus sauvages, quand elle n'est plus animée ni soutenue par l'esprit du christianisme. La vraie barbarie est de tous les temps:

---

[1] Lejeune, représentant du peuple.

c'est le péché en délire. Le vrai barbare est de tous les lieux : c'est l'ange rebelle, c'est Satan.

Ne cherchez point, parmi les ruines et les cendres, Notre-Dame des Jacobins. La Révolution a affermi son trône au lieu de le détruire ; son autel est debout au milieu des autels renversés ; elle vit, elle règne, elle écoute, elle pardonne encore, du haut de ce tabernacle nouveau où elle est venue s'asseoir et où elle continue de recevoir les hommages des fidèles. Ah ! quelle consolation parmi tant de ruines et de désastres ! Quel sourire de miséricorde au milieu de tant de traits de la colère divine ! Oui, que la postérité la plus reculée le sache et le retienne, il y eut un jour où cette métropole devint le théâtre d'une affreuse orgie. Les portes s'ouvrirent devant les pompes d'un cortége païen, et toute cette enceinte retentit des chants sacriléges de l'impiété en démence. Une idole de chair fut placée sur ce maître-autel, on lui prodigua l'encens et les fleurs, elle reçut les hommages de la cité égarée ou tremblante. Mon Dieu ! pardonnez-leur, car ils ne savent plus ni ce qu'ils font ni ce qu'ils disent. C'est au nom du salut public que l'on décrète les fêtes de l'impiété : ce culte ignoble est appelé le culte de la Nature, et ce temple profané le temple de la Raison ; tant il est vrai que l'esprit public était, comme le pays lui-même, renversé de fond en comble, que les mots avaient perdu leur sens, et que, dans cette autre Babel, les hommes ne s'entendaient plus que pour parler la langue de la folie. Vous leur avez pardonné, Seigneur, car les auteurs et les complices de ces attentats ont expié dans les larmes de la pénitence les erreurs ou les ignorances d'une aveugle jeunesse. Vous leur avez pardonné, je ne m'en étonne pas : Marie était ici comme elle fut au Calvaire, elle suivait d'un œil ému les nouveaux déicides qui vous crucifiaient sur le tabernacle, et elle commençait déjà à solliciter et à obtenir leur pardon. Quelle heureuse inconséquence ! Quel reste de fidélité au milieu de tant de sacriléges attentats ! On le croirait à peine si nous n'en avions pas les preuves les plus authentiques, délivrées par les plumes les moins suspectes. Oui, dans ce même temple, au fond de cette chapelle, pendant ces saturnales qu'on se refuse à décrire, Notre-Dame des Jacobins demeurait sur son trône, et l'écume de cette tempête venait mourir à ses pieds. L'impiété avait détrôné le fils, mais elle avait respecté la mère ; elle avait aboli le roi du ciel, mais quand il fallut toucher à la reine, son regard avait pâli, son bras avait reculé, elle avait tremblé devant la femme qui, depuis le commencement, a fait trembler le démon ; elle avait senti s'appesantir sur elle cette parole de l'Ecriture : Un jour, cette femme te brisera la tête : *ipsa conteret caput tuum.*

Mais ce n'est pas assez que l'impiété la respecte, il faut, pour mettre le comble à sa gloire, que la fidélité l'honore. Que la postérité la plus reculée, je le dis encore une fois, le sache et le retienne, Notre-Dame des Jacobins a été entourée, sur ce trône miraculeusement rétabli, d'hommages peut-être plus miraculeux encore. Je signale ces traits ; j'irai, pour les raconter, jusqu'à la familiarité de la langue vulgaire et aux détails d'une triviale énumération. Il n'y a rien de vulgaire ni de trivial dans le culte que les chrétiens rendent à Marie, surtout quand ce culte est devenu héroïque à force de courage et de fermeté. La pauvreté de la ville était si grande que la cire et les cierges ne se trouvaient plus ; la Révolution les avait mis tout à la fois hors de prix et hors d'usage. Il ne restait, pour s'éclairer dans la nuit, que l'humble chandelle du pauvre ; mais le riche, qui l'avait dédaignée dans des jours meilleurs, la payait alors comme un objet de luxe. Les services publics manquaient de tout ; les besoins et les privations étaient extrêmes : seule, Notre-Dame des Jacobins ne manqua, dans cette détresse, ni de présents ni de luminaire. Les fidèles se résignaient à tous les sacrifices pour faire éclater devant la sainte image l'ardeur de leur foi. Un journal de l'époque, la *Vedette*, le constate et s'en plaint sans pouvoir l'empêcher. Je le cite devant les autels ; c'est une revanche bien permise à la religion qu'il a si souvent citée devant les tribunaux. On lui dénonce, en pleine Terreur, en plein culte de la Raison, sous l'impie domination de Robespierre, les illuminations entretenues par la piété du peuple devant Notre-Dame des Jacobins. La *Vedette* n'en peut mais, et ce journal accoutumé au blasphème ne trouve pas une injure à dire ni contre Marie ni contre ses clients [1]. Continuez donc à brûler devant Notre-Dame, humble luminaire que la foi achète à grand prix, percez les ténèbres qui s'accumulent dans ce temple, veillez pour la France devant son auguste patronne. Voilà le feu mystérieux qui sera entretenu jusqu'à ce que la lumière revienne et que l'encensoir parfume le saint lieu. Quand Notre Seigneur Jésus-Christ sera rapporté dans ces tabernacles, après dix ans d'absence et au milieu des pompes du culte public, c'est à cet autel de Marie que l'on ira rallumer la lampe du sanctuaire, c'est Marie qui viendra au-devant de son fils pour le recevoir à la porte de ce temple et lui rendre les clefs de sa maison, c'est Marie qui rendra à Jésus son fidèle troupeau.

Notre-Dame des Jacobins est toujours là. Vous le savez bien, familles chrétiennes en qui la dévotion est héréditaire et chez qui la confiance se transmet, avec le récit des faveurs obtenues, du cœur de l'aïeul aux lèvres du petit-fils. C'est ici qu'on apporte encore l'enfant après son baptême, pour le consacrer à Marie, après l'avoir délivré du

---

[1] La *Vedette* du 10 ventôse an II (28 février 1794).

démon par la grâce de Jésus ; ici que l'on demande la faveur d'entendre la sainte messe ; ici que l'on bénit l'anneau des fiançailles et du mariage ; ici que l'on sollicite la guérison inespérée, le succès des grandes entreprises, la délivrance et le salut sur le champ de bataille, la paix d'une bonne mort. Et ce qu'on sollicite on l'obtient. « Jamais Notre-Dame des Jacobins ne m'a refusé, » voilà dans quels termes s'exprime une mère chrétienne présente peut-être à cette cérémonie. Ah ! nous pouvons l'en croire, car elle a beaucoup demandé, elle a beaucoup obtenu, elle sait mieux que nous ne pourrions le dire comment il faut solliciter pour être exaucé. Mais jetez les yeux autour de la sainte image : les cœurs qui la parent ne tiennent-ils pas le même langage ? N'y a-t-il pas dans leur matière si précieuse, dans leur forme si touchante, dans le nombre toujours croissant de ces *ex-voto*, un témoignage chaque jour plus authentique et plus éloquent de la puissance de Marie et de la dévotion des pèlerins ? Non, le bras de la bonne mère n'est pas raccourci ; ce n'est pas pour qu'on l'oublie que Dieu nous l'a conservée dans des jours si difficiles, et le nouveau sanctuaire dans lequel il l'a placée a tout l'éclat et toute la renommée du premier : c'est encore un sanctuaire miraculeux, car Notre-Dame des Jacobins est toujours là.

Il le savait bien, ce prélat dont la mémoire est si chère à cette métropole, et qui, après avoir restauré et enrichi la chapelle de Notre-Dame des Jacobins, a voulu reposer au pied de ses autels. C'est à Notre-Dame des Jacobins que le cardinal de Rohan a légué sa langue et ses yeux : Auguste à Marie, le fils à la mère : *Augustus Mariæ, filius matri*. Voilà l'inscription touchante qui consacre ici ses dernières volontés. Quand je les répète, il me semble que cette langue, toute poudre qu'elle est, se ranime dans cette enceinte pour les répéter plus haut encore ; je crois voir se rallumer dans ces yeux éteints la pieuse ardeur avec laquelle ils s'étaient si souvent attachés à l'image de Marie ; et l'âme du saint pontife, qui continue à prier dans le ciel, parmi les Onias du Nouveau Testament, pour tout le peuple et toute la cité, prenant sur vos lèvres et sur les miennes ce noble souvenir, en fait hommage à Marie dans la langue transfigurée de la louange éternelle : « Auguste à Marie, le fils à la mère. »

Notre-Dame des Jacobins est toujours là. Vous le savez bien, mère si pieuse et si dévouée qui, après avoir sollicité pour chacun de vos enfants la protection de cette divine mère, en avez vu si sensiblement les miraculeux effets. L'un d'eux était abandonné de tous les médecins, l'art n'avait plus de secours pour son corps chétif, et l'on n'attendait plus, d'heure en heure, que l'heure de son trépas. Vous avez demandé à Marie ce que la science ne pouvait plus vous promettre, et votre enfant a recouvré dans vos bras la santé et la vie avec une rapidité qui a déconcerté tous les calculs humains. Il a vécu, il a grandi à vos côtés, il fait aujourd'hui votre consolation. Vous déclarerez à qui de droit, quand l'Eglise informera, comment la délivrance a succédé au désespoir, de quel cœur un fils salue dans ce temple l'autel cher à tous les fils, et comme il reporte sa reconnaissance de la mère de la terre à la mère du ciel, en répétant la dédicace du pieux cardinal : *Filius matri*, le fils à la mère.

Notre-Dame des Jacobins est toujours là. Ils le savent bien, ces braves qui se sont recommandés à elle en ceignant leur épée et qui se sont souvenus de sa miséricorde sous le ciel lointain de la Crimée, du Mexique ou de la Chine. Ouvrez un de ces cœurs d'or qui forment une si brillante auréole autour de la Mère de Dieu : vous y lirez deux noms et une date : c'est la date de 1855, c'est le nom de Sébastopol et d'un officier du *** de ligne revenu sain et sauf de ce siége fameux. Il était demeuré douze heures sous le feu de l'ennemi, il avait vu ses compagnons d'armes tomber autour de lui pendant cette journée si glorieuse pour la France, il avait fait son devoir le front découvert, l'épée en avant, le pied ferme, mais la prière au cœur, la prière aux lèvres, l'esprit tourné vers le sanctuaire en qui il avait mis toutes ses espérances. O Marie, vous l'avez sauvé ; agréez encore ce nouvel et gracieux hommage d'un fils qui ne cesse de vous bénir et de déclarer qu'il vous doit la vie. *Filius matri*, le fils à la mère.

Notre-Dame des Jacobins est toujours là ! Il le savait bien, ce Lacordaire qui, à peine revêtu du froc de saint Dominique, est venu courber devant la sainte image ce front noble et pur où l'auréole de la sainteté faisait rayonner le génie et l'éloquence. Que de souvenirs et d'espérances il a apportés dans ce sanctuaire en y célébrant le saint Sacrifice (1) ! Comme il a confié à Marie les premières semences et les premières fleurs de son ordre renaissant ! C'est sur les épaules de ce grand homme que l'habit de saint Dominique a reparu pour la première fois dans notre cité ; c'est des marches de cet autel qu'il est remonté dans nos chaires. Quand les disciples de Lacordaire évangélisent nos villes et nos bourgades, ils se sentent, même de loin, sous ce regard maternel de Notre-Dame des Jacobins, qui les encourage et qui les bénit ; ils sèment avec confiance le long de nos routes les grains de leur rosaire, ils jettent avec amour du haut de leurs lèvres et du fond de leur cœur le filet invisible de la parole sur les âmes promises à leur sainte ambition, et, le dernier mot à peine achevé, ils offrent à Marie tous les fruits de leur apostolat, comme un fils apporte à sa mère

---

(1) En 1846.

l'hommage de ses succès et les couronnes de sa gloire : *Filius matri*, le fils à la mère !

Notre-Dame des Jacobins est toujours là ! Elle ne le savait pas, mais elle eut le bonheur de l'apprendre, cette humble femme de la Savoie qui, il y a moins de vingt ans, amena à Besançon sa jeune fille possédée de l'esprit malin, et demanda qu'on déployât devant elle notre béni Saint-Suaire, si redoutable aux mauvais anges [1]. A défaut du Suaire de Jésus, il nous fut donné de lui montrer le portrait de Marie. C'est devant cette image qu'elle dit à Marie, pour que Marie le redît à Jésus, avec la foi de l'Evangile : *Filia mea à dæmonio malè vexatur*, ma fille est tourmentée par la fureur du démon. Marie l'a regardée avec intérêt et avec amour ; Marie a demandé à Jésus de délivrer cette pauvre enfant qui était venue de si loin pour vénérer les langes du sépulcre, et une grâce éclatante a justifié du même coup le souvenir du Saint-Suaire et notre dévotion envers Notre-Dame des Jacobins. Je suis guérie ! s'est écriée trois fois la pauvre malade. Le cri de la reconnaissance s'est prolongé, d'échos en échos, des montagnes de la Comté aux montagnes de la Savoie. Là comme ici, on sait maintenant où la Mère de Dieu aime à faire éclater sa clémence ; là comme ici, les yeux se tournent vers cet autel pour saluer et bénir, dans

---

[1] En 1853.

l'expression d'une filiale reconnaissance, Notre-Dame des Jacobins, toujours propice aux malades, aux affligés, aux enfants, aux voyageurs et aux soldats. Ce sont les enfants choisis par sa miséricorde et par son amour : *Filius matri*, les fils à leur mère.

Voilà, ô Marie, dans quelles pensées, dans quels sentiments, nous sommes venus réveiller la poussière et les échos de ce vieux pèlerinage. Nous nous prosternons à vos pieds avec ce clergé, ce peuple, cette paroisse animée et soutenue par le zèle de son pasteur, ce chapitre devenu le gardien de votre miraculeuse image, toute cette cité qui la vénère, tout ce diocèse qui en revendique la gloire. A la tête de tant de pieux serviteurs, il faut placer ce pontife si fier de tous nos vœux, si heureux de les rendre, si digne par l'éclat de ses vertus encore plus que par l'éclat de sa pourpre de se dire le fils aîné de cette immense famille dont Marie est la mère : *Filius matri*, le fils à la mère.

Non, ce n'est point sans raison, ô ma Mère, que dans ce siècle troublé par tant d'orages, vous rappelez à vos enfants comment on échappe à la mort et comment vous êtes aujourd'hui, après tant de naufrages, notre richesse, notre gloire, notre avenir. La tempête gronde toujours, mais vous nous avez appris à en braver les coups ; la révolution continue, mais vous l'avez forcée à respecter votre trône et à proclamer la dévotion de nos contrées envers vous. Il n'y a, ni dans l'ordre physique ni dans l'ordre moral, point de terreur que votre regard ne dissipe, point de nuage que votre main n'écarte, point de foudre que votre prière toute-puissante n'éteigne sur nos têtes humiliées. O douce étoile dont la lumière ne saurait pâlir, remontez au ciel de la France, chassez les nuages qui l'obscurcissent encore, aplanissez les flots qui s'amoncellent autour de la barque de Pierre, et glorifiez enfin le grand pape qui a proclamé, il y a dix-huit ans, l'incomparable privilége de votre Immaculée Conception. Pour nous, qui vous implorons, à l'exemple de nos ancêtres, en contemplant les traits de votre maternité divine dans un tableau si cher à leur piété, nous sentons redoubler dans notre âme les élans de notre pieuse confiance. Donnez-nous d'achever à vos pieds le pèlerinage de notre vie terrestre, apaisez les passions au fond de nos âmes, défendez-nous contre le démon dans le dernier orage, dans le dernier combat, et quand vous aurez endormi dans vos bras le cri de nos dernières misères, faites-nous doucement passer, en nous emportant sur votre sein maternel, de l'exil de la terre et du temps à la patrie du ciel et de l'éternité.

NOTRE-DAME D'ÉTANG,

PRÈS DIJON.

A trois lieues de Dijon, dans la vallée de l'Ouche, s'élève une montagne célèbre par le sanctuaire de Notre-Dame d'E-tang. C'est le sanctuaire le plus vénéré du pays, et le 2 juillet de chaque année, un certain nombre de fidèles avaient coutume de s'y rendre. Mais la manifestation du 2 juillet 1873 s'est faite avec un éclat inaccoutumé. Mgr l'évêque avait annoncé à son clergé et à son peuple qu'il se mettrait lui-même à la tête du pèlerinage. On jugera par le récit de la *Chronique religieuse* (1), de Dijon, avec quelle joie l'appel du premier pasteur fut entendu dans tout son diocèse.

« Dès le matin toute la ville semblait se mettre en mouvement; de toutes parts affluaient au chemin de fer des pèlerins au visage joyeux, le bras chargé des provisions du voyage. Des familles entières, y compris le père et les plus jeunes enfants, s'acheminaient en hâte vers le lieu du départ. Tandis que les uns se dirigeaient vers la gare, d'autres remplissaient les voitures, qui semblaient pour ce jour-là avoir été toutes mises en réquisition. On ne s'était manifestement pas attendu à une pareille affluence, et bien que l'administration du chemin de fer eût été mise en demeure de prendre

(1) Numéro du 5 juillet 1873.

ses mesures, nombre de pèlerins durent attendre des heures entières leur tour de départ. Et ce n'était pas seulement de notre ville qu'affluaient les pèlerins, ils arrivaient de la direction opposée, notamment de Semur, qui en envoyait près de cinq cents. Les paroisses voisines accouraient bannières en tête. L'évaluation commune ne porte pas le nombre des pèlerins à moins de 12 à 15,000.

» A peine arrivée à la gare de Velars, la foule se forme en procession et se dirige avec empressement vers le but du pèlerinage, que désignaient à nos regards les couleurs de la sainte Vierge flottant au vent sur le sommet de la montagne. C'était un spectacle aussi édifiant que curieux de voir, des hauteurs de la gare, se dérouler ces files sans cesse renaissantes qui, descendant le coteau, traversaient en hâte le village, bannières en tête, puis gravissaient les pentes immenses de la montagne en chantant des cantiques que se renvoyaient les échos d'alentour. Bientôt on se rassemble en masses compactes au pied des roches élevées où devait s'accomplir la première partie de la fête. Le saint sacrifice de la messe est célébré en plein air par M. l'abbé Joly, vicaire général, tandis que des chants sacrés, exécutés par des milliers de voix, se font entendre. Après la messe, le R. P. Fristot, de la compagnie de Jésus, prend la parole. Dans une chaleureuse allocution, l'orateur rappelle les liens indissolubles qui unissent la France à Marie, et, faisant aux circonstances présentes l'application de cette consolante vérité, il trouve des accents du plus éloquent patriotisme pour exprimer les espérances de l'Eglise et de la patrie, que Dieu semble avoir unies dans de communes destinées.

» Il était près de onze heures lorsque la procession, grossie de nouveaux arrivants, se remit en marche pour l'église.

» Pendant toute cette matinée, on n'avait cessé de célébrer le saint sacrifice et de distribuer la communion dans l'église paroissiale, ainsi que dans l'antique sanctuaire qui couronne la montagne. Nous ne saurions ici évaluer le nombre des communions, mais il a été, nous le savons, des plus considérables.

» La messe pontificale, d'abord fixée à dix heures et demie, n'a guère pu commencer qu'à près de midi. Sa Grandeur, qui avait interrompu le cours de sa visite pastorale pour prendre part à cette fête, n'a pas reculé devant la fatigue que lui imposait une pareille solennité à une heure aussi tardive. L'émotion du vénérable prélat était à son comble, et à deux reprises elle ne lui permit pas de continuer le chant qu'il avait commencé de cette voix pleine et sonore que les années n'ont pu affaiblir.

» Mgr l'évêque, avant de donner la bénédiction, n'a pu, malgré ses fatigues, qu'il semblait oublier pour ne songer qu'à celles de son auditoire, retenir l'expression de la joie qui débordait de son cœur d'évêque et de père à la vue de cette foule innombrable qui avait répondu avec tant d'empressement à son appel.

» L'église paroissiale, déjà ornée de guirlandes et d'oriflammes aux couleurs de Marie, était presque tapissée de bannières apportées de divers points du diocèse. On a remarqué particulièrement celles des doyennés de Sombernon, de Mirebeau, d'Auxonne, etc.

» Un nombreux clergé était accouru de tous les points du diocèse pour prendre part à cette fête, à laquelle assistaient également le petit séminaire de Plombières, précédé de sa bannière, et le pensionnat des Frères de Dijon. Un assez grand nombre d'hommes et de jeunes gens, portant généralement les insignes du pèlerinage, figuraient parmi les pèlerins.

» La messe achevée, la foule s'est répandue de toutes parts sur les pelouses et sous les ombrages pour y prendre un repas auquel les fatigues du matin et l'heure avancée devaient prêter un nouveau charme. Hâtons-nous d'ajouter que les habitants de Velars, dont plusieurs avaient orné leurs maisons de guirlandes de verdure, s'étaient empressés d'offrir aux pèlerins la plus large et la plus gracieuse hospitalité.

» A deux heures et demie, la foule se rassemblait de nouveau à l'église pour y vénérer l'image miraculeuse de la sainte

Vierge, puis se portait vers un pré voisin, où, assise sur un tapis de verdure, elle put goûter à son aise le charme de l'éloquente parole de M. l'abbé Besson, supérieur du collège de Saint-François-Xavier. L'éminent orateur bisontin semble être devenu l'orateur nécessaire non-seulement des fêtes de sa province, mais encore de celles de la nôtre. A peine de retour de Paray, où, avec l'éloquence qui le distingue, il avait porté la parole devant une députation de l'Assemblée nationale, il s'était rendu à l'appel du comité qui l'invitait à célébrer les gloires de Notre-Dame d'Etang. Prenant pour texte ces paroles de l'évangile du jour : « Et d'où me vient ce bonheur que la Mère du Seigneur daigne me visiter ? » l'orateur en a fait la plus heureuse application à ce vénérable sanctuaire où Marie semble s'être rendue présente par les grâces qu'elle y répand d'une main si libérale. Il a retracé à grands traits l'histoire d'ailleurs si pleine d'intérêt de ce sanctuaire, et, passant de ces illustres souvenirs à la réalité présente sous ses yeux, il a félicité les pèlerins d'être venus demander des grâces plus précieuses que celles qui avaient signalé les anciens âges : le salut de la France et le triomphe de l'Eglise.

» Rien de plus animé, de plus pittoresque, que le spectacle offert par l'assemblée qui se pressait au pied de l'estrade ornée de feuillage d'où le véhément orateur tendait les mains tantôt vers l'auditoire, tantôt vers le ciel, tantôt vers la montagne boisée au-dessus de laquelle on voyait flotter l'étendard de Marie. Des applaudissements bien vite réprimés suivirent ses paroles. Monseigneur monte ensuite sur l'estrade, et de cette voix forte, chaleureuse et néanmoins contenue que tous connaissent, il félicite, dans une courte allocution, la foule réunie à ses pieds de l'admirable empressement qu'elle a montré. Mais en même temps il lui rappelle que ces manifestations si éclatantes de foi et de piété n'auront de valeur devant Dieu qu'autant qu'elles seront accompagnées d'une vie vraiment chrétienne, vraiment digne des enfants de Marie. Les cris de *Vive Marie! Vive Pie IX! Vive la France!* retentissent alors de toutes parts.

» Après avoir donné sa bénédiction à la foule, Monseigneur rentre à l'église pour le salut du saint Sacrement. Tenant dans ses mains le corps du Sauveur, il s'avance jusque sur le perron pour bénir l'immense foule qui n'avait pu pénétrer dans le lieu saint.

» Une partie déjà de ceux qui la composaient s'empressent de regagner la gare ou bien, craignant un retard semblable à celui du matin, reprennent à pied la route de Dijon ; et toutefois tel est le nombre des pèlerins qu'il en reste assez encore pour former un magnifique auditoire au R. P. Ségonzac, des Frères prêcheurs, qui, du haut du perron de l'église, lui adresse une dernière exhortation. Le prédicateur fait ressortir, dans un langage élevé, la grandeur de ces solennelles supplications qui réunissent tout un peuple aux pieds de Dieu et de sa sainte Mère. Cette vive allocution est le digne complément de cette grande journée, dont elle fait ressortir le véritable caractère. »

DISCOURS

PRONONCÉ A VELARS LE 2 JUILLET 1873,

DANS LE PÈLERINAGE DE NOTRE-DAME D'ÉTANG.

Undé hoc mihi ut veniat Mater Domini mei ad me?
Qui suis-je et qu'ai-je fait pour que la Mère de mon Dieu vienne me visiter ? (*Luc.*, I, 43.)

Monseigneur [1],

Ce fut le cri d'étonnement et d'admiration qui partit des lèvres d'Elisabeth, animées par le Saint-Esprit, à la vue de Marie qui lui rendait visite. Marie avait conçu, et elle portait dans son sein le Fils de Dieu. Un rayon d'en haut pénétra l'âme d'Elisabeth et lui révéla la grandeur des personnages qui venaient de gravir la montagne et d'entrer dans sa maison. Elle salua du même coup Marie, mère de Jésus, et Jésus, fils de Marie. Elle est le dernier prophète de l'ancienne loi ; elle est, dans la loi

---

[1] Mgr Rivet, évêque de Dijon.

nouvelle, le premier évangéliste qui ait publié, le premier théologien qui ait formulé le dogme de la divinité de Jésus-Christ et de la maternité de Marie : « Qui suis-je et qu'ai-je fait pour que la Mère de mon Dieu vienne me visiter : *Undè hoc mihi ut veniat Mater Domini mei ad me ?* »

Cette visite, ces paroles, toute cette scène évangélique, trouvent dans la fête de ce jour une application solennelle. Voici les montagnes où Marie est venue portant Jésus dans ses bras, comme elle alla autrefois dans les montagnes de la Judée portant Jésus dans ses entrailles. Voici le peuple qui s'étonne, qui admire et qui s'écrie, comme autrefois Elisabeth à l'aspect de la sainte Vierge : « D'où me vient tant d'honneur et de joie, et pourquoi la Mère de mon Dieu daigne-t-elle me rendre visite ? »

Marie est venue dans vos montagnes, et vous venez saluer Marie. Ces deux faits sont incontestables, et c'est le second qui atteste et qui confirme le premier. Essayons de rappeler toute cette tradition, après votre pasteur, dont l'érudition égale le zèle, et qui a composé sur Notre-Dame d'Etang un livre si plein d'intérêt [1]. Mais l'histoire de Notre-Dame d'Etang n'est pas finie, et vous y ajoutez aujourd'hui une page plus belle encore que toutes les précédentes. C'est aujourd'hui plus que jamais que

---

[1] *Histoire de Notre-Dame d'Etang*, par M. l'abbé Javelle, curé de Velars.

vous allez comprendre et reconnaître la visite de Marie ; aujourd'hui plus que jamais que, venant après toutes les illustrations des derniers siècles, pèlerins de cette année de grâce, vous venez voir, bénir, invoquer Marie comme la Mère de votre Dieu : *Undè hoc mihi ut veniat Mater Domini mei ad me ?*

I. Marie est venue dans vos montagnes, tenant son Fils dans ses bras et le pressant sur son sein. La vénérable image qui la représente appartient à l'antiquité la plus reculée par son style et par ses couleurs ; elle fut longtemps inconnue et cachée ; mais c'est au commencement des temps modernes, le 2 juin 1435, qu'elle se découvre aux yeux par un prodige, et qu'elle commence à prouver sa puissance par ses miracles. C'était le siècle des grandes découvertes et des grandes inventions ; c'était l'année même où l'imprimerie allait changer la face du monde. Eh bien ! je n'hésite pas à déclarer que la découverte de Notre-Dame d'Etang fut pour cette contrée un bienfait mille fois plus précieux que l'invention de l'imprimerie ; car elle n'a servi qu'à l'honneur de Dieu, de Jésus-Christ et de l'Eglise, elle n'a tourné qu'au profit de votre province et de l'humanité.

Marie est venue dans ces lieux un siècle avant la Réforme, pour veiller sur le trésor de votre foi et affermir vos ancêtres dans le respect, l'amour et la pratique du catholicisme. Partout où elle avait renouvelé par des miracles la dévotion de ses enfants, l'hérésie les a trouvés fermes et inébranlables. Or, il entrait dans les desseins de Dieu de rattacher la Bourgogne à la France dès la fin du xve siècle, pour se faire de cette province une sentinelle avancée contre l'hérésie. C'est pour cela qu'il a envoyé sa Mère se préparer ici un modeste asile, signaler sa puissance par des faveurs de tout genre, devenir également chère à la ville et aux campagnes, et maintenir tout le pays dans l'unité catholique. Notre-Dame d'Etang a une chapelle à la montagne, mais l'église de Saint-Bénigne lui en bâtit une autre et la supplie d'y venir faire quelque séjour. Au plus fort des guerres de religion, quand le Languedoc succombe, quand l'Aunis, la Saintonge et le Poitou donnent à l'erreur protestante des gages éclatants, quand Paris, Bourges, Orléans, toutes les villes de renom, se sont laissés infecter par le venin de l'hérésie, Dijon garde presque seul une assiette tranquille. Le président Brulard déclare, au nom des états, « que la Bourgogne doit être provoquée et aiguillonnée entre toutes les autres pour le salut de la religion, » parce que c'est d'elle qu'est sortie sainte Clotilde, et par sainte Clotilde le salut et la conversion de la France. Sur ce discours, on jure de vivre et de mourir pour la foi catholique. Notre-Dame d'Etang est invoquée par tout le peuple ; elle vient, elle entre à Dijon comme une reine triomphante. On se rassure en la voyant ; on se félicite à ses pieds de la délivrance du duc de Guise ; on lui demande la conversion du roi de Navarre ; on l'obtient à force de prières, et ce n'est qu'après avoir vu Henri IV professer la foi de saint Louis, la paix établie, le bienfait de la vraie religion assuré à tout le monde par l'exemple du prince, que Dijon ramène processionnellement la sainte image dans le sanctuaire de la montagne.

Marie a continué d'habiter au milieu de vous pour vous protéger contre la guerre comme elle vous avait protégés contre l'hérésie. C'était au commencement de l'automne de 1636, dans la dernière période de cette lutte fameuse où la politique de Richelieu triompha après trente ans de l'orgueil de la maison d'Autriche et assura à la France la prépondérance dans les affaires. 80,000 ennemis s'étaient répandus dans la plaine sous le commandement de Galas, l'incendie promenait partout ses ravages, Saint-Jean-de-Losne était bloqué, Dijon était sans défense et sans ressources, tout semblait perdu. Non, il vous reste Notre-Dame d'Etang, et le courage se ranime. La sainte image est apportée à Dijon ; elle veille presque seule au salut de la place ; elle veille, c'est assez. Ce que les hommes ne sauraient faire, les éléments le font au signal de Marie. Le Doubs déborde, la Saône promène dans toute la plaine ses eaux vengeresses, l'ennemi se retire : Notre-Dame d'Etang l'a demandé, Dieu le veut.

Aussi propice dans la guerre civile que dans la

guerre étrangère, elle obtiendra encore une fois la délivrance de Dijon. Elle viendra habiter la ville pendant les troubles de la Fronde qui la désolent. Elle fera capituler le château où une minorité turbulente et factieuse menace d'ordonner l'incendie et le pillage. Elle rendra la paix aux citoyens ; les factions s'apaisent, les haines s'oublient, et il n'y a plus qu'un vainqueur: ce vainqueur, c'est Notre-Dame d'Etang ; il n'y a plus qu'un triomphe, c'est la pompe de la procession générale qui la ramène à la montagne, avec les acclamations de la reconnaissance publique.

Marie continua d'habiter parmi vous, c'est pourquoi la peste et la famine ne tiendront pas plus devant elle que la guerre et l'hérésie.

Quand, au commencement du xvii⁰ siècle, une cruelle maladie sévit en Bourgogne et que les secours de l'art sont reconnus impuissants, à qui recourt la cité pour mettre fin aux ravages du fléau? A Notre-Dame d'Etang. Quand le ciel est sans chaleur ou sans rosée, quand les espérances du laboureur semblent trahies et que celles du vigneron commencent à fléchir, à qui le conseil de la cité demande-t-il, selon le besoin, ou la pluie ou le soleil? Encore à Notre-Dame d'Etang. Quand la jeune fille éperdue tremble pour son innocence et la mère pour la santé de sa fille, à qui s'adressent l'innocence éplorée ou la maternité au désespoir? Toujours à Notre-Dame d'Etang. Faut-il des miracles pour rendre la vue aux aveugles, l'ouïe aux sourds, aux paralytiques l'usage de leurs membres? Notre-Dame d'Etang demande et obtient que les aveugles voient, que les sourds entendent et que les boiteux marchent. Vos archives l'attestent, vos historiens le disent, toute la province le proclame, Notre-Dame d'Etang est toujours là. Marie est venue sur la montagne, elle continue d'y habiter, elle continue de faire sentir son pouvoir par des bienfaits ; elle a fait chez vous élection de domicile, et la Révolution ne l'en chassera pas.

Que dis-je? c'est vous qui l'y avez retenue, et je vous en félicite avec l'histoire, au nom de toute la province. La Révolution a détruit l'église des minimes, dispersé les *ex-voto*, foulé aux pieds les béquilles dont les boiteux guéris avaient formé une auréole autour de la tête de Marie, mis aux enchères ces tableaux, ces riches broderies, ces robes de prix, monuments d'une piété trois fois séculaire ; mais quand il s'agit de la statue miraculeuse, on en sent la valeur et on s'en dispute la possession. Ailleurs on brise les saintes images, ailleurs on les cache, ailleurs on les profane ; mais ici deux paroisses voisines font valoir leurs droits à retenir chacune chez elle Notre-Dame d'Etang : Plombières et Velars écrivent, plaident, disputent avec chaleur. Velars l'emporte, Velars garde la sainte image et l'expose sur les autels en pleine Révolution, en pleine Terreur, aux hommages de toute la contrée.

O prodige ! Jésus n'a plus d'autel et Marie conserve le sien. Je me trompe : Marie demeure assise sur la montagne, son Fils dans ses bras, les yeux tournés vers les temples qui se ferment. Elle y demeura dix ans, attendant que la Bourgogne, sa fille chérie, revînt à elle et à l'Église, mais recevant pour Jésus les hommages secrets de toute la province et lui montrant ceux qui la saluaient encore du cœur, du regard et de la main. Quand une province a un tel pèlerinage et de tels souvenirs, Jésus n'en est point exilé, Jésus garde sur cette montagne un autel que les bras des tyrans ne renverseront jamais, cet autel durera autant que la nature et autant que le monde : Marie est toujours là.

Si j'en pouvais douter, ce siècle en offrirait la preuve. La confrérie se restaure, l'église de Velars se rebâtit avec une élégance et une richesse dignes de la souveraine qui l'habite, les lieux sanctifiés par la présence de Marie sont signalés aux générations nouvelles. Les évêques de Dijon confirment au pèlerinage toutes les grâces accordées par les évêques de Langres, Pie IX ajoute encore aux indulgences d'Urbain VIII ; il n'y a pas d'année où quelque trait de foi ne vienne réveiller le long de ces pentes abruptes la poussière de vos ancêtres, point de jour où Marie ne vous fasse sentir sa bonté, point de cœur vraiment chrétien qui ne le reconnaisse, ne le dise et ne le proclame : Marie est toujours là !

II. Voilà le sanctuaire, voici les pèlerins. L'abbé de Saint-Bénigne ouvre la marche et fonde une communauté de Minimes pour desservir Notre-Dame d'Etang. Les évêques s'y rendent pour appeler, dès le début, sur leur ministère, l'abondance et la plénitude des miséricordes éternelles. Le conseil de ville de Dijon s'y est fait cent fois l'interprète de la reconnaissance de la cité. Le parlement y a prié par la voix si haute et si noble de ces vieux magistrats qui font tant d'honneur à la Bourgogne, et les états y ont apporté des présents royaux, tels qu'il convient à la munificence d'une grande province de les déposer sur les autels.

Les pèlerins viendront ici de plus loin et de plus haut encore. C'est Condé, qu'on peut appeler le tapissier de Notre-Dame d'Etang au même titre qu'on a appelé Luxembourg le tapissier de Notre-Dame de Paris. Condé a tapissé ce sanctuaire avec les drapeaux de Rocroi, de Fribourg, de Nordlingue et de Lens, et je ne m'étonne pas que Louis XIV ait grandi à l'ombre de ces lauriers, puisque le regard de Notre-Dame d'Etang s'était arrêté sur eux. Mais Louis XIV est né du vœu d'Anne d'Autriche à Notre-Dame d'Etang; Louis XIV a gravi en personne ces pentes abruptes; et quand il entreprend pour la seconde fois la conquête de la Franche-Comté, c'est ici qu'il fait bénir ses espérances et ses armes. Le 20 mai 1674, pendant qu'il achevait le rude siége de Besançon, la reine, le dauphin, les ministres, les principaux évêques du royaume, accomplissaient à son intention le pèlerinage de ces saintes montagnes et méritaient pour le jeune et fier monarque le compliment que notre archevêque Antoine-Pierre de Grammont lui faisait au seuil de sa cathédrale : « Pendant que nous succombions sous l'effort de vos armes, nous admirions vos vertus. Maintenant nous allons rendre grâces à Dieu de ce que, s'il nous a destinés à vivre sous le sceptre de Votre Majesté, il nous a donnés au plus grand des rois. » Et moi, pèlerin inconnu de cette province voisine et amie, me voici, après deux cents ans presque écoulés sous cette glorieuse domination, les yeux et les mains tournés vers Notre-Dame d'Etang, pour lui dire, au nom de la Comté, qui ne me démentira pas : Puisque c'est vous, ô Marie, qui nous avez donnés au plus grand des rois, faites que nous demeurions à la France, maintenant que la France est la plus éprouvée de toutes les nations ! Gardez, ô Notre-Dame d'Etang, gardez toujours la Franche-Comté à la France !

L'éloquence a fleuri sous le regard de Notre-Dame d'Etang. Témoin Bossuet, qui, encore enfermé dans le sein de sa mère, a visité ce sanctuaire, et dont la grande âme a commencé à remuer devant ces autels, comme celle de saint Jean-Baptiste avait remué et tressailli dans les entrailles de sainte Elisabeth à la vue de Marie portant Jésus dans son sein. Ah ! je ne m'étonne plus qu'ainsi béni et consacré en quelque sorte avant sa naissance, Bossuet ait rempli de sa voix majestueuse les villes, les cours, tout le siècle, toute l'histoire, toute l'Eglise, et que cette voix, partie de ces lieux sanctifiés par tant de merveilles, domine encore la postérité tout entière.

La sainteté a tressailli de joie et d'amour en montant le long de ces sentiers pleins de grâce. Témoin saint François de Sales, qui, après avoir gravi le flanc de la montagne, déclare reconnaître aux mouvements de son cœur qu'il est dans la maison de sa mère et que sa mère sera inexcusable si elle ne le soulage et ne lui donne secours (1). Témoin sainte Jeanne de Chantal, qui a partagé avec saint François de Sales les fatigues, la consolation et la gloire de ce pèlerinage, et qui est redescendue de ces hauteurs en méditant avec lui l'établissement de la Visitation. O François, ô Chantal, ô saints qui avez été l'un et l'autre si Français par la langue et par le cœur, non, je ne peux pas évoquer sans émotion votre souvenir dans ces lieux que vous avez connus et visités ! Regardez-les du haut du ciel : tout ce que vous méditiez ensemble a été établi, tout ce que vous avez établi fleurit encore, et la bénédiction obtenue ici par l'intercession de Notre-Dame d'Etang repose encore, en Savoie comme en Bourgogne, à Dijon comme à

---

(1) *Histoire de sainte Chantal*, par M. l'abbé BOUGAUD.

Paray, sur tous les cloîtres que vous avez fondés.

Avec la gloire, l'éloquence, la sainteté, on a vu dans ces lieux le péché, la maladie, la douleur; mais le péché y a cessé, la maladie y a été guérie, la douleur y a disparu. Témoin, à défaut de noms, ces symboles de tous genres, ces pendants d'oreilles, ces cœurs d'or, d'argent ou de plomb, ces tableaux votifs, ces vases sacrés, ces étoffes précieuses, ces robes de brocart ou de velours, ces lampes entretenues devant le sanctuaire, ces champs et ces vignes légués à la sainte Vierge avec l'impression d'une foi profonde, l'espérance d'une grâce à obtenir ou le souvenir de quelque bienfait.

Tels furent les pèlerins des siècles passés ; tels sont ceux du siècle présent, avec je ne sais quoi de plus détaché et de plus parfait encore. Vos magistrats ne vous amènent plus en grande pompe aux pieds de Notre-Dame d'Etang, mais vous y venez pour demander la foi, l'espérance, l'amour de Dieu, toutes les vertus qui sont nécessaires à la patrie et à la famille. C'est pour vos esprits que vous implorez les rayons du Soleil de justice ; c'est pour vos cœurs desséchés que vous sentez le besoin de la rosée du Ciel ; c'est aux passions, aux préjugés, au siècle, qu'il faut résister dans la lutte à outrance engagée entre le Ciel et l'enfer. L'ennemi qui nous menace, c'est le démon ; guerre au démon, sous les auspices de Notre-Dame d'Etang !

Ne doutez pas de la victoire, car il vous est prescrit d'engager le combat. Rappelez-vous ce que vous êtes et ce que vous avez fait pour que la Mère de Dieu vienne vous visiter. Ce que vous êtes! Vous êtes le peuple de saint Bénigne, et saint Bénigne a obtenu pour la Bourgogne cette statue miraculeuse, ce sanctuaire béni, ce pèlerinage national, voulant par là vous élever entre les nations les plus favorisées de la chrétienté, venir perpétuellement à votre secours et vous faire goûter aux pieds de la Mère le nom, la loi et la grâce du Fils. Ce que vous êtes! Ah! vous êtes le peuple pour qui Clotilde prie particulièrement dans le ciel, pour qui elle a obtenu que ni le schisme ni l'hérésie n'altèrent en vous la foi de Clovis et que vous demeuriez tous des fidèles clients de Jésus et de Marie dans le sein de l'Eglise catholique, apostolique et romaine. Ce que vous êtes! ah! vous êtes une nation facile au péché, mais prompte au retour, vive, généreuse, dévouée, où l'imagination entend, où l'esprit devine, où le cœur se prend et se donne, où les missionnaires se forment et deviennent des martyrs. Voilà ce que vous êtes, et voilà pourquoi il ne vous en coûte rien de venir saluer Marie. Au XIIe siècle, vos ancêtres étaient des croisés; au XIXe, vous êtes des pèlerins. Les pèlerins sont les croisés de notre siècle. Pour être pèlerin, comme pour être croisé, il faut de la foi, de l'honneur, du courage et parfois de l'audace. La sainte témérité sied au caractère bourguignon. Gloire aux pèlerins de la Bourgogne ! Gloire à Notre-Dame d'Etang !

Qu'avez-vous fait pour que la Mère de votre Dieu vienne vous visiter ? Vous l'avez honorée et bénie dans les plus beaux siècles de notre histoire, vous l'avez sauvée dans les jours de la révolution, vous l'acclamez comme votre patronne et votre mère dans les jours d'épreuve que nous traversons. Que faut-il de plus pour toucher le cœur d'une mère ? Les hommages de ses fils la trouvent toujours sensible. Plusieurs l'ont oubliée et méconnue ; une mère ne s'en étonne pas, et elle se tient à la portée de l'enfant qui la maltraite pour lui accorder plus tôt son pardon. Pécheurs qui m'entendez, vous avez gardé ce caractère loyal, généreux, entraînant, qui signale les fils prodigues, mais jamais les ingrats, j'en atteste cette assemblée. Marie y voit peut-être des prodigues, elle n'y trouvera pas un ingrat. Gloire aux pèlerins de la Bourgogne ! Gloire à Notre-Dame d'Etang !

Comme elle était faite pour refleurir dans les jours si inattendus des nouveaux pèlerinages français, votre montagne où les traditions sont encore si vivaces et où tant de pèlerins illustres ont laissé l'empreinte de leur nom et de leur grandeur ! Votre évêque a fait un signe, et tout le diocèse accourt aux pieds de Notre-Dame d'Etang. Vous voilà plus nombreux et plus pressés que ne le furent vos ancêtres autour de saint Bernard. Quel mouvement ! quel réveil ! quelle espérance pour l'avenir! Ce mouvement n'a été ni commandé, ni préparé, ni attendu. Un mot a suffi, mais un de ces mots que l'Esprit-Saint prend quelquefois sur les lèvres d'un évêque et qui font en quelques heures le tour d'une province : « Je serai au pèlerinage de Notre-Dame d'Etang, venez prier avec moi. » Ils viennent, ils prient, ils s'humilient, ils apportent à leur premier pasteur des consolations inespérées. Que d'évêques ont semé dans les larmes et n'ont pas moissonné dans la joie! Mais vous, Monseigneur, après les laborieuses semailles d'un épiscopat qui dure depuis trente-cinq ans, quelles gerbes d'allégresse et de joie! Hier, je félicitais le nouvel évêque d'Autun d'inaugurer par les pèlerinages de Paray l'histoire de son administration, et voilà qu'aujourd'hui, à l'autre extrémité de la Bourgogne, le même spectacle éclate autour d'un saint et courageux athlète de Jésus-Christ; dix-huit mille pèlerins forment autour de ses cheveux blancs la plus belle couronne que sa paternité ait pu jamais rêver. Gloire aux pèlerins de Bourgogne! Gloire à Notre-Dame d'Etang!

O Marie, c'est d'ici que nos yeux s'élèvent, avec l'expression de la foi la plus complète, de l'église de Dijon vers l'Eglise mère et maîtresse, du siége de saint Bénigne au siége de saint Pierre. Soyez propice à Pie IX et faites sentir au monde, par de nouveaux bienfaits, l'infaillibilité de sa sagesse. Secourez-le, délivrez-le, glorifiez-le, achevez d'humilier les ennemis de la sainte Eglise, pour achever par là de les convertir et de les sauver. Soyez propice à la France qui vous implore comme sa mère et sa patronne, à ce clergé qui vous honore comme son modèle, à ce séminaire de Plombières qui croît et qui fleurit à vos pieds pour votre plus grande gloire et pour le recrutement du sanctuaire, à cette noble cité de Dijon dont vous avez été proclamée tant de fois la libératrice, à toute cette province qui vous est si chère et que vous avez gardée tout entière dans l'héritage de la véritable Eglise. Nous sortons de ce pèlerinage de Paray où cent mille voix chantent depuis un mois le cœur de votre Fils. S'il reste encore quelques rebelles, nous nous retournerons pour obtenir leur grâce vers le cœur de la Mère. Cœur sacré de Jésus, ayez pitié de nous ! Cœur immaculé de Marie, priez pour nous ! Sauvez-nous, ô Notre-Dame d'Etang, en jetant Rome et la France dans les bras de Jésus ! Sauvez-nous, ô Jésus, en nous ouvrant votre cœur. Pour passer des bras de la Mère au cœur du Fils, il n'y a qu'un mouvement à faire; pour passer du cœur du Fils au paradis, il n'y a que la mort à attendre, mais le pas est fait. Ce cœur, ici-bas c'est l'asile, au ciel c'est le temple; ici-bas c'est la grâce, au ciel c'est la gloire. Ce cœur, c'est Jésus avec Marie, ici-bas comme au ciel, nous ouvrant leurs bras pour ne faire avec nous qu'une seule vie, un seul battement, **un seul amour**. Ainsi soit-il.

NOTRE-DAME DES BUIS,

PRÈS BESANÇON.

La fête de Notre-Dame des Buis a été célébrée le 10 juillet 1873. La présence de Son Em. Mgr le cardinal archevêque de Besançon, une foule nombreuse, une journée magnifique, le renom de l'orateur, tout a concouru à lui donner un éclat particulier. Dès l'aurore, les pieux pèlerins peuplaient les sentiers abrupts qui conduisent au sanctuaire. C'est un ravissement de gravir la montagne à cette heure matinale : à chaque pas le spectacle s'agrandit, et quand on a atteint le sommet, le plus beau panorama se déroule à vos yeux. En face, la citadelle de Besançon et le fort Chaudanne, dont les pentes emprisonnent la cité; d'un côté, les ruines d'Arguel, le Doubs et ses îles vertes, Rosemont, Planoise et les ondulations des montagnes de Bourgogne ; de l'autre, la route escarpée de Morre, la pointe de Notre-Dame d'Aigremont et les ruines de Montfaucon, qui semblent s'appuyer sur un piédestal de brouillards ; tout autour, les lignes sévères des forts; plus près, les talus du *fort de l'Est*, d'où l'on pouvait naguère voir la fumée du bivouac ennemi. Mais un point surtout dans ce cercle vient réjouir la vue, c'est la gracieuse chapelle de Notre-Dame des Buis. Hâtons-nous, voilà le soleil qui illumine tous les sommets.

La dernière rampe qui conduit au sanctuaire appartient, ce semble, tout entière à Marie. Au détour du chemin, dans une grotte creusée sous un rocher, s'élève sa douce image entourée de fleurs; une bannière blanche et bleue la surmonte; ici déjà les pèlerins s'agenouillent. Cette statue a été placée dans ce lieu par de pieuses mains, lorsque l'ennemi se fut éloigné de nos murs. Le souvenir des douleurs de la sainte Vierge se mêle à celui de sa joie, car nous rencontrons, plantées au milieu des roches et des bouquets de buis, les quatorze croix qui rappellent la montée du Calvaire, et c'est en méditant sur la Passion du Fils que l'on se prépare à entrer dans le sanctuaire de sa divine Mère. Si ce sentier est le chemin de la piété, c'est aussi celui de la charité, et les pauvres mendiants le savent bien : les voici debout ou assis; tous prient et tendent la main. — Pauvre, ami du Sauveur, que ta journée soit bonne, prie pour nous! — Devant la chapelle s'élève une tente qui en prolonge l'enceinte. Deux longues oriflammes brillantes d'étoiles frissonnent dans l'azur, et leurs mâts coloriés soutiennent une des extrémités de cet abri. Mais déjà l'on prie au dehors comme au dedans de la chapelle. Le saint sacrifice s'offre sur la montagne, le pain de vie s'y distribue : c'est bien dès ce moment la montagne sainte.

L'entrée de Monseigneur dans la chapelle avait été signalée par les salves d'un petit canon placé à Trois-Châtels. A huit heures Son Eminence était à l'autel. Que de joie dut éprouver son cœur paternel en voyant tant de fidèles s'approcher de la sainte Table! Il fallait, après avoir reçu la sainte communion, sortir par le fond de la chapelle, et l'on se trouvait tout à coup sur une terrasse qui surplombe la vallée, et c'est là, à genoux en face de cette cité qui abrite tant d'amis, que l'on faisait son action de grâces. Bien des vœux ont été adressés en ce lieu au doux Sauveur par l'entremise de sa Mère!

A dix heures la messe solennelle est célébrée par M. Perrin, vicaire général. La foule est immense. La terrasse de la chapelle, les abords, la rue, les chemins, le coteau tout entier, sont remplis de fidèles qui s'unissent aux chants et aux prières. Les hommes sont debout, sous un soleil de feu; à l'ombre des buissons, des femmes, des enfants, le livre ouvert, prient comme dans une église.

Le son argentin de la cloche de Notre-Dame des Buis donna à trois heures le signal des vêpres. Alors de tous les plis de terrain, de tous les jardins, de toutes les maisons, la foule accourut. On ne pouvait songer à chanter l'office à la chapelle, et ce fut dans les vergers, sur la pente qui regarde nos hautes montagnes, que les pèlerins se réunirent. Son Eminence dominait l'assemblée groupée à ses pieds, répandue dans l'enclos, sous les arbres, sur les pelouses; cette foule était recueillie et attentive; l'écho lointain répétait les accents du roi David, et ce fut là, en face d'un spectacle qui rappelait la colline de Vezelay et le souvenir de saint Bernard, que M. le chanoine Besson se fit entendre. Si les souvenirs du passé l'ont noblement inspiré, la scène qu'il avait sous les yeux devait soutenir encore son éloquence. Il redit l'histoire de Notre-Dame des Buis, et il trouva, en parlant du présent, des paroles touchantes pour louer M. le curé de Morre, le digne restaurateur du sanctuaire, et ces louanges, chacun les répétait dans son cœur. En terminant, il demanda à Son Eminence de bénir la bannière de Notre-Dame, et c'est devant la foule prosternée que s'inclina cet étendard de paix et d'espérance.

Après le sermon, la procession s'organisa et suivit le chemin qui conduit au *fort de l'Est*. La belle bannière portée par Mlle Céleste de Vaulchier ouvrait la marche. Cent oriflammes aux couleurs variées l'accompagnaient comme une garde d'honneur, des chœurs de chant se faisaient entendre de toutes parts. Il y avait plus de cinq mille personnes, l'enceinte du fort n'était pas assez vaste pour contenir la foule, et les premiers rangs durent s'échelonner le long du chemin. Enfin on vit apparaître les hommes, la maîtrise, le clergé, M. le vicaire général Perrin, entouré de plusieurs officiers supérieurs et des dignitaires de l'insigne chapitre métropolitain. Les pèlerins se groupent autour d'un joli reposoir élevé sur l'affût d'un canon; le bronze des batailles avait disparu sous les fleurs, ce n'étaient point des figures martiales, mais des enfants qui peuplaient les talus, les fossés, les remparts. Tout était gracieux comme la pensée de celle que l'on honorait. Les bannières flottaient sous la brise, les fleurs s'étaient fait jour à travers les gabions, les fascines et les palissades, et les marguerites des champs, les scabieuses, les graminées légères, balançaient partout leurs tiges : c'était la paix, la douceur, l'espérance, au milieu de l'enceinte des combats. Au flanc de la colline, des détonations s'unissaient au chant du *Magnificat*, et la fumée de la poudre montait comme un nuage dans l'azur du ciel. Tous s'inclinent sous la bénédiction donnée avec l'image de Marie, elle est reçue avec confiance, car chacun sait bien que notre bonne Mère est entre nous qui la supplions et Dieu qu'elle implore pour nous.

La procession rentre au hameau, se réunit autour de la chapelle, et attend au milieu des chants les plus suaves la bénédiction du saint Sacrement donnée par Son Eminence. Chacun en se relevant disait : Quelle belle et pieuse journée !

Mais elle n'était pas finie encore pour un grand nombre de pèlerins. Il fallait bien revoir la chapelle, y prier encore, admirer la lampe qui y est suspendue, souvenir de jours mauvais, mais témoignage de reconnaissance, s'arrêter devant la belle bannière de Notre-Dame (1) et faire toucher des objets pieux à la statue vénérée.

---

(1) Cette bannière est en drap d'argent ; au milieu se détache en relief l'image de Notre-Dame de Lourdes brodée en soie, et entourée d'une guirlande de buis d'un travail achevé. En haut de la bannière, trois emblèmes : l'*Etoile du matin*, la *Maison d'or* et la *Porte du ciel*, brodés d'or en relief, avec cette inscription : *Notre-Dame de Lourdes à Notre-Dame des Buis ;* de chaque côté de l'image, le cœur sacré de Jésus et le cœur immaculé de Marie, aussi brodés en or. Aux pieds de la Vierge, deux autres inscriptions : *Je suis l'Immaculée Conception. — Elle est revenue dans son domaine, et ses enfants l'ont accueillie avec bonheur.*

Le pieux chapelain du nouveau sanctuaire ayant eu la joie de déposer aux pieds de Notre-Dame de Lourdes, lors de la grande fête du 5 octobre 1872, une riche bannière de Notre-Dame des Buis, a voulu que l'image de Notre-Dame de Lourdes ornât à son tour la chapelle due à son zèle et à sa piété.

Cependant les pèlerins redescendent la montagne en récitant le chapelet, la nuit arrive, la lune monte à l'horizon et éclaire de sa douce lumière le sanctuaire que l'on vient de quitter; la paix que l'on ressent dit assez que les joies religieuses ont quelque chose de la perpétuité future, et qu'à la différence des joies de la terre, nous pouvons les goûter toujours sans les épuiser jamais. Beaucoup de pèlerins avaient cueilli sur les hauteurs un rameau de buis; c'est un symbole de l'espérance que chacun rapportait au fond de son cœur : l'espérance est immortelle, le buis est toujours vert.

L'abbé H. Rigny.

SERMON

PRONONCÉ LE 10 JUILLET 1873,

DANS LE

PÈLERINAGE DE NOTRE-DAME DES BUIS.

Magnificat anima mea Dominum, quia respexit humilitatem ancillæ suæ.
Mon âme loue le Seigneur, parce que le Seigneur a regardé l'humilité de sa servante.

Éminence [1],

Marie chantait ces ravissantes paroles en retournant des hauteurs de la Judée dans l'humble maison de Nazareth, après avoir été saluée par Elisabeth comme la Mère de son Dieu ; ainsi chante tout ce peuple assemblé qui est venu célébrer sur les montagnes de Notre-Dame des Buis la fête de la Visitation, et pour s'encourager à louer le Seigneur, il emprunte à Marie elle-même le cantique de la joie, de la reconnaissance et de l'amour. Marie s'appelle la servante du Seigneur ; elle s'estime heureuse

---

[1] Mgr le Cardinal Archevêque de Besançon.

d'avoir été regardée dans son humilité ; elle déclare que son bonheur sera publié de génération en génération. Prenons ce texte et appliquons-le, sans crainte comme sans détour, à l'humble pèlerinage de la Chapelle des Buis. Ce pontife qui oublie toutes ses fatigues pour venir présider cette fête, ce clergé qui entoure un pontife si digne d'être aimé, cette foule qui se presse à ses pieds, cette bannière qu'il va bénir, ce fort où il jettera tout à l'heure l'eau sainte qui cimente les pierres des remparts et où il dira les paroles qui en assurent la durée, tout ce spectacle est nouveau pour la montagne ; mais Notre-Dame des Buis en rapporte la gloire au Seigneur, et elle s'appelle plus que jamais son humble servante. Les traditions du passé et les besoins du présent expliquent la joie de ce grand jour. Rappelons ces traditions, exposons ces besoins, disons du même cœur et de la même voix ce *Magnificat* qui résume tout : *Magnificat anima mea Dominum.*

I. On n'invente pas les traditions, on les recueille. Leur autorité ne se discute pas, elle s'impose. Quand un souvenir est sur toutes les lèvres et que la langue du peuple l'a consacré, on peut conclure qu'il y a ici quelque chose qui force l'adhésion et qui parle plus haut encore que l'histoire elle-même. Voilà pourquoi je viens saluer Notre-Dame des Buis avec la voix de toutes les générations qui ont passé sur cette terre et gravi les pentes de ces montagnes pour y réciter la salutation angélique.

C'est une pieuse tradition qu'une image de la Vierge Marie a été découverte par un chasseur dans une touffe de buis entrelacés, qu'une chapelle a été bâtie sur le théâtre même de la découverte, et que le nom de Notre-Dame des Buis est resté à la chapelle et à l'image, en mémoire de cette merveilleuse invention. Marie se plaisait ainsi à prendre possession de ces hauteurs et à en faire le marchepied de son trône pour régner sur toute la contrée. Ici tout explique le choix qu'elle a fait. Voici les restes d'une voie romaine où le voyageur s'engage, soit qu'il descende dans la ville de Besançon, soit qu'il en sorte pour retourner dans nos montagnes. C'est la première halte du retour, c'est la dernière station avant d'entrer dans la cité. Quelle halte plus propice au repos et à la prière ! J'aperçois sur le coteau voisin les débris d'un temple consacré à Mercure. Que le nom de l'idole se conserve, à condition que son culte sera oublié et que le peuple ne gardera de tous ces souvenirs qu'une preuve authentique de la victoire de Jésus-Christ sur les faux dieux. C'est pourquoi Marie purifie ces lieux par sa présence, y multiplie ses grâces par sa miséricorde, et y attire à ses pieds nos ancêtres à peine sortis des pratiques du vice et des ténèbres de l'erreur. Enfin c'est d'ici qu'elle étend son sceptre sur la cité de Besançon. Elle en domine la citadelle, elle en garde les portes, elle en protége les habitants, elle y demeure populaire parmi toutes les races qui s'y succèdent et qui viennent tour à tour s'y former dans la foi chrétienne. O Notre-Dame des Buis, que d'apôtres n'avez-vous pas suscités pour nos missions ! que de héros pour nos croisades ! que de solitaires pour nos cloîtres ! que de saints pour la terre et d'élus pour le ciel ! O Notre-Dame des Buis, faites que Besançon redevienne le Besançon des anciens jours !

Il était entré dans les desseins de Dieu de faire de la Comté une province française et de Notre-Dame des Buis une gardienne de nos frontières. Marie, je n'hésite pas à le dire, avait demandé la Comté pour le royaume de France, et elle l'a obtenue : témoin la paix proposée sous les auspices de Notre-Dame des Buis, en 1298, entre le roi Philippe le Bel et les seigneurs comtois [1]. C'était comme les fiançailles d'un mariage encore éloigné, mais déjà certain, et auquel Marie accordait sur ces hauteurs un sourire d'approbation. Trois siècles et

---

[1] *Fœdera* de Rimer, III, 197. Réunis dans les champs de Morre, les hauts barons firent choix d'un député chargé de se rendre auprès du pape pour conférer en sa présence avec les ambassadeurs du roi. La paix ne fut conclue qu'en 1301 ; le mariage de Jeanne et de Philippe le Bon fit passer définitivement la Comté à la maison de France (1307).

demi après, le mariage se consomme, et Notre-Dame des Buis en est encore le témoin. Ici se trouve la *pierre écrite* où Louis XIV reçoit les clefs de la citadelle et accorde à l'héroïque garnison qui l'avait défendue les honneurs de la guerre. Le même jour, Marie-Thérèse, le dauphin, toute la cour, les évêques et les grands du royaume, réunis dans la vallée de l'Ouche aux pieds de Notre-Dame d'Etang, recommandaient à Marie les armes du grand roi. Ah ! je ne m'étonne plus de la soumission de la province. Il faut céder : en Bourgogne comme en Franche-Comté, Marie s'intéresse aux triomphes de la France et de Louis XIV; elle achève de tracer elle-même le cercle de nos frontières ; elle donne à la France les peuples qu'elle aime, l'Artois, la Flandre, l'Alsace, la Comté. Quelle brillante couronne ! quel présent magnifique ! O France, il est tombé de cette couronne un des plus beaux fleurons ! L'Alsace, ce joyau royal, est demeurée aux mains de l'étranger ; mais un jour tu la reprendras sous ses auspices : Marie te l'a donnée, Marie te la rendra. O Marie, je le demandais hier à vos autels de la Bourgogne, je vous le demande, d'un plus grand cœur, d'une voix plus forte encore, à vos autels de la Comté : ô Notre-Dame des Buis, gardez à la France Besançon et toute la province.

J'évoque de grands souvenirs, et je n'ai devant moi qu'un humble pèlerinage. Ainsi le veut Notre-

Dame des Buis. Son action est toute divine, mais son nom demeure modeste. Au sortir des guerres du xviie siècle, elle est réduite à l'aumône, et une inscription de 1682 nous atteste qu'elle sollicite, pour rebâtir sa chapelle, les offrandes des visiteurs et la piété des passants. L'enfance la connaît et vient jouer à ses pieds ; les jeunes filles lui témoignent leur dévotion et leur confiance par un *ex-voto* d'une expression touchante ; quand les paysans de nos montagnes se rendent à Besançon, ils se lèvent de grand matin pour avoir le temps de la saluer ; enfin, le jour où notre procession générale attire dans nos rues et sur nos places un si grand concours d'étrangers est aussi pour elle un jour de fête. On s'agenouille aux autels de la Mère avant de venir admirer les autels garnis de feuillage élevés en l'honneur du Fils, et Notre-Dame des Buis recueille au passage le premier et le dernier *Ave* de ces pèlerins de la Fête-Dieu.

Ces traditions si modestes paraissent s'effacer un moment sous le doigt de la Révolution. Plus de pèlerinages, plus de culte public, plus de chapelle. Les *ex-voto* sont dispersés, l'autel est détruit, tout le passé est fini sans retour. Non, il reste quelque chose de plus vivace et de plus durable que la pierre et le bois, il reste le cœur profondément chrétien des habitants de ce hameau. Ils se sentent les gardiens de la tradition, ils l'honorent par leur courage, ils la continuent par leur piété, ils vénèrent la Vierge absente et ils font de leurs maisons un vrai sanctuaire où Jésus et Marie recueillent sans interruption les hommages de la foi. Là, on n'a jamais connu ni la licence ni le blasphème ; là, quand la Terreur trouvait partout des suspects, non-seulement le prêtre et le proscrit ont trouvé un sûr asile, mais le proscrit a toujours rencontré un guide fidèle et discret pour s'échapper à travers des chemins perdus, le prêtre une famille chrétienne pour le suivre dans la forêt voisine et prendre part aux saints mystères célébrés avant le lever du jour. Dans l'exercice de cette charité admirable, les bons habitants du hameau n'ont pas cessé d'implorer Marie comme leur patronne et leur mère, et Marie n'a pas cessé de veiller sur eux comme sur la portion choisie de son héritage. Ils ont gardé leur foi, leurs mœurs, leur esprit chrétien, leur cœur généreux, leur caractère ferme, droit et loyal, et quand le pèlerinage semble tout en ruines, la vertu des vieux âges y fleurit encore. O Notre-Dame des Buis, ce sont là vos gloires et vos annales, ce sont là vos miracles. Je le proclame à votre louange, il y en a eu de plus éclatants dans ce siècle, mais je ne sais s'il y en a de plus durables, de plus sensibles et de plus touchants. Devant les hommes, cette gloire est modeste, mais elle est grande devant Dieu. C'est à Marie elle-même de la célébrer, car elle est la Reine des humbles et des pauvres, et c'est à de pareils traits qu'on reconnaît sa grandeur : *Magnificat anima mea Dominum !*

II. Voilà tout le passé : des traditions à demi effacées, mais vivantes encore; des souvenirs touchants, mais modestes; un règne auguste et béni, mais peu connu du monde; l'obscurité, en un mot, mais l'obscurité sainte de la foi et de la vertu. Voici le présent, et rien n'est plus modeste encore. Ce fut par un trait de bonté à peine aperçu que Marie résolut de rétablir, après soixante-dix ans d'oubli, ce pèlerinage abandonné, devenu la dévotion domestique d'un hameau. Votre curé visitait depuis trente ans ces ruines perdues sans avoir eu une seule fois la pensée d'en entreprendre la restauration. Les sanctuaires de la Salette, d'Ars et de Fourvière attiraient ses pas; il aimait les pèlerinages, et il oubliait celui qui était à sa porte et dont Marie voulait le faire le chapelain. Un jour, cette pensée traverse son esprit comme un trait de lumière. Aussitôt conçue, aussitôt commencée, l'entreprise prospère avec les bénédictions du pontife qui l'autorise et les dons des fidèles qui la secondent. En quelques mois, tout s'élève comme par enchantement : chapelle, ermitage, cloche, chemin de croix, ornements sacerdotaux, tableaux, vitrail, tout se trouve à la fois. Tout est simple, mais modeste, pieux et recueilli. L'œuvre écroulée et presque oubliée des seize siècles précédents est debout en moins d'une année, et Besançon reprend le chemin de la Chapelle des Buis.

Après les bénédictions du grand pontife qui gouverne le diocèse, l'humble chapelain de Notre-Dame des Buis en sollicita d'autres qui tombent de plus haut et qui sont encore plus efficaces. Il les demanda, il les obtint à la veille du concile, par l'entremise de notre vénéré cardinal. C'est sous le titre de Notre-Dame du Bon-Secours que Notre-Dame des Buis fut présentée à Pie IX, c'est sous ce titre qu'il la reconnut, qu'il la salua et qu'il attacha à ses autels, trois fois par semaine, le privilége de l'indulgence plénière : *sub titulo opportuni Auxilii.*

Notre-Dame du Bon-Secours ! voilà le titre que Notre-Dame des Buis a reçu du premier pasteur du diocèse et du père commun de tous les fidèles. Ce titre, elle l'a reçu le 30 novembre 1869, et un an ne s'est pas écoulé qu'elle l'a déjà justifié dans toute son étendue et dans tout son éclat.

Oui, qu'on l'appelle Notre-Dame du Bon-Secours, puisqu'elle a été si secourable à la cité de Besançon et à toute la province. Que d'alarmes ! que de périls ! Rappelez-vous cette invasion qui a duré six mois, et où tous les jours notre sort était mis en question, le combat de Cussey, l'attaque de Châtillon, l'incendie de nos villages, les trois journées d'Héricourt, si fatales à nos armes, ces cent mille hommes en déroute plutôt qu'en retraite à travers ces routes, ces bois, ces marais, dernier asile d'une vaillante et malheureuse armée accablée par l'hiver, vaincue par la faim, et près d'être écrasée entre Werder qui la suit et Manteuffel qui l'attend. Un cercle de canons et de baïonnettes enserre la ville de toutes parts et ne lui laisse plus que la perspective d'un long siége ou la perspective, plus affreuse encore, d'un immense incendie. L'armistice nous fait respirer un moment; mais, par une exception dont l'histoire demandera un compte sévère, ni la Franche-Comté ni l'armée de l'Est ne sont comprises dans l'armistice. Voici nos dernières lignes et nos derniers remparts ; une volée de canon, un coup de fusil, une imprudence peut tout compromettre. L'Allemand est en face de la Chapelle des Buis ; l'Allemand peut attaquer nos forts comme il attaque à l'improviste notre dernière armée. A peine avons-nous obtenu le bienfait de l'armistice que le terme arrive, et l'attaque tant de fois décidée, tant de fois remise, peut s'ouvrir le lendemain. O jours de mortelles angoisses ! O nuits plus mortelles encore ! O Notre-Dame des Buis ! O sentinelle plus vigilante que les hommes d'Etat, vous aviez les yeux ouverts sur nos périls, vous étiez sensible à nos prières, vous gardiez ces forts à peine entrepris, ces remparts commencés, cette ceinture de terrassements qui a tenu l'ennemi à distance et qui lui a fait tantôt abandonner, tantôt différer l'assaut de nos montagnes, jusqu'à ce que Besançon pût ouvrir ses portes et montrer, après six mois d'alarmes, son sol encore vierge des outrages de l'ennemi. Appelez cela du hasard ou du bonheur, vous n'expliquerez rien ; félicitez la science, le courage, la tactique, vous ne ferez dans cette heureuse défense que la part légitime de nos hommes de guerre ; mais le Ciel réclame aussi sa part, il faut la lui faire. Je vois Marie rétablie au sommet de cette montagne avant que le glaive eût été tiré du fourreau. Je la salue, je la bénis, je lui adresse mes actions de grâces. Votre curé, notre archevêque, notre saint-père le pape, l'avaient bien nommée. Son rôle était tracé d'avance, sa mission a été dignement remplie. Notre-Dame des Buis est véritablement Notre-Dame du Bon-Secours.

Mais ce n'est là que le début de sa tâche. La guerre a cessé, et cependant les alarmes durent encore ; la France sortie des mains de l'étranger demeure la proie du démon ; il faut sauver la France. Ce n'est pas seulement la France à sauver, c'est le pape à détacher de sa croix et à remettre sur son trône, en dépit du démon qui l'a renversé. Il faut rendre la France à elle-même, la liberté au pape, la foi, la paix, l'honneur, à l'univers entier. Un cri résume tout, et ce cri monte de toutes parts vers le Ciel : Sauvez Rome et la France ! Ce cri, on le pousse aux autels de Paray au nom du Sacré Cœur. Ce cri, on le répète au nom de Marie, à Lourdes, à

Fourvière, à Mont-Roland, partout où Marie a des autels privilégiés. Ce cri, on l'entendra à Mattaincourt, aux autels du bienheureux Pierre Fourier, et à Amettes, aux autels du bienheureux Benoît Labre, partout où les saints font des miracles. Ce cri, nous venons le jeter du haut de cette montagne aux pieds de Notre-Dame des Buis, qui a été vraiment bien nommée, pour les besoins du temps présent et pour les pèlerinages de cette année mémorable : Notre-Dame du Bon-Secours, priez pour nous.

Comme les desseins de la divine miséricorde apparaissent aujourd'hui dans tout leur éclat et dans toute leur grandeur ! Cette image remise au faîte de nos montagnes à la veille du jour où nos montagnes seront attaquées par l'étranger ; ce pèlerinage remis en honneur à la veille du jour où les pèlerinages vont redevenir populaires ; ce titre de Notre-Dame du Bon-Secours, deux fois nécessaire, deux fois justifié, deux fois acclamé ; tout ce peuple qui accourt pour le justifier encore et qui ne se repose d'un pèlerinage que pour en entreprendre un autre ; ces sentiments de foi, d'amour, d'expiation, qui soulèvent et qui emportent toute la France d'un autel à un autre, de Jésus à Marie, et que rien ne satisfait encore ; tout ce spectacle que la France donne et renouvelle chaque jour, et qui va chaque jour croissant, grandissant, s'étendant, au moindre signe des évêques, aux moindres paroles du souverain pontife, tout cela ne sera pas une stérile démonstration ni une vaine espérance. Un pays où se passent de telles choses n'est pas un pays qui se meurt, c'est un pays qui va renaître. Une ville telle que Besançon, qui voit une telle assemblée, n'est pas une ville perdue, condamnée au mal, livrée au démon ; c'est une ville où Jésus-Christ remontera sur son trône et où les portes de tous les cœurs, plus difficiles à forcer que celles de ses forts et de sa citadelle, lui seront rendues par Marie, qui en tient les clefs sur cette montagne. O Jésus ! vous serez à jamais son maître et son roi. O Marie ! vous serez à jamais notre reine. Notre-Dame des Buis, justifiez votre titre. Vous l'avez accepté, justifiez-le, glorifiez-le, faites voir que nous vous avons rétablie en temps opportun pour les besoins pressants de l'Eglise, de la France et de la cité : *sub titulo Auxilii opportuni*.

Monseigneur, vous allez mettre le comble à notre joie en bénissant cette bannière, ce fort, toute cette assemblée. Cette bannière porte le titre de Notre-Dame de Lourdes. Elle parle de consolations, de faveurs, de miracles ; elle porte dans ses plis les impressions et les souvenirs de cent mille pèlerins ; elle fait tressaillir toute la France d'espérance, d'allégresse et d'amour. Ce fort est placé sous la protection de Notre-Dame des Buis. Ah ! que Marie le couvre de son ombre ; qu'elle l'environne de la troupe invisible des esprits bienheureux ; qu'elle y garde intact, glorieux, désormais invincible, le drapeau de la France ! Ce peuple a senti germer dans son cœur une semence de consolation et de grâce. Il l'emportera en sortant des autels de Marie, comme on emporte pour un malade une parole de guérison en quittant l'habile médecin qui peut le guérir. La famille, la cité, la patrie, sont encore guérissables. Nos vœux l'attestent ; Notre-Dame des Buis nous autorise à le croire ; vos efforts, vos prières, vos sacrifices, votre vie si apostolique, ne sont pas autre chose que la guérison attendue, le traitement appliqué aux âmes malades, le cri toujours répété qui implore le secours et qui s'anime et se ranime encore dans la sainte espérance. Bénissez-nous, Monseigneur, avec ce cœur si haut et si tendre, cette main si paternelle et si ferme, cette voix si onctueuse et si forte, qui ont demandé, obtenu, répandu depuis tant d'années sur nos foyers, sur nos écoles, sur nos églises, sur nos cimetières, l'abondance et la plénitude des miséricordes éternelles. A Jésus et à Marie nos foyers purifiés du fléau des mauvaises mœurs ; nos écoles, où la croix parlera toujours plus haut et plus sûrement que la science ; nos églises, dont l'enceinte deviendra trop petite pour les pécheurs convertis ; nos cimetières, où les anges, s'il plaît à Dieu, ne pleureront jamais sur le scandale d'un enfouissement solidaire. A Jésus et à Marie nos familles, nos biens, notre vie, notre agonie, notre mort. Le jour de notre mort, Jésus sera plus que jamais notre roi ; Notre-Dame des Buis viendra à notre secours, elle nous prendra dans ses bras, elle nous conduira, le cantique à la bouche, la palme à la main, de cette montagne où nous l'avons invoquée et bénie, vers ces collines éternelles où le soleil est sans nuages, la louange sans mesure et le bonheur sans fin.

NOTRE-DAME DE L'ERMITAGE,

PRÈS ARBOIS.

Le 18 août 1873, le diocèse de Saint-Claude implorait la protection de la sainte Vierge à cet oratoire si connu dans nos contrées sous le nom de Notre-Dame de l'Ermitage. Adossé à un contre-fort du premier plateau du Jura, dans une situation des plus pittoresques d'où le regard plonge sur la ville d'Arbois et sur l'horizon le plus étendu, ce sanctuaire, malgré des aliénations multiples, est resté, en dépit des révolutions, un fief de Marie. Protection vaut titre, telle a été l'interprétation donnée par la Mère de Dieu à un vieil adage de notre droit civil.

La ville avait revêtu sa parure des plus beaux jours. Les paroisses du canton accourent et préludent par leurs chants de repentir aux suppliques de la journée. 130 ecclésiastiques assistent à cette manifestation. M. Carette, vicaire général, préside la cérémonie.

A neuf heures, le bourdon, lancé à toute volée, envoie aux échos du vallon ses accents majestueux. La procession se met en marche, traverse la rue de Faramand, pavoisée d'oriflammes et d'arcs de triomphe qui témoignent que dans cette partie de la cité les souvenirs traditionnels de la protection de Marie sont toujours vivants ; puis, après 1,500 mètres de parcours dans la direction de Pupillin, la procession s'engage dans une voie abrupte qui côtoie par une montée rapide les flancs de la colline. Long a été le défilé de cette foule de pèlerins. Les premiers atteignent les hauteurs de l'Ermitage que les derniers rangs sortent de l'église paroissiale. Quel spectacle aux anges et aux hommes que cette splendide procession échelonnée en amphithéâtre sur un parcours de trois kilomètres dans un ordre parfait et nuancée de bannières et d'oriflammes.

Eu égard à l'exiguïté de la sainte chapelle, on avait utilisé l'esplanade magnifique emplantée d'arbres qui se trouve au sommet de ce contre-fort. C'est dans ces allées de tilleuls, véritables nefs d'une grande basilique, que la procession s'engage. Dans un lieu bien choisi, un autel a été improvisé et adossé à un bosquet touffu. Les décorations qui l'embellissent sont faites avec goût.

M. le curé d'Arbois célèbre le saint sacrifice. Après l'évangile, M. l'abbé Besson, chanoine de la métropole de Besançon et supérieur du collége de Saint-François-Xavier, prend la parole. Il se montra comme toujours le bénédictin érudit, familiarisé avec les archives religieuses de notre province, et l'orateur soulevant les masses pour la croisade du XIXe siècle. Aussi, là comme à Paray, des applaudissements frénétiques eussent accueilli la fin de sa première partie, si la sage sévérité de l'Eglise ne prohibait de telles manifestations.

Après ces mâles accents, le *Credo* fut enlevé avec un entrain chevaleresque.

A deux heures de l'après-midi, la procession se forme de nouveau, et de ses longs replis enlace les principaux quartiers de la cité. La châsse renfermant les restes du martyr saint Romain et la statue miraculeuse de l'Ermitage sont portées par des ecclésiastiques. Sous l'habile direction de M. Gillard, un chœur de jeunes gens, renforcé de tous les chantres des paroisses du canton, fait entendre, soit dans la ville, soit à l'église, le chant de la piété et de la clémence, ainsi que le cantique des Belges, qui respire cette mâle et énergique beauté de la prière chantée.

M. Besson prit encore la parole et développa ce texte évangélique du dimanche précédent : « Il a bien fait toutes choses, celui qui a donné la parole aux muets et l'ouïe aux sourds. »

Quel mutisme vis-à-vis de Dieu il y a à peine un an, et quels cris de détresse jetés vers le ciel aujourd'hui ! Naguère encore, quelle obstination à ne pas vouloir comprendre les leçons de la colère divine, et maintenant quels aveux de culpabilité que ceux-ci : Pardon, pitié, Seigneur Jésus, nous avons péché !

Si vous aimez la France, la France, elle aussi, revient à vous. N'est-ce pas le cri de toutes ces populations qui affluent vers vous ? Est-ce que nos chants ne le crient pas ? Est-ce que ces bannières, ces oriflammes, ces ornementations, cette affluence, ne vous le montrent pas ? Et toi aussi, Vierge de l'Ermitage,

> Elle t'aime, la France,
> Et t'aimera toujours ;
> Vierge, sois sa défense
> Et son plus sûr secours.

L'abbé JOUVENOT,
Curé de Chilly.

(*Semaine religieuse* de Saint-Claude.)

DISCOURS

PRONONCÉ LE 18 AOUT 1873,

DANS LE

PÈLERINAGE DE NOTRE-DAME DE L'ERMITAGE.

Precor ut dicas Salomoni regi, neque enim negare tibi quidquam potest..... Et ait Bethsabee : Bene, ego loquar pro te regi.
Je vous en prie, parlez au roi Salomon, car votre fils ne saurait rien vous refuser..... Et Bethsabée répondit : Oui, c'est bien, je parlerai au roi pour vous. (*III Reg.*, II.)

Il y a dix-huit siècles que l'Eglise, voyant dans la mère de Salomon l'image anticipée et prophétique de Marie, mère de Jésus, emprunte, pour l'intéresser à sa cause, ces paroles de l'ancien Testament, et, depuis dix-huit siècles, Marie n'a cessé de lui répondre : *Oui, c'est bien, je parlerai au roi pour vous.* Mais il y a des temps et des lieux où la justesse de cette application éclate d'une manière plus sensible. En répétant aujourd'hui les paroles de l'Ecriture dans l'Ermitage d'Arbois, je me sens plus particulièrement frappé de la vérité qu'elles contiennent. Vous le sentez vous-mêmes, avec cette foi vive qui vous distingue et qui vous honore, et je ne fais qu'interpréter faiblement vos plus intimes pensées. Ce clergé, ce peuple, toutes ces paroisses accourues sous leurs bannières, viennent dire à Marie, bien plus éloquemment que je ne pourrais le faire : *Parlez au roi, il ne saurait rien vous refuser*. Et Marie vous répond, comme autrefois Bethsabée : *Oui, c'est bien, je parlerai au roi pour vous*. Je viens vous expliquer en deux mots le choix et l'objet de ce pèlerinage populaire.

Pourquoi venez-vous à l'Ermitage ? L'histoire va nous l'apprendre. Pourquoi y venez-vous aujourd'hui avec une foule, un éclat, une ferveur que les siècles passés n'ont jamais vus ? Disons-le bien haut, afin que l'histoire le retienne et le répète aux âges futurs ; disons-le pour l'apprendre à ceux qui nous accusent d'avoir des vues politiques là où nous n'apportons que des pensées religieuses. Pour vous, comme pour vos pères, il n'y a point ici d'autre roi que Jésus : Marie est la seule reine qu'on implore au pied de cet autel, et le seul drapeau qu'on y déploie, c'est le drapeau qui ne change jamais, c'est la croix.

I. Partout ou règne Jésus, Marie gouverne. C'est pourquoi nous n'avons point de ville chrétienne où les fidèles ne viennent à l'audience de la Mère avant de se présenter à son Fils, et où cette Mère n'écoute et n'apostille leurs humbles suppliques. C'est assez souvent dans quelque coin retiré et secret qu'on implore cette intercession toute puissante, au détour d'un chemin, dans le creux d'une vallée, aux portes d'une cité qui se peuple et d'une paroisse qui commence ; mais si Marie veut faire éclater la puissance de son sceptre, elle s'établit tantôt au sommet d'une montagne, tantôt à mi-chemin, sur une esplanade d'où le regard embrasse un vaste horizon, et qui semble faite pour servir de marchepied au trône d'une grande reine. Voici le lieu choisi par Marie pour gouverner Arbois et tout le val d'Amour. Elle y demeura dès le jour où vos ancêtres lui donnèrent leurs premières vignes à garder et leurs premiers foyers à bénir ; mais il y eut un jour où vos pères vinrent lui dire avec plus d'instances de parler à Jésus en leur faveur. Elle le leur promit, elle tint sa promesse. C'est le jour où elle apparaît pour la première fois dans votre histoire : c'est un jour de bataille, c'est un jour de triomphe. On l'appellera, ce jour-là, Notre-Dame de la Victoire.

Les Comtois luttaient contre la France avec le courage de la nationalité menacée. Salins, Arbois, Besançon, ont déjà secoué le joug ; mais Poligny reste au pouvoir de Baudricourt et de ses dix mille soldats. C'est de là que ce capitaine sort avec une présomptueuse confiance, pensant surprendre et accabler à Dournon les compagnies comtoises, commandées par Philippe de Louette [1]. Ils sont deux mille contre dix mille ; mais pour combien faut-il compter le patron de Salins et la patronne d'Arbois ? Saint Anatoile défend Salins, Marie défend Arbois ; les deux peuples prient, combattent, triomphent l'un à côté de l'autre. Ils mettent Baudricourt en fuite, ils fléchissent le genou pour rendre grâces au Ciel, ils couchent sur le champ de bataille pour constater leur triomphe, ils se quittent en se promettant un mutuel secours dans les dangers communs. O touchant accord ! ô fraternel traité ! Cet accord se soutient, ce traité continue à être observé. Hier, vous étiez aux pieds de saint Anatoile ; aujourd'hui, vous voici aux autels de Notre-Dame de l'Ermitage. Salins et Arbois ont gardé la foi des anciens jours ; Salins demeure cher à saint Anatoile, Arbois n'a pas démérité de Notre-Dame. Nobles cités, vous êtes faites pour vivre dans ces bonnes relations de voisinage et de confraternité, et pour être l'une à l'autre d'un bon exemple et d'un perpétuel secours. Voilà que vous vous rencontrez encore, en nombre égal, dans l'expression des mêmes prières et des mêmes espérances. On ne saura dire, en racontant les deux pèlerinages que vous venez de faire, laquelle des deux villes a été la plus fidèle à la foi de ses pères et au noble traité de Dournon.

---

[1] Le 17 janvier 1492.

Mais il faut reprendre l'ordre de mon histoire. Après le combat de Dournon, l'Ermitage d'Arbois, qui n'était qu'un oratoire, devient un sanctuaire. On l'élève, on l'agrandit, la foule s'y presse, et Marie y fait éclater sa puissance. Il y manque une statue ; c'est un soldat qui l'apporte, comme pour ajouter les souvenirs de son noble métier aux souvenirs du glorieux combat. Il va la demander à Montaigu, en Brabant ; il la taille dans ce chêne fameux qui est fréquenté par tant de pèlerins et qui prépare à tant de cités des Notre-Dame si célèbres par leurs miracles. L'image est grossière; mais sa simplicité même fait ressortir sa vertu. Elle est de ce bois qui vaut mieux que l'or ; car c'est un bois qui console et qui délivre. Vous ne tarderez guère à le savoir par votre propre expérience ; car il y a dans vos annales un jour plus beau que celui de la victoire. Ce jour, vos pères parlèrent à Marie d'une manière plus filiale encore que la première fois, et Marie leur répondit avec une promesse encore plus maternelle. Ce jour, ce fut le jour de l'épreuve. Et, ce jour-là, votre Vierge sera appelée Notre-Dame de Consolation.

Qu'elle était chrétienne, qu'elle était sublime dans l'expression de sa foi et de son patriotisme, cette ville d'Arbois si éprouvée par les fléaux. Elle avait été prise, brûlée, ravagée par les Suédois, dans la nuit du 1er au 2 juillet 1638, et, bien loin de s'irriter contre le Ciel, quand le jour du fatal anniversaire arrive, l'année suivante, elle baise avec respect la main de Dieu qui la châtie, et ne voulant voir dans toutes ses épreuves qu'un sujet inépuisable de reconnaissance, elle prend la résolution de se rendre en procession à cette chapelle pour remercier le Seigneur. L'ennemi n'est pas loin; mais elle se met en garde contre la surprise de quelque nouvelle attaque, ferme les portes, munit les remparts, place des gardes sur les tours et des sentinelles au clocher, et, ces précautions prises, les restes de ce peuple désolé, prêtres, notables, magistrats, milice, bourgeoisie, montent dans ces lieux où ils se dévouent, corps et âme, à la Mère de miséricorde, en la remerciant de les avoir consolés et assistés dans leur détresse. L'exemple donné par la ville d'Arbois est suivi par toute la contrée. Mesnay, Montigny, Villette, Vadans, Pupillin — je ne cite que les paroisses les plus voisines — viennent chacune à leur tour, dans cette octave expiatoire, répandre aux pieds de l'image miraculeuse de Notre-Dame d'abondantes larmes et des vœux plus abondants encore. On la remercie d'une voix unanime de l'épreuve envoyée au pays. Cette épreuve est acceptée et bénie, on reconnaît la main qui l'envoie, et on trouve dans cette reconnaissance même une pensée qui console et qui soutient. C'est ainsi que Notre-Dame de l'Ermitage est appelée une Notre-Dame de Consolation. Attendez un peu, elle ne tardera pas à mériter un autre nom.

Le cruel Suédois qui a ravagé le comté de Bourgogne, ruiné Vesoul, Baume, Nozeroy, Pontarlier, le duc de Saxe-Weimar, meurt sur les bords du Rhin, emporté par la peste qui décime son armée. Quatre mille soldats meurent à côté de lui et servent d'escorte à ses funérailles. A cette nouvelle, un cri de délivrance s'échappe de toutes les poitrines, et la province entière sent que les jours de miséricorde sont arrivés. Cet espoir n'est pas déçu : la guerre s'adoucit, la peste s'éloigne, la famine cesse, et tous les regards se tournent vers cet Ermitage pour remercier Marie de cette triple délivrance. C'est ici que Claude d'Achey, archevêque de Besançon, envoie le monument qui consacre la reconnaissance de son vaste diocèse. Regardez ce tableau : ce peuple enchaîné, c'est toute la Comté courbée sous les fléaux vengeurs; ce portrait, c'est celui du prélat jetant aux pieds de Marie sa houlette pastorale; et la libératrice, c'est votre Notre-Dame de l'Ermitage. Les tableaux couvrent ces murs bénis, les artistes s'épuisent à peindre, tantôt sous une image, tantôt sous une autre, cette grande et heureuse délivrance. Ici apparaît le Seigneur dans sa majesté et dans son courroux; il tient à sa main trois flèches enflammées, symbole effrayant des trois fléaux qui ravagent la Comté. Mais le peuple implore Marie ; il court se réfugier dans ses bras, Une profonde tristesse est peinte sur le visage de la Vierge, l'Enfant divin partage l'effroi de sa sainte Mère et élève au Ciel ses mains innocentes. Le fils et la mère plaident la même cause, la cause est gagnée, la ville est sauvée, et toute la Comté respire avec elle. Voici la troisième fois que la Vierge de l'Ermitage change de titre et de nom : c'est Notre-Dame Libératrice.

Notre-Dame de la Victoire, Notre-Dame de Consolation, Notre-Dame Libératrice, voilà les titres de l'Ermitage et les vocables de la sainte image. De tels souvenirs sont impérissables. Ni l'Ermitage ni la statue ne devaient échapper aux mains de la révolution ; mais ces mains les ont souillés sans les détruire, et les voilà, après quatre-vingts ans de destruction et d'oubli, tels que vos pères les avaient connus, fréquentés, vénérés, avec ce je ne sais quoi d'achevé que la persécution donne aux vieux monuments comme aux plus grandes vertus. L'Ermitage a été profané, mis en vente, abandonné, repris, abandonné encore, et il est rentré dans les domaines de la Reine des cieux, parce que ni la nation, ni la cité, ni les simples citoyens n'avaient de droit sur cet héritage imprescriptible. Et la sainte image, à quel oubli n'a-t-elle pas été condamnée ? Quelles vicissitudes et quelles humiliations ! On croit, pendant soixante ans, l'avoir à jamais perdue. Puis, quand les derniers survivants de la génération qui l'a vu arracher de son sanctuaire vont descendre au tombeau, un prêtre, qui était lui-même sur le point d'achever sa vie, saisit une trace inaperçue, la suit avec persévérance, découvre enfin la statue, la fait reconnaître à ceux qui l'ont connue, et la rapporte, avec la garantie de l'autorité épiscopale, au milieu de cet Ermitage reconquis, sur ce trône tutélaire où le bras des générations nouvelles la fait asseoir dans toute sa puissance et dans toute sa splendeur. Gloire à Dieu! Honneur à Marie! Reconnaissance à tous ceux qui ont rétabli l'Ermitage, sauvé la statue miraculeuse, et rendu témoignage aux traditions de la contrée! Je m'explique maintenant pourquoi vous venez à l'Ermitage, l'histoire me l'a appris, vous obéissez aux souvenirs les plus sacrés de la famille et de la cité. Mais pourquoi cette foule et cet empressement? Jamais siècle n'a vu tel spectacle. Quel pèlerinage! Quels vœux! Quelle unanimité! Je vous entends, vous dites à votre Notre-Dame : « Je vous en prie, parlez au roi, car votre fils ne saurait rien vous refuser. » Et Marie vous répond : « Oui, c'est bien, je vous approuve, et je parlerai au roi pour vous. »

II. Pourquoi ces pèlerins, et que viennent-ils demander? Ah! je ne m'étonne plus que cette image, si longtemps oubliée, ait été si miraculeusement retrouvée. Dieu vous la devait pour l'année mémorable où nous sommes et la grande œuvre de foi, d'espérance et d'expiation imposée à la France.

Vous voilà enrôlés comme de vous-mêmes, et presque sans sortir de vos habitudes et sans quitter votre horizon, dans les pacifiques croisades dont Pie IX, comme un autre Urbain II, s'est fait en France l'ardent et intrépide apôtre. Dieu le veut ! Dieu le veut ! Toute la France a entendu et répété ce cri de la nouvelle croisade. Dieu le veut ! Il nous voulait à Lourdes, à la Salette, à Chartres, à Paray, partout où Marie signale son pouvoir et où Jésus fait entendre sa voix. Dieu le veut ! Il veut que le respect humain soit anéanti, la prière publique vengée et glorifiée, la foi hautement confessée, l'impiété hautement confondue, et les traditions chrétiennes de la France renouées, continuées, reprises de Besançon à Nantes et de Lille à Marseille, avec un éclat, une grandeur, une solennité dont les croisades elles-mêmes n'ont offert qu'une pâle et incomplète image. Mais il ne s'agit plus de quitter sa famille et de s'éloigner de son clocher. Tout le monde sera croisé, tout le monde sera pèlerin, c'est pourquoi le pèlerinage se fera à vos portes. Vous porterez quelques heures à peine le bâton de voyage; ni le temps, ni la santé, ni l'insuffisance des ressources, ni les exigences des devoirs publics, ni l'âge, rien ne vous dispensera. C'est un pèlerinage familier, domestique, à la portée des plus pauvres, des plus âgés, des plus malades. Notre religieuse province en comptera plus qu'il n'y a de jours dans le mois. Plus le mouvement se prolonge, plus il est entraînant : les méchants ont cru l'arrêter, ils n'ont fait que l'accroître. On l'a signalé comme une mode changeante, et la mode ne change pas. Non, non, rien ne vous a retenus, et vous avez bien fait. Vous avez quelque chose à dire à Marie. « Parlez au roi, lui dites-vous, parlez en ma faveur, car votre Fils ne saurait rien vous refuser. » Et c'est ici que Marie vous répond : « Oui, tu as bien fait de venir : *bene*. Je parlerai à Jésus de tes épreuves, et Jésus veut que je te console ; de tes maux, et Jésus veut que je te délivre ; de tes combats, et Jésus veut que je te donne la victoire : *ego loquar pro te*. » Venez, pèlerins, venez, Dieu le veut! Dieu le veut!

Vos pères ont reconnu que Marie les avait éprouvés et soutenus. Voilà dans quels sentiments il nous faut accepter les revers. Quand le Ciel trahit vos plus chères espérances, qu'un vent glacé vendange vos coteaux, et que vos vignes n'offrent plus qu'un bois stérile, humiliez-vous sans vous plaindre, baisez la main qui vous frappe, et criez plus fort que jamais vers Marie : Grâce! pitié! pardon! C'est dans sa clémence que Dieu éprouve la patrie aussi bien que la cité. Vous l'aimiez pour sa force, pour sa gloire, pour sa grandeur. Aimez-la maintenant pour ses fières blessures, pour ses mortelles angoisses, pour les nobles efforts qu'elle tente de toutes parts en cherchant le chemin de la justice, de l'honneur et de la foi. Ce n'est pas un mal que l'orage ait éclaté sur nos têtes, levons-nous tous ; allons, courons au gouvernail, à la boussole, aux voiles, c'est-à-dire au travail pour nous réformer, nous régénérer et nous sauver. Ce n'est pas un mal que le navire tremble, car cette secousse violente nous ramène tous aux pieds de la Madone, et nous voici, tremblants, éperdus, unissant devant ses autels nos vœux et nos mains, la suppliant, cette douce et maternelle étoile, de luire au fond des cieux apaisés pour nous conduire au port. Notre-Dame de Consolation, soyez bénie !

Vos pères ont imploré Marie pour obtenir d'être délivrés de la guerre, de la peste et de la famine. Quelle est cette guerre qui amène ici tant de pèlerins, sinon la guerre déclarée à Dieu, à l'Eglise, au pape ? Cette guerre dure depuis un siècle, chaque révolution en redouble la fureur ; nous en sommes les victimes encore plus que nos pères, nous entendons rouler comme un tonnerre sur la France aux abois les blasphèmes accumulés par toutes les générations perverties qui ont précédé la nôtre. L'étranger, il est vrai, a quitté nos foyers, mais il en reste un qui les désole encore ; cet étranger implacable et furieux, c'est l'impie, c'est l'athée, c'est celui qui dit dans son cœur et qui répète par tous les échos de la presse égarée : « Dieu n'est qu'un mot, la mort n'est qu'un saut dans l'ombre, l'enfer n'est qu'une invention humaine ; jouissons, car nous mourrons demain. » Voilà la guerre déclarée à vos croyances et à vos souvenirs, voilà l'étranger à bannir, voilà le triomphe suprême à remporter.

Quelle est cette peste dont il faut vous guérir ou vous préserver, sinon la peste de la révolution ? L'air que nous respirons est empoisonné depuis quatre-vingts ans. Il a affaibli le devoir, le respect et l'honneur. Il a déraciné dans nos âmes l'amour sacré de la patrie. Il a perverti l'intelligence nationale, flétri le cœur, déprimé le caractère. Il aurait tué la France, si la France n'avait reçu de Dieu la grâce d'une vitalité impérissable et d'une résurrection inattendue. Or, cette peste nous avait corrompus, et nous nous en apercevions à peine. Mais à présent que nous sentons le souffle de mort, nous demandons à Marie de l'éteindre. Nous voyons les ténèbres, ce sont ces ténèbres que le regard de Marie peut dissiper en jetant dans les âmes retournées ces illuminations soudaines qui éclairent d'un seul coup les horizons de l'avenir.

Quelle est cette famine dont nous souffrons les atteintes, sinon celle de la justice et de la vérité? Nos âmes sont altérées, et les fausses doctrines, semblables à des citernes infidèles, n'ont pas pour notre soif cette eau pure qui rafraîchit et qui désaltère. Nous avons faim, et le pain de l'erreur n'a pu nous rassasier. Il faut courir aux sources d'eau vive, et il n'y en a qu'une qui rejaillisse jusqu'à la vie éternelle : c'est la grâce. Il faut se nourrir du pain de la doctrine, et il n'y a qu'une maison où il se conserve sans mélange d'erreur et de nouveautés, c'est la maison de l'Eglise, et dans cette maison, il n'y a qu'une main qui le dispense toujours sans péril d'erreur, c'est la main du pape ! Voilà la faim et la soif que Marie, notre Mère, peut calmer en nous faisant asseoir à la table du père de famille. Notre-Dame de la Délivrance, soyez-nous propice encore une fois !

Vos pères sont venus chanter ici les triomphes de leurs armes. Et vous aussi, vous aurez des triomphes à célébrer. C'est un triomphe que d'avoir payé nos revers ; mais ce sera un triomphe bien plus glorieux encore que d'en préparer la revanche par le travail, le courage et le désintéressement. C'est un triomphe que d'être encore la France au sortir d'un tel naufrage ; mais ce sera un triomphe bien plus merveilleux encore que de préparer, à force de dévouement, d'abnégation et de sacrifices, une France unie, forte, honorée, où le même sentiment patriotique et chrétien fera battre tous les cœurs à l'unisson, animera tout ensemble familles, communes, provinces, et ralliera, d'un bout à l'autre de la terre natale, tous les partis autour du même drapeau. C'est une victoire que la France recommence ses grandes destinées politiques ; mais la plus belle de toutes les victoires, ce sera qu'elle redevienne le bras aimé de l'Eglise et qu'elle renaisse tout entière et pour toujours à la foi de ses pères : *Et hæc est victoria quæ vincit mundum, fides nostra.* Notre-Dame de la Victoire, écoutez nos vœux et exaucez-les.

Notre-Dame de l'Ermitage demeure donc jusque dans notre siècle, sous ces trois noms différents, la patronne de la cité et de tout le pays. Elle console, elle délivre, elle triomphe ; c'est pourquoi nous sommes à ses pieds, et c'est à ses pieds que nous jetons, en finissant, tous les cris de notre vive et commune espérance.

A Dieu, Père, Fils et Saint-Esprit, toutes nos adorations : que la Trinité sainte soit adorée, bénie, chantée sur la terre comme au ciel, par tous les hommes comme par tous les anges, dans le temps comme dans l'éternité !

A Marie notre filial amour et notre profonde reconnaissance ! Que son règne s'affermisse encore davantage, que sa gloire s'étende, que toutes les têtes s'inclinent sous le sceptre qu'elle tient dans sa puissante main.

A l'Eglise et au pape ! nous ne les séparerons jamais dans notre obéissance et dans notre amour.

A l'Eglise et à la France ! Leurs destinées sont inséparables, qu'elles se relèvent et qu'elles triomphent ensemble dans un prochain avenir.

A la France et à la Comté ! Nous aimerons du même cœur et nous servirons du même bras et notre patrie et notre province.

Au diocèse de Saint-Claude ! Que votre premier pasteur, absent de corps, mais présent de cœur et d'esprit à toutes ces grandes démonstrations de la foi, recouvre la plénitude de ses forces physiques et qu'il revienne un jour se mettre à la tête de son clergé et de son peuple pour chanter, dans nos pèlerinages, l'hymne de la reconnaissance.

A la ville d'Arbois! Souhaitons-lui d'être toujours chrétienne, ce sera lui souhaiter d'un seul mot la paix, la prospérité et la gloire. Prions pour la cité, pour le diocèse, pour la patrie, pour l'Eglise. Le salut approche, ô Notre-Dame de l'Ermitage; hâtez, hâtez encore le jour de la délivrance, ce sera pour votre sanctuaire le jour d'un nouveau triomphe.

NOTRE-DAME DU CHÊNE,

PRÈS ORNANS (Doubs).

Mercredi 20 août, la fête annuelle de Notre-Dame du Chêne a attiré une foule plus nombreuse que jamais vers le gracieux sanctuaire qui s'élève non loin du village de Maizières, sur la rive droite de la Loue, à mi-côte de la montagne. Malgré la pluie de la veille, malgré quelques nuages menaçants qui paraissaient encore à l'horizon, dès le matin la chapelle se remplissait de pèlerins. Le saint sacrifice se célébrait soit dans le sanctuaire, soit en plein air ; de nombreux fidèles se succédaient à la sainte table. Bientôt les paroisses environnantes, conduites par leurs pasteurs, arrivent successivement des collines et des vallées ; les oriflammes et les bannières flottent dans les airs ; les voix pures des jeunes filles et les mâles accents des hommes font retentir les couplets si connus du cantique au Sacré Cœur. De joyeuses détonations saluent leur arrivée. Ceux qui ne portent pas encore la croix rouge du pèlerinage s'empressent de la recevoir sur leur poitrine.

A dix heures commençait la messe solennelle, célébrée en plein air par M. l'abbé Boilloz, missionnaire d'Ecole, qu'assistaient M. le curé d'Ornans et M. le curé de Vuillafans. 150 prêtres formaient une couronne d'honneur autour de l'autel improvisé ; à côté d'eux s'étageait en rangs serrés une foule compacte. Depuis la rive sinueuse de la Loue jusqu'au bois épais qui couronne la colline, on eût en vain cherché un espace vide ; plusieurs avaient demandé aux toits des bâtiments un endroit favorable d'où il leur fût plus facile d'entendre la parole sainte et de suivre les cérémonies de l'Eglise. Les cantons d'Ornans, Amancey, Quingey, Vercel, Pontarlier, Levier et Besançon avaient fourni cette foule immense de pèlerins, que l'on n'évalue pas à moins de 12,000. Dans l'assistance, on remarquait M. le comte de Mérode, député, M. le général Tripard, M. Edouard de Vezet, M. de Pirey, des magistrats, des médecins, les principaux propriétaires de la contrée.

On sait que la parole de M. le chanoine Besson est comme l'hymne obligé de toutes nos fêtes les plus imposantes. L'éminent orateur a pris pour texte ces paroles, tirées du troisième livre des Rois : *Positus est thronus matri regis.... Et dixit ei rex : Pete, mater mea ; neque enim fas est ut avertam faciem tuam.* Faisant de ce passage l'application la plus heureuse, il a fait voir, en retraçant à grands traits l'histoire merveilleuse du culte de Notre-Dame du Chêne, comment ce site gracieux et pittoresque a vu s'élever un trône de gloire en l'honneur de la Mère du Roi des rois. Il a rappelé ensuite quelques-unes des faveurs sans nombre qui sont descendues de ce trône sur les pieux habitants de la vallée et des pays environnants. C'était bien là le sujet le plus propre à intéresser les auditeurs et à faire ressortir la puissance de Celle qu'ils venaient vénérer. Les souvenirs qui se pressaient dans les cœurs, la parole entraînante du prédicateur, l'aspect de la statue miraculeuse qui s'élevait en face de la chaire, sur un trône élégamment paré ; le spectacle de cette foule recueillie étagée sur toute la colline, tout concourait à rendre l'émotion profonde et générale. De douces larmes sont tombées de bien des yeux.

A deux heures, la statue miraculeuse devait être portée solennellement jusqu'à l'extrémité du village de Maizières. De nouveaux pèlerins accourent de tous les points de l'horizon. L'arrivée des élèves du séminaire d'Ornans, que conduisent leurs maîtres dévoués et leur digne supérieur, est particulièrement remarquée. La fanfare qui les précède promet à cette cérémonie un concours très apprécié.

Bientôt la procession se met en marche au chant d'un cantique en l'honneur de Notre-Dame du Saint-Cœur et suit le chemin pittoresque tracé parallèlement à la Loue. Avant que la statue miraculeuse, portée sur les épaules de deux prêtres, quitte les abords de la chapelle, le parc de M. de Pirey reçoit déjà ceux qui sont à la tête de cette marche triomphale. La foule se range lentement autour d'un joli reposoir préparé à l'image vénérée par les soins d'une noble et pieuse famille. C'est du haut de ce trône que la bénédiction est donnée avec la statue de Notre-Dame du Chêne à tout ce peuple agenouillé, qui croit voir Marie elle-même lui sourire et lui ouvrir le trésor de ses grâces.

Au retour de la procession, M. le chanoine Besson monta de nouveau en chaire et célébra dans un magnifique langage les gloires et les tendresses du cœur immaculé de Marie, cette vivante image du cœur de Jésus, ce cœur admirable qui appelle, lui aussi, notre vénération et notre confiance, et qui nous offre avec le remède à nos maux les grâces réparatrices que nous sollicitons pour l'Eglise et pour la France.

La cérémonie s'est terminée à quatre heures, par la bénédiction solennelle du saint Sacrement. Il semblait aux pèlerins qu'elle finissait trop tôt, malgré la distance qui les séparait de leurs foyers. Pour tous, cette fête de Marie avait été un jour de bonheur. Elle a dû réjouir particulièrement le cœur de ce prêtre modeste qui dépense au service de Notre-Dame du Chêne son esprit, ses années, sa fortune, ses forces, et à qui revient pour une si grande part l'honneur de cette belle manifestation. Pour M. l'abbé Grosjean, il n'est pas de satisfaction plus douce que celle de voir glorifier Dieu et la Vierge, dont il est le chapelain.

F. PETETIN.

(Union franc-comtoise.)

DISCOURS

PRONONCÉ DANS LE PÈLERINAGE DE N.-D. DU CHÊNE,

LE 20 AOUT 1873.

Positusque est thronus matri regis..... et dixit ei rex : Pete, mater mea, neque enim fas est ut avertam faciem tuam.
Un trône fut élevé à la mère du roi, et le roi lui dit : Demandez, ma mère, car je ne puis repousser votre demande.
(III Reg., II, 19-20.)

Nous venons de célébrer, dans la fête triomphale de l'Assomption, le jour où Marie fut accueillie dans le ciel par les acclamations unanimes des anges et des saints, et où le Seigneur, la faisant asseoir, à peine au-dessous de lui, sur un trône étincelant de lumière, la couronna de ses mains et la proclama de sa bouche la Reine de l'éternité. Depuis cette fête céleste, il n'est point de lieu où les hommes n'aient dressé à Marie un trône de gloire, il n'est point de jour où ils n'aient proclamé son règne immortel. C'est la pensée qui nous rassemble aujourd'hui ; mais, pour la justifier, je n'ai pas d'emprunt à faire à des traditions étrangères, et mon texte tout entier se vérifie aux pieds de Notre-Dame du Chêne avec l'application la plus précise et la plus littérale. Ecoutez donc comment ce trône a été posé : *Positus est thronus matri regis;* quelles sont les demandes que Marie présente et que le Seigneur agrée : *Pete, mater mea,* et pourquoi Jésus déclare qu'il ne peut les repousser : *Neque enim fas est ut avertam faciem tuam.* En trois mots : Je viens saluer le trône de Notre-Dame du Chêne, raconter les vœux que Marie exauce, et pénétrer les secrets de la miséricordieuse tendresse qu'elle nous témoigne ici. Ces trois points comprennent toute l'histoire de cette miraculeuse image, toutes les grâces qu'elle a obtenues pour notre province, et toute la doctrine qui rend ce pèlerinage si éclatant, si populaire et si opportun.

I. Marie, ayant résolu de régner sur la vallée de la Loue, a choisi, pour y placer son trône, un des lieux les plus chers à l'histoire et les plus favorisés de la nature. L'histoire n'a rien de plus ancien que ces vieux débris du château de Scey, assis sur les ruines d'une construction romaine, et offrant la double et profonde image du monde qui a fini et du monde qui a commencé aux pieds de la Croix. La nature n'a rien de plus pittoresque ni de plus charmant que ces bois épais, ces rochers coupés à pic, cette rivière qui, après avoir été à sa source si rapide et si profonde, adoucit, en s'élargissant, la pente de son cours et fait goûter à tant de belles campagnes la fécondité de ses eaux. Marie a pris possession de ce trône sans éclat et sans bruit. La statuette qui la représente, hommage de la reconnaissance du pauvre, n'a rien qui ressemble à une reine. Elle est petite, à peine ébauchée, d'une tenue humble et grossière. Le creux d'un chêne est son premier trône; mais peu à peu l'écorce la recouvre et forme autour d'elle comme un rideau qui la dérobe aux regards. A peine reste-t-il une fente étroite à travers laquelle la piété des fidèles la devinait encore plutôt qu'elle ne l'apercevait. C'était assez pour la piété de vos pères. Ils se signaient ou s'agenouillaient, au passage, devant le tronc mystérieux où se cachait la reine de leur cœur, et ne songeaient point à la placer sur un autel. Heureux et providentiel oubli ! Notre-Dame du Chêne a traversé la révolution avec cette sécurité profonde que son obscurité même lui devait assurer, et, quand les tabernacles croulaient de toutes parts sous la hache impie, un trône, un seul trône demeura debout dans vos contrées : ce fut le trône de Notre-Dame du Chêne.

L'âge pesait au front du vieil arbre, ses branches flétries traînaient jusque sur le chemin. On l'épargnait néanmoins dans les coupes, les uns par respect, les autres sans savoir pourquoi. Les curieux s'en étonnaient peut-être ; les gens du pays se l'expliquaient mieux. Pourquoi? Nous le savons maintenant. Ce chêne était un trône, et il plaisait encore à Marie d'y faire sa résidence. Mais sa résidence était à peine soupçonnée ; le temps et la révolution avaient effacé beaucoup de souvenirs, l'écorce recouvrait l'image tout entière, et, en empruntant à la nature ce modeste rideau, la Reine avait réussi à vivre et à régner dans le secret. Qui la découvrira? A qui se révèlera-t-elle? L'auteur de la découverte est une enfant de treize ans; le jour de la découverte est le jour de Pâques 1803, le jour où la première communion fut solennellement rétablie dans toute la contrée. Cécile Mille, dont la famille habite le hameau de la Malcôte, se rendait à l'église paroissiale de Scey, le cœur doucement remué par les émotions du plus beau jour de sa vie. Elle approchait du vieux chêne, quand Marie lui apparaît, escortée de quatre anges, attire ses regards, et, après s'être arrêtée au pied de l'arbre, s'élève majestueusement dans le ciel en faisant jaillir entre les branches une étincelante clarté. Au retour de sa grande action, pouvait-elle passer indifférente devant ce trône lumineux? Elle s'agenouille, elle prie, elle se relève, et l'apparition se renouvelle : « Regarde, dit-elle à sa sœur, la belle sainte Vierge qui se montre entre ces lumières. » On refuse de la croire ; mais les Thomas de la Malcôte se rendront à leur tour devant l'évidence. Le père de Cécile a vu Notre-Dame du Chêne entourée de sa vive auréole. Non-seulement il l'a vue ; mais un honnête ouvrier de la Vieille-Loye, qui fabriquait des paniers dans sa maison, l'a vue comme lui. Cécile l'a revue deux fois encore. Ils ont vu tous, ensemble ou séparément, et les anges et les lumières. Les lumières jaillissent de l'arbre, les anges le saluent. Il n'en faut pas douter : cet arbre est un trône, et il y a sur ce trône une mère qui reçoit les hommages d'un monde invisible : *Positus est thronus matri regis.*

Il faut découvrir la Reine invisible. C'est le jour de l'Assomption de l'an 1803 que Dieu met le comble à ses faveurs en permettant aux humbles fermiers de la Malcôte de mettre sur la statuette une main respectueuse. Marie sort du vieux chêne, et sa gloire commence. On la transporte d'abord à la Malcôte, où elle reçoit les vœux et les offrandes des pauvres femmes, puis à Maizières, où plusieurs familles empressées se disputent l'honneur d'élever son trône. Mais son trône de prédilection était le vieux chêne qui lui avait servi d'asile. On le creuse, on le décore, on enferme la statue sous une grille, on le vénère et on le salue jusqu'au jour où il faut qu'il tombe sous la hache. Va, tu peux tomber, arbre à jamais béni, ton sort est assez glorieux. Tu as vu la gloire céleste de Marie et tu as été environné de lumières, les anges ont chanté à l'entour de tes branches, et quand tu as subi la destinée commune de toutes les choses mortelles, voilà que tu laisses ton nom à la miraculeuse image. Ce nom sera immortel ; on dira de siècle en siècle que c'est le chêne du Grand-Champ qui a servi de trône à la Mère de notre Dieu : *Positus est thronus matri regis.*

Quel sera désormais le trône de Marie ? Je le vois à Ornans, dans ce monastère si florissant de la Visitation qui est l'un des trésors de cette pieuse cité. Marie est placée sur l'autel du cloître ; mais elle a, au cœur de chaque enfant et de chaque religieuse, un trône encore plus glorieux. Elle abaisse sur le monastère le regard de sa miséricordieuse tendresse, elle le bénit, elle le protége, et, quand la paroisse de Scey la réclame, on recueille la poussière de ses pas pour consacrer, par un touchant souvenir, son passage et sa présence. Le vénérable curé de Scey ne pouvait supporter l'idée de laisser loin de sa paroisse une reine qui avait voulu l'habiter. Il s'en établit, dans son église, le fervent chapelain et le gardien zélé. C'est là qu'elle repose pendant vingt-deux ans, sa gloire augmente, ses faveurs se multiplient, il n'est plus permis de méconnaître, après tous ces traits, qu'elle veut régner et triompher par de nouveaux miracles et de nouveaux bienfaits. Venez, enfants des hommes, préparez enfin à votre reine un trône digne d'elle, digne de vous et de tout ce mystère. Le chêne du Grand-Champ a disparu ; ni la Malcôte ni Maizières ne pouvaient garder longtemps la sainte image ; l'arche sainte n'est pas faite pour les foyers domestiques : c'est assez qu'elle y entre pour les bénir, assez pour assurer aux familles qui les habitent des grâces magnifiques, qui reposent sur leurs têtes de génération en génération. Marie veut sortir du cloître pour se donner au monde, Marie veut sortir de l'église de la paroisse pour se donner à toutes les paroisses. Elevez, élevez ce trône au-dessus des foyers, des cloîtres et des églises de la contrée. C'est maintenant que mon texte se trouve enfin compris : *Positus est thronus matri regis.*

Ce trône, le voici dans toute sa beauté et dans toute sa splendeur. La terre en est le marche-pied, et ce vaste marche-pied descend, d'étage en étage, jusqu'à la rivière. Les bois qui en forment la couronne inclinent autour de Marie leurs verdoyants rameaux. Les pierres qui le composent, sculptées par d'habiles mains, se prêtent à rendre, par leurs formes variées, tous les élans de la foi et toutes les soumissions du respect filial. Les colonnes qui le soutiennent élèvent nos regards jusqu'aux cieux. Les verrières qui le décorent remplissent nos yeux d'une douce lumière. Les inscriptions qui le peuplent ne parlent que de grâce, de miséricorde et d'amour. Au dedans et au dehors, tout charme, attire et retient doucement. L'art et la nature ont embelli, par un mutuel accord, cet incomparable trône. On l'aborde avec le sentiment d'une vénération profonde, c'est le trône d'une reine ; mais les yeux ne peuvent s'en détacher, on le regarde et on y revient toujours ; il y a je ne sais quel attrait qui vous captive et qui vous ramène ; ceux qui l'ont vu veulent le revoir encore : c'est le trône d'une mère. Bénissons le talent des architectes qui l'ont élevé, les fidèles qui sont venus y apporter leur pierre, le chapelain qui le garde, qui l'embellit et qui est venu préparer les audiences de Marie, en siégeant nuit et jour dans ce tribunal où l'on justifie ceux qui s'accusent. Voilà le trône de la reine et de la mère, voilà le trône de Marie ; il repose sur de solides fondements, et le fondement plus solide que le sol où il est assis, c'est notre reconnaissance et notre amour : *Positusque est thronus matri ejus.*

II. Marie, du haut de ce trône, présente des demandes, et Jésus les accueille ; c'est à elle que le roi s'adresse en lui disant : Demandez, ma mère : *Pete, mater mea.*

Parcourez du regard ces murs et ces inscriptions, et vous jugerez ce que Marie a demandé et ce qu'elle a obtenu.

Notre-Dame du Chêne a demandé grâce pour ces petits enfants de la paroisse de Septfontaine que leurs parents lui ont recommandés avec tant d'instances. Elle a obtenu pour l'un d'être guéri d'une lèpre, pour un autre de recouvrer la vue, pour un troisième d'échapper dans les eaux à une mort certaine. N'est-ce pas là celle à qui son Fils permet de tout demander?

Notre-Dame du Chêne a demandé grâce pour une humble fille de la Vèze, dont le corps, déchiré par un animal furieux, était incapable de supporter le moindre travail et devenait rebelle à tous les remèdes. Elle a obtenu pour elle une guérison radicale; elle a reçu dans son sanctuaire les plus sincères remerciements, et vous pouvez en lire encore le sujet, l'expression et la date. O ma Mère, demandez encore, demandez toujours.

Notre-Dame du Chêne a demandé grâce pour un jeune homme qui avait secoué tous les jougs, oublié tous les devoirs, et dont l'irréligion, augmentant avec la maladie, le menait, à vingt ans, du bord de la tombe au fond de l'enfer. La mère était demeurée seule auprès de ce désespéré. Elle se jette à genoux, elle implore Notre-Dame du Chêne, et à chaque *Ave*, *Maria*, qu'elle récite, elle ajoute: Notre-Dame du Chêne, priez pour lui. A la fin du chapelet, à la dernière invocation, l'impiété cesse, la cause est gagnée. Grâce! pitié! pardon! s'écrie le malade; il s'humilie, il se confesse, il offre ses membres aux onctions des mourants; il meurt en bénissant le Seigneur et en invoquant Marie. Demandez, ma Mère, et vous obtiendrez toujours.

Notre-Dame du Chêne a obtenu pour des écoliers la santé nécessaire à leurs études, pour des religieuses des grâces de vocation et de persévérance, pour des mères une grossesse heureuse, pour des pères la reprise longtemps attendue du travail qui fait vivre leur jeune famille. Des âmes troublées et que tous les remèdes ne pouvaient guérir ont retrouvé dans ce sanctuaire la consolation et la paix. Des prêtres qui voyaient venir avec effroi leur dernière heure se sont rassurés en se recommandant à Notre-Dame du Chêne, et ils ont recueilli leurs dernières forces pour se dire, d'une plume tremblante, ses humbles et dévots serviteurs. Implorez-la dans ces heures décisives de la vie où, placés entre la maladie et la santé, vous ne sauriez dire lequel est le plus expédient pour votre âme, ou de vous guérir, ou de mourir. Vous ne le savez pas, Marie le sait bien, et il n'est pas rare qu'elle choisisse non pas la santé, mais la mort. Heureux partage, dont on ne saurait se plaindre, puisque c'est une Mère qui choisit pour nous. Demandez toujours, ô ma Mère, vous savez mieux que nous ce qu'il faut demander.

La santé n'est qu'un bien fragile et passager, tandis qu'une sainte mort est un présent du Ciel. Cette grâce, Notre-Dame du Chêne l'a demandée et obtenue mille et mille fois pour les indifférents et pour les impies, pour les justes et pour les pécheurs. O vous qui pleurez encore sur votre Patrice ou sur votre Augustin, humbles Moniques de nos villages, ce Patrice, cet époux doit être converti au moins à la dernière heure; cet Augustin, ce fils à qui vous préparez par vos larmes un second baptême, a beau vous désespérer; demandez leur âme à Marie, Marie la demandera à Jésus, car c'est ici que Jésus a dit à Marie : O ma Mère, demandez encore, toujours et jusqu'à la fin : *Pete, mater mea.*

J'ai cité quelques-unes de ces heureuses paroisses qui ont envoyé ici des malades et des malheureux et à qui Notre-Dame du Chêne a rendu des enfants guéris et consolés. Il n'est guère, dans ces vallons et ces montagnes, de prêtre qui ne connaisse des traits édifiants et qui ne puisse les raconter. Amancey, Lods, Doulaise, Myon, Mérey-sous-Montrond, Ornans, Scey, Maizières, toute la vallée de la Loue, tous les plateaux de nos moyennes montagnes, ont, dans les modestes annales de ce pèlerinage, plusieurs pages, plusieurs noms, plusieurs miracles. Ces miracles, je les crois avec ceux qui les sollicitent et qui les obtiennent, avec le témoignage populaire qui les consacre, avec l'attestation authentique et solennelle de la reconnaissance qui les rappelle. L'Ecriture me les garantit déjà, puisqu'elle m'apprend que Jésus encourage Marie à lui faire des demandes; mais vous avez écrit sur tous les murs que ces demandes, présentées par la Mère, étaient toujours agréées par le Fils. Le Fils peut tout accorder, la Mère peut tout obtenir. *Pete, mater mea.*

Que demandez-vous maintenant, ô ma Mère, pour cette France à genoux qui vous implore à si haute voix et qui embrasse en suppliante les autels de votre immense miséricorde ? Vous savez ce qu'il nous faut, demandez-le dans cette octave qui s'achève et qui est véritablement une octave de prières nationales aussi bien que catholiques.

La France, semblable au chêne que vous avez habité, est immortelle. Elle renaît quand on s'y attend le moins ; elle met dans ses rejetons toute la vigueur de leurs pères ; elle repousse avec cette impérissable vitalité qui est le secret de son histoire et qui laisse les nations étrangères étonnées presque en même temps de sa ruine et de sa grandeur. O Notre-Dame du Chêne, ce ne sont pas des lauriers que nous venons rêver pour elle dans ce modeste sanctuaire. Ce peuple robuste et chrétien sur lequel vous étendez votre sceptre protecteur vient chercher à vos pieds les vertus domestiques dont vous êtes la gardienne. Donnez-lui des femmes chastes et fécondes, des enfants dociles et respectueux, des serviteurs fidèles. Attachez-le à ses foyers et rendez-lui chaque jour plus chers sa maison, son champ, ses souvenirs, cet horizon mêlé d'eaux transparentes, de fraîches verdures et de majestueux rochers, où la nature est si belle, la foi si vivace, l'avenir éternel si facile à attendre et à entrevoir. O Notre-Dame du Chêne, vous êtes la mère et la reine de toutes ces paroisses. Voilà vos clients accoutumés, vous connaissez leurs familles, vous aimez leurs offrandes, vous en avez fait dans l'Eglise et dans le diocèse l'héritage choisi de votre Fils. Nous vous demandons quelque chose de plus aujourd'hui. Laissez-nous vous porter, comme une reine, au-dessus de cet horizon formé par nos montagnes et faire appel en faveur de la France et de l'Eglise à votre Cœur immaculé ! Votre rôle s'agrandit dans les circonstances mémorables où nous sommes. Jésus vous regarde, Jésus vous le déclare : demandez, ô ma Mère, car je ne puis repousser votre prière : *neque enim fas est ut avertam faciem tuam*.

III. La miraculeuse statue de Notre-Dame du Chêne a attiré l'attention des sages et des mystiques. Les sages, les mystiques, se demandent en l'examinant quelle en est l'heureuse et symbolique expression. L'enfant qu'elle tient a le monde entre ses bras pour faire voir que tout lui appartient, mais il tend sa main divine pour fixer notre attention sur le cœur de sa mère. « *Demandez, ma Mère*, lui dit-il, *car je ne puis me détourner de ce cœur qui m'aime.* » Il nous dit à nous : C'est par le cœur de ma Mère que vous obtiendrez toutes les grâces. Cette attitude qui n'appartient qu'à Notre-Dame du Chêne, ce cœur qu'elle étale, ce geste de l'enfant divin, tout concourt à faire de la sainte image l'emblème choisi du culte que Marie attend de nous et qui doit, avec le culte de Jésus, sauver Rome et la France au nom de ces deux cœurs.

La dévotion au cœur de Marie est, comme celle du cœur de Jésus, ancienne et nouvelle dans l'Eglise, ancienne par le fond, nouvelle par la forme, chère de tout temps aux âmes d'élite, mais réservée de nos jours à une grande popularité et à une grande gloire pour consoler la vieillesse du monde et pour régénérer la France.

C'est un prêtre français, le P. Eudes, qui a inauguré et propagé cette dévotion il y a deux siècles. L'Eglise va bientôt lui élever des autels, et son apostolat n'en paraîtra que plus glorieux. Contemporain de la bienheureuse Marguerite-Marie, il a fait pour le cœur de sa Mère ce que Marguerite a fait pour le cœur de Jésus. Ce sont deux dévotions et deux apôtres du grand siècle.

C'est un curé français, M. Desgenettes, qui, au sortir de la révolution de 1830, se plaignant à Dieu, dans son église située au centre de Paris, de la solitude du lieu saint et de l'indifférence universelle, entendit distinctement une voix s'élever au fond de son âme pour lui dire : Consacre ta paroisse au saint et immaculé cœur de Marie. Cette paroisse abandonnée est devenue Notre-Dame-des-Victoires ; cette consécration est devenue par la voix du pape Grégoire XVI la consécration de l'univers entier ; cette œuvre modeste est aujourd'hui une archiconfrérie dont les membres se comptent par millions et dont les merveilles se renouvellent partout par la guérison des malades et la conversion des pécheurs.

Enfin, pour mettre le comble à cette dévotion, voici qu'au sortir d'une révolution plus affreuse et plus impie encore que la précédente, après les horreurs et les massacres de la Commune, une église dédiée au cœur immaculé de Marie apparaît comme par enchantement dans nos montagnes et acquiert en quelques années un renom qui dépasse maintenant les limites de la province. Cette église, que possède-t-elle? une statue sans valeur, la plus modeste qui soit au monde, mais signalée par une lumière extraordinaire, révérée d'abord par les petits et les humbles, chère à tout le pays à cause des miracles de miséricorde et d'amour qui l'accréditent. Il fallait, ce semble, un pèlerinage pour honorer et invoquer d'une façon toute particulière le cœur immaculé de Marie. Ce pèlerinage nouveau, mais nécessaire, c'est notre religieuse Franche-Comté qui l'a obtenu, c'est la vallée de la Loue qui le possède, c'est Notre-Dame du Chêne qui en devient le titre et le vocable. Non, je ne me lasserai pas d'admirer ni de dire avec quelle miséricordieuse prévenance et quelle maternelle tendresse Marie nous a traités en choisissant ici le théâtre de ses grâces. Elle a voulu, comme font les mères, non pas commander, s'imposer, exercer l'autorité avec rigueur, mais s'insinuer doucement, disparaître, puis revenir, s'accréditer peu à peu à force de bienfaits, nous obliger tous à croire, à confesser, à proclamer hautement qu'elle est ici avec toute la beauté de son cœur et toute l'étendue de sa puissance. Ainsi, l'objet propre de ce pèlerinage se précise, s'accentue et prend, à la longue, un caractère déterminé. Ce progrès est en raison directe des besoins de l'Eglise et de la France. La lumière communiquée à une pauvre enfant et à quelques paysans se développe, monte à l'horizon, remplit tous les esprits et tous les cœurs. Marie a employé soixante-dix ans à persuader, de proche en proche, tantôt par des guérisons, tantôt par des grâces spirituelles, qu'elle voulait ici, pour son cœur immaculé, un culte, une église, un chapelain. On disait avec une certaine appréhension en voyant bâtir cette église : « Quelle téméraire entreprise ! Ce monument ne s'achèvera pas. » Eh bien ! le voilà debout et il est achevé !!! On disait encore : « Quel isolement pour ce chapelain ! » Eh bien ! son tribunal est le plus fréquenté de tout le pays. « Point de ressources et beaucoup de dangers, murmurait-on, c'est un désert au coin d'un bois. » Eh bien ! voyez, quel démenti ! quelle foule, quel pèlerinage ! Ce pèlerinage est le plus nouveau de toute la province, et il se place du premier coup parmi les plus populaires. Le désert fleurit, des chemins nouveaux se tracent dans les bois, une source abondante et pure coule aux pieds de Marie entre les arbres et les fleurs, c'est le mouvement et la vie des grands sanctuaires. Et tout ce mouvement se fait autour d'une humble statue qui nous présente un cœur à peine formé, mais Jésus le montre, notre piété le voit, notre espérance l'acclame, mille prodiges le recommandent, c'est le cœur de Marie. Là où les yeux hésitent encore, la foi n'hésite plus. Peut-on hésiter ? Familles chrétiennes, paroisses fidèles, vous tous qui avez entendu parler de Notre-Dame du Chêne, vous tous qui avez reçu ses bienfaits, vous n'hésitez pas, vous avez reconnu le cœur de Marie. C'est ce cœur qui battait sous l'écorce du chêne jusqu'au jour où il l'a rompue pour éclater dans une lumineuse apparition. C'est ce cœur qui se révèle en temps opportun pour battre plus haut encore, jusqu'à ce qu'il obtienne la gloire de l'Eglise et le salut de la France. Il l'obtiendra, car le cœur de Jésus dit au cœur de Marie : *Pete, Mater mea* ; demandez, ô ma Mère. Il l'obtiendra, car Jésus déclare qu'il ne saurait se détourner de ce cœur suppliant et victorieux : *Neque enim fas est ut avertam faciem tuam.*

Voilà pourquoi nous allons de Jésus à Marie, du cœur du Fils au cœur de la Mère, de Paray-le-Monial à Notre-Dame du Chêne.

Nous avons recueilli à Paray les plaintes, les demandes, les promesses de Jésus, nous avons étalé devant lui toute l'étendue de nos misères ; nous avons pressé, sollicité, imploré l'infinie bonté en faveur de l'Eglise en pleurs et de la France repentante. Nous complétons aujourd'hui notre pèlerinage. Notre-Dame du Chêne nous ouvre son cœur immaculé. Il nous semble qu'après avoir adoré le cœur du Fils, nous pouvons, en vénérant le cœur de la Mère, demander même ce que nous n'avons pas encore obtenu, obtenir même ce que nos égarements et nos fautes nous rendraient indignes de jamais obtenir. O cœur immaculé de Marie, c'est donc pour notre siècle, c'est donc pour notre patrie que vous avez gardé vos trésors et réservé vos plus intimes tendresses. Jésus vous le demande, cette statue l'atteste. Cœur immaculé de Marie, priez pour nous ! Prenez nos noms, gardez-les, faites-nous à tous et à chacun de nous une place chaque jour plus grande et plus profonde dans cet inviolable asile.

Il y a à la tête de nos litanies des noms augustes et chers que nous ne cesserons de vous répéter.

C'est le nom de Pie IX, par qui nous commençons toutes nos supplications et par qui nous finissons toutes nos actions de grâces.... Hâtez le jour de son triomphe et faites éclater, par de nouveaux prodiges, l'infaillible autorité dont votre Fils l'a revêtu.

C'est le nom de notre premier pasteur, que tant de pèlerinages accomplis dans son diocèse remplissent d'une sainte joie, et qui, ayant béni cette église et couvert de sa pourpre cette dévotion naissante, remercie tous les jours Notre-Dame du Chêne des grâces obtenues par son intercession.

C'est le nom de la France, et sous ce nom nous voulons entendre sa gloire, ses intérêts, ses espérances, tout son passé, pour que vous y effaciez, sous l'impression de nos larmes, les fautes qu'elle a commises, tout son avenir pour que vous la rendiez digne d'elle-même, de ses grandeurs et de ses traditions.

Après ces trois grands noms, en qui se résument pour nous l'Eglise, le diocèse, la patrie, que Notre-Dame du Chêne nous fasse, pour nous-mêmes, pèlerins de son sanctuaire, une place dans son cœur, et ne nous permette jamais de la quitter ni de la perdre. Je lui présente ici toutes les familles. Qu'elle les bénisse, et que cette bénédiction s'étende du père au fils, de la mère à la fille, du vieillard à l'enfant, qu'elle demeure et qu'elle repose sur toutes les têtes ! Que les vieillards qui ont courbé aujourd'hui leur tête blanchie devant ces autels achèvent en paix le pèlerinage de leur vie ! Que les hommes mûrs qui sont venus à la tête de leurs familles s'en retournent, plus mûrs encore, aux devoirs de la vie civile et religieuse, et sentent en eux-mêmes un esprit plus éclairé et un cœur plus affermi ! Que les enfants qui ont fait ici leurs premières dévotions s'en souviennent jus-

qu'aux dernières années de leur longue carrière!
Ils sont l'espoir du siècle futur; puissent-ils en devenir l'honneur, et que ce siècle, plus heureux que le nôtre, fasse déborder sur tout le diocèse de Besançon, sur toute la Comté, sur toute la France, sur toute l'Eglise, les miséricordes infinies du Sacré Cœur de Jésus sollicitées et obtenues, aux pieds de Notre-Dame du Chêne, par les tendresses chaque jour plus efficaces du cœur immaculé de Marie.

Ainsi soit-il.

NOTRE-DAME DU HAUT.

DE GRAY A RONCHAMP.

RÉCIT D'UN PÈLERIN.

Il est trois heures du matin. La lune éclaire de sa blanche lumière la ville de Gray, la Saône, la gare, toute la campagne. Les pieux pèlerins arrivent par groupes ; ils sont au nombre de trois cents. A l'heure dite, grâce à la complaisance attentive des employés du chemin de fer, le train s'ébranle. Les parents et les amis, échelonnés le long de la voie, saluent d'un dernier adieu et d'un dernier vœu les voyageurs. La silhouette du clocher de Notre-Dame de Gray se découpe dans le ciel, la tour massive du vieux château ressemble à une sentinelle, on oublie la tour féodale pour invoquer l'*Etoile du matin*. La vapeur nous emporte, nous passons non loin du donjon de Beaujeu, voilé par les brouillards de la nuit, mais que de jour on aperçoit de tous les points de la vallée et à qui l'on pourrait appliquer la devise : *A tout venant, Beaujeu*. La brume s'étend comme une nappe d'argent sur les prairies, nous sommes entourés d'un lac que dépassent, en îlots nombreux, les têtes des vieux saules. On chante le cantique au Sacré Cœur, devenu si populaire, et c'est à ces accents si entraînants que l'on reçoit aux gares d'arrêt les nouvelles troupes de pèlerins. Autet, Fresne-Saint-Mamès, doublent notre nombre. Les lueurs de l'aurore nous font apercevoir le château de Ray sur sa colline boisée et le faîte de la chapelle de Sainte-Reine, où dorment, sous leur haubert sculpté, de vieux chevaliers.

Voici Vesoul et sa montagne, semblable à une immense pyramide verte, et qui porte à son sommet, dans un édicule à jour, la statue de Notre-Dame de la Motte. Les chants ne cessent point; Lure entend ces refrains et s'y mêle à son tour, et bientôt, à la vue de Notre-Dame de Ronchamp, qui apparaît sur un des premiers contreforts des Vosges, ces paroles retentissent :

> Mère de Dieu, cette foule empressée
> Qui chante, prie et t'implore à genoux,
> Ce sont tes fils, c'est la France blessée ;
> Du Ciel, ô Mère, apaise le courroux.
>   Douce espérance,
>   Reine du ciel,
>   Sauve Rome et la France
>   Par ton cœur maternel.

L'animation est grande déjà aux alentours de la gare ; des centaines de voitures encombrent les abords du bourg, quarante bannières se déploient, et tandis que des milliers de pèlerins gravissent déjà par les chemins et les sentiers de grès rouge, au milieu des genêts, les pentes de la sainte montagne, les douze cents riverains de la Saône se rendent à l'église, dont la flèche d'ardoise apparaît au milieu des arbres verts. Les rues sont encombrées, mais la foule s'écarte avec calme. Le temple s'ouvre devant nous, et c'est de ce parvis magnifique que l'on se rend, bannières déployées, au sanctuaire de Notre-Dame du Haut. Les chants, les prières, tout se mêle dans une douce harmonie ; les puits des houillères lancent leurs panaches de fumée, les ballons des Vosges montrent bientôt leur coupole arrondie, nous approchons, voici le sanctuaire béni : une foule immense l'entoure ; nous y pénétrons cependant avec nos bannières.

Notre-Dame du Haut, que ne vous disons-nous pas !

Du milieu de la multitude houleuse et cependant recueillie, on voit bientôt arriver par les circuits du grand chemin le cortége épiscopal, le clergé suivi d'une foule nouvelle qui se rend à la chapelle pour la messe. L'habit rouge des suisses éclate comme des coquelicots dans les champs de blé. Voici

Mgr de Montauban, mitre en tête et crosse à la main ; M. Ruckstuhl, vicaire général de Besançon, l'accompagne. Quatre chanoines honoraires dont les noms sont chers à la province entourent Sa Grandeur : M. le curé de Gray, MM. les curés de Notre-Dame, de Saint-Maurice de Besançon, M. Boissy, curé de Montbozon ; tous sont revêtus du camail d'honneur, la croix d'or brille sur leur poitrine, et M. l'abbé Besson, M. Vitot, M. Nicod, M. Lémontey, chanoines de notre métropole, M. Baud, protonotaire apostolique, ajoutent encore à tout cet éclat ; des centaines de prêtres en surplis viennent à la suite et sont suivis à leur tour d'un flot de fidèles dont le nombre ne saurait être facilement apprécié.

Aux flancs de la chapelle neuve, du côté de nos frontières, hélas ! si rapprochées aujourd'hui, se dresse un autel entouré de draperies flottantes qui se soulèvent et retombent au gré du vent. C'est là, devant plus de trente mille pèlerins, que Mgr de Montauban officie pontificalement et offre le saint sacrifice.

Jetez vos accents de supplication et de foi aux échos des Vosges, chants si magnifiques de l'Eglise ! Le *Kyrie* retentit, le *Credo* lui succède, l'hostie sainte s'élève entre le ciel et la terre, la foule s'incline, et voici qu'un chant nouveau se fait entendre :

> Dieu qui jadis a fait par la victoire
> Sur notre France éclater tant de gloire,
> Qui des fléaux détournant l'onde noire,
> Tins notre sol par ta main abrité,
> Devant l'autel où notre douleur prie,
> Vois prosterné tout ce peuple qui crie :
> « Rends-nous, Seigneur, rends-nous notre patrie,
> » Notre patrie et notre liberté ! »

On pressent bien qu'à ces accents et à d'autres semblables, des larmes s'échappaient de tous les yeux. « O larmes, dit un saint et un poëte (1), vous avez la force et la grâce ; à vous

---

(1) Jacopone de Todi, auteur du *Stabat*.

appartient le pouvoir ; vous vous en allez seules devant le juge, et nulle crainte ne vous arrête en chemin ! »

Tandis que ce grand spectacle était offert au dehors, l'intérieur des deux chapelles (1) était témoin de scènes non moins touchantes. Plusieurs autels provisoires avaient été élevés, et le saint sacrifice, les communions, ne discontinuaient pas. La sainte montagne est un Calvaire, mais en même temps un Thabor glorieux.

Après la messe, la procession se met en marche pour regagner Ronchamp. La statue antique, recouverte de soie rouge, est descendue de son piédestal et portée en triomphe. Deux députés, M. Keller et M. d'Andelarre, le colonel Rebillot, M. de Saint-Mauris, chef du comité du pèlerinage, entourent l'image vénérée. Le chemin devient véritablement une voie triomphale. Jamais reine ne fut tant acclamée, aucune mère n'entendit tant de vœux.

A deux heures, le cortége magnifique gravit de nouveau la montagne, et, arrivées au sommet, les bannières se groupent autour de l'estrade. Comment les décrire ou même les nommer ? Celles d'Alsace.... ah ! toujours l'Alsace, toujours le deuil à côté de la joie ! N'est-ce pas ce qui se passe du reste dans notre propre cœur ? Les bannières de cette chère province sont auprès de l'autel. N'est-ce point là qu'elles doivent s'abriter pour se cacher sous les replis des tentures ? Non, montrez-vous, faites flotter vos replis au souffle de la patrie, blanche oriflamme entourée d'un crêpe de deuil ; montrez votre devise : *Alsatia mœrens* ; élevez-vous à côté de votre sœur, noire bannière ; que chacun sache à qui vous avez recours et lise au-dessous de *l'ancre d'espérance* cette touchante supplication : *Libera nos, Domine !* Faites cortége à ces étendards, bannières franc-comtoises : les mains qui vous portent se joignent dans les mêmes prières et les mêmes espérances. Toutes frissonnent au vent. Celle de Gray loue Marie d'avoir sauvé la ville de trois fléaux ; Besançon porte

---

(1) Voir *Notice sur Notre-Dame du Haut*, par M. Verdot. — Librairie Turbergue, à Besançon.

fièrement son aigle et le monogramme de Notre-Dame du Haut ; M. de Saint-Mauris est abrité sous des replis qui tour à tour découvrent ou cachent une fière et antique devise : *De la mort je me ris.* Les Raincourt, les de Grammont, les de Scey, les de Buyer, ont leurs bannières, qui marient leurs couleurs à celles de Chatenois, de Blamont, Lure, Luxeuil, Russey, Rougemont. Toute la Franche-Comté est là ; voici la plaine et la montagne : Soing, Autrey, Villersexel, Saint-Germain, Noroy-l'Archevêque, Montbozon, Champagney, la Chaudeau, Raddon, Aillevillers, l'Isle-sur-le-Doubs, Fougerolles. Il y en a qui rappellent d'autres sanctuaires : Vesoul, Echenoz, Béthanie. Combien sont oubliées ! Plancher-Bas porte un emblème et une prière : *Sauvez Rome et la France !* Sur toutes des emblèmes de foi, d'amour et d'espérance : ici un cœur enflammé, là une rose d'or, plus loin l'image de Marie. Oh ! que de pensées, que de prières rappellent ces images, ces devises, ces couleurs !

Mais, pendant que nous voudrions tout nommer, le temps fuit, la bénédiction des bannières est terminée, et déjà la voix de l'orateur se fait entendre.

Comment peindre son discours ? La scène était belle, majestueuse ; nous étions en Franche-Comté. On n'analyse pas l'éloquence, on la sent, on est enlevé. Jamais M. Besson ne toucha davantage. Développant un texte de saint Paul, il montra que si les pèlerinages passent pour une folie aux yeux des méchants, ils font voir la force et la sagesse de Dieu. La voix de l'orateur était émue, sa parole fut entraînante : l'histoire du pèlerinage, la vie d'un saint prêtre, de M. Vauchot, qui se dévoua à ce sanctuaire, furent rapidement déroulées ; puis il montra la force de Dieu dans ces foules qui, en plein XIXe siècle, accourent de toutes parts aux sanctuaires, foulant aux pieds le respect humain. — La sagesse de Dieu n'éclate pas moins. — Depuis un an se renouvelle chaque jour cette grande manifestation de la foi, et pas un cri discordant ne se fait entendre. Nous voici ; l'intérêt, la vanité, le plaisir, n'ont pas trouvé une place dans les chars de feu. — Ici se trouve la nation de Clovis, ici se montrent deux provinces, deux nations, que dis-je, deux sœurs qui ont la même pensée, la même prière. Oh! c'est ici que vous trouverez le courage, la force, la revanche. — Se tournant alors vers la bannière de l'Alsace : « Un jour, dit-il, ce crêpe tombera par la force de la prière et de la vertu. La France revient à Dieu ; Alsace, vous nous reviendrez! » — A ces mots la foule ne se contint point, et les acclamations, les cris de *Vive l'Alsace!* retentirent au loin. Dans un tableau saisissant, l'orateur réunit le souvenir de tous les pèlerinages fameux ; il peignit la grande manifestation faite naguère à Paray-le-Monial par les Anglais.... France, dit-il, tu vois bien que l'on t'imite ; tu seras sauvée! — La gloire de notre siècle, l'immortel Pie IX, ne fut point oublié, et c'est en répondant aux vœux exprimés pour ce pilote qui conduit la barque de l'Eglise au milieu des tempêtes, que mille acclamations se firent entendre de nouveau.

Qui mieux que Dieu peut bénir de telles espérances et de tels vœux? Après le *Magnificat*, la bénédiction du saint Sacrement couronne la cérémonie, et la foule se disperse sur la montagne, attendant le moment du départ. Cependant un grand nombre de pèlerins se précipitent sur l'estrade pour serrer dans leurs bras la bannière de l'Alsace. Chacun d'eux voudrait avoir une parcelle du crêpe noir qui l'entoure. Celui qui la porte comprend ce désir et découpe en mille morceaux ce signe de deuil. Il comprenait que partager la douleur c'était aussi l'adoucir.

Nous souffrirons ensemble et nous souffrirons moins.

Les beaux jours finissent, hélas! plus rapidement encore que les mauvais. Voici le soir, les bois s'assombrissent, le ballon d'Alsace disparaît dans la brume, les derniers pèlerins redescendent la colline. Ils doivent bien une visite à l'église de Ronchamp. Quelle magnificence ! Sous les voûtes hardies apparaît, comme une véritable vision, le maître-autel aux colonnettes légères, aux statues blanches et gracieuses ; l'abside étale ses longues fenêtres aux mille couleurs. C'est la paix, la prière, la splendeur. On peut dire : Heureux le pasteur qui, comme Salomon, a vu s'élever ce temple magnifique ! C'est la récompense de son zèle pour le sanctuaire de la montagne voisine ! — L'heure dernière est venue, l'heure des adieux. Nous rencontrons un groupe d'Alsaciens : « Où reportez-vous vos pas? — Hélas ! répond un vieillard, je retourne dans notre pauvre Alsace ; mais j'en crois à mon pressentiment et j'ai confiance en Notre-Dame du Haut : si dans quelque temps vous me dites encore : Où allez-vous? je vous répondrai : En France. »

Playse à Dieu !

L'abbé H. RIGNY.

SERMON

PRÊCHÉ

DANS LE PÈLERINAGE DE NOTRE-DAME DU HAUT,

LE 8 SEPTEMBRE 1873.

Judæis quidem scandalum, gentibus autem stultitiam, ipsis autem vocatis Dei virtutem, Dei sapientiam.

Scandale pour les juifs, folie pour les gentils, mais c'est pour ceux qui sont appelés la force et la sagesse de Dieu lui-même. *(I Cor.,* I, 23.)

MONSEIGNEUR (1),

En vous souhaitant la bienvenue au nom du clergé du diocèse de Besançon, dont vous faites la gloire, et de ces fidèles que votre parole a si dignement évangélisés dans nos missions, permettez-moi de vous citer un trait qui ira droit à votre cœur. Mgr Doney, votre prédécesseur sur le siége de Montauban, ce prélat dont vous avez si bien mérité toute la bienveillance qu'il vous a, pour

---

(1) Mgr Légain, évêque de Montauban.

ainsi dire, élu lui-même pour continuer son ministère, s'était mis en route pour faire, à la veille du dernier concile, malgré l'âge et la maladie, son quatrième et dernier voyage au tombeau des saints apôtres. Avec son esprit vif et pénétrant, son regard profond et cette philosophie toute chrétienne dont il a donné le précepte et l'exemple, il disait en approchant de la ville sainte : « Nos pères venaient ici en pèlerins ; les temps sont bien changés ; mais qui sait si on ne reverra pas un jour les pèlerinages? » Il y a quatre ans à peine qu'il exprimait ainsi ses espérances. Eh bien ! les pèlerinages sont revenus, les anges et les saints y applaudissent du haut du ciel, et la terre est dans l'admiration ou dans la stupeur. Mais comme le grand prélat qui en pressentait le retour doit jouir auprès de Dieu du spectacle offert par cette assemblée sainte, en vous voyant revenir dans sa chère Comté et présider, la mitre en tête, la crosse à la main, le pèlerinage de Ronchamp, au milieu de cinq cents prêtres et de trente mille fidèles ! L'impiété en frémit : c'est un scandale. Le monde hausse les épaules et éclate de rire : c'est une folie. Mais pour nous, c'est un de ces traits qui font le mieux ressortir la force et la sagesse de Dieu même, et jamais le texte de saint Paul, qui caractérise si bien tout le christianisme, n'a trouvé une application particulière plus sensible et plus merveilleuse. Ecoutez-moi, je ne fais qu'interpréter vos sentiments et justifier votre démarche. Pèlerins de Notre-Dame du Haut, vous venez confesser ici la force du Dieu qui vous amène : *Dei virtutem*, et la sagesse du Dieu qui vous inspire : *Dei sapientiam*.

I. Il y a plus de seize siècles que Jésus-Christ a commencé de combattre dans ces lieux la puissance par la faiblesse et de triompher, au grand scandale de l'impiété, avec deux objets misérables, la croix de son supplice et l'image de sa Mère. Cette croix, il l'a donnée à saint Martin pour la promener par toutes les Gaules et la planter jusque sur ces hauteurs, témoin l'église que saint Desle trouva à Lure, et la vieille chapelle de Faucogney, dédiées toutes deux à l'illustre évêque de Tours, en mémoire de son apostolat. Cette image de Marie, la voilà telle qu'elle a été connue et vénérée de toute antiquité sur la montagne de Ronchamp. Humble statue, qui, dans sa faiblesse, a renversé et mis en poudre les dernières idoles, on l'appelle, de temps immémorial, Notre-Dame du Haut. C'est sous ce vocable populaire qu'on vient la saluer après les invasions des barbares, car les barbares ont reconnu sa puissance ; après les croisades, car les croisés ont invoqué et éprouvé son crédit. L'architecture gothique prête ses formes les plus gracieuses pour lui bâtir un sanctuaire. Là, plus la sainte image tombe de vétusté, plus son autorité s'accroît encore. Les peuples se succèdent, les langues se forment, la face de cette terre se renouvelle; seule Notre-Dame du Haut garde son nom; seule, dans le déclin ou le rajeunissement de toute chose, elle voit grandir son domaine et augmenter le nombre de ses clients. Quand l'impiété de Luther déborde comme un torrent entre Lure et Belfort, qui marquera enfin le terme de ses ravages? Notre-Dame du Haut. Quand la Révolution, plus furieuse encore que l'hérésie, ferme toutes les églises et laisse pendant dix ans cette vaste contrée sans culte public, quel est le sanctuaire qui n'a jamais été ni fermé, ni pillé, ni profané? Le sanctuaire de Notre-Dame du Haut. Ici, quand la messe est proscrite, on la célèbre publiquement encore. Le prêtre y garde un droit d'asile pendant toute la Révolution, les époux y faisaient bénir leur mariage, les nouveau-nés y recevaient l'eau du baptême, et jamais la violence n'a troublé ces exercices chrétiens. C'était comme les catacombes du premier âge, mais des catacombes où la religion, au lieu d'être ensevelie, étalait au grand soleil la pompe de ses fêtes et jetait aux échos de toutes les montagnes les prières du peuple fidèle. C'est Notre-Dame du Haut qui a fait ce miracle. Habitants de Ronchamp, ce sont vos pères qui l'ont mérité en rachetant ce monument si cher à leur foi; la superbe synagogue s'en scandalisait, mais il a fallu le souffrir ou l'admirer. Dieu faisait éclater ici la puissance de son bras dans la faiblesse de ses enfants. Dieu avait dit au flot de l'impiété débordée, comme aux flots de la mer en courroux : *Tu viendras jusqu'ici, tu n'iras pas plus loin* (1).

Il y a trente ans, un pauvre prêtre dont il est bien permis de prononcer le nom devant ces autels, car toute la postérité s'en souviendra aussi bien que du généreux pasteur de cette paroisse, M. l'abbé Vauchot, a entrepris d'agrandir le sanctuaire et de restaurer le pèlerinage de Notre-Dame du Haut. Jamais faiblesse humaine n'avait paru plus grande, jamais la force d'en haut n'éclatera davantage. M. l'abbé Vauchot n'avait ni le don ni l'art de la parole ; il ignorait la science ; son âge déjà avancé lui commandait le repos ; n'importe, il se fait pèlerin quand personne ne songe aux pèlerinages ; architecte sans avoir manié jamais ni l'équerre ni le crayon ; écrivain sans pouvoir tenir une plume ; il quête, il bâtit, il mendie, il écrit dans l'intérêt de Notre-Dame du Haut ; sa bourse se remplit dans toute la province et vient se vider pendant quinze ans dans le trésor de cette chapelle ; ses livres se vendent à rendre les savants jaloux de leur prodigieux succès ; l'ancien sanctuaire est restauré, le nouveau s'achève ; et quand le vieux prêtre, qui s'appelait tantôt le chapelain, tantôt l'architecte, mais toujours le pèlerin, le serviteur et l'esclave de

(1) *Job.*, xxxviii, 11.

Marie, touche au terme de ses vœux, après quinze ans d'ennuis autant que de travaux, la maladie l'atteint, la mort le frappe à l'hospice de Vesoul ; il meurt dans le lit du pauvre, il est enseveli dans le linceul de la charité ; il tombe, mais le sanctuaire est debout ; la première messe qui s'y célèbre est une messe pour le repos de son âme, et le premier sépulcre qu'on y creuse est destiné à recevoir sa dépouille mortelle. Quelle faiblesse ! mais quelle puissance ! O mon vieil ami, pardonnez-moi d'éveiller ici vos cendres à peine refroidies ; non, ce n'est pas à vous que j'attribue la gloire de ce monument ; c'est à Marie que je la rapporte ; vous avez été souvent dans le monde un sujet de raillerie, on a tourné en ridicule votre faiblesse et votre entreprise, on en a entravé le dessein et prédit la chute ; vous seul aviez confiance ; cette confiance faisait des miracles, et le miracle est sous nos yeux. Plus l'instrument est faible, plus le miracle est grand : c'est la vertu de Dieu même : *Dei virtutem !*

Mais voici un miracle plus grand encore ; ce miracle, c'est Dieu qui l'opère par sa grâce, mais c'est vous-mêmes qui y coopérez par votre liberté. Gênes la superbe avait été forcée d'envoyer son doge saluer Louis XIV au milieu des splendeurs de Versailles. Le grand roi lui demanda ce qu'il y trouvait de plus merveilleux : « C'est de m'y voir, » répondit le Génois. Cette réponse d'une fierté si noble n'est-elle pas faite pour être à présent, sur les lèvres du monde surpris, un cri d'étonnement, sur les nôtres un cri de foi et de repentir? Oui, le miracle de cette année mémorable, c'est le nombre, l'éclat et la piété des pèlerinages ; le miracle de cette contrée, c'est de vous voir trente mille à Ronchamp, pour chanter, pour prier, pour communier, pour obtenir, à force de prières et de communions, la délivrance de notre saint-père le pape, la gloire de l'Eglise et le salut de la France. O Notre-Dame du Haut, votre bras n'est donc pas raccourci, puisqu'il a pu attirer tant de pèlerins ; votre intercession est donc plus puissante que jamais, puisque deux provinces, disons mieux, deux nations, disons mieux encore, deux sœurs, l'Alsace et la Franche-Comté, viennent l'invoquer ensemble ! Ah ! quelle confiance me donne ce spectacle ! Que ce miracle est inattendu, mais qu'il est touchant, magnifique, persévérant ! Que d'élus qui comprennent et qui avouent qu'ici est la force et la vertu de Dieu : *ipsis autem vocatis !* Vous avez partagé longtemps les préjugés de votre siècle, mais vous voilà sortis, par un magnanime effort, des superbes synagogues où l'opinion qui fait loi vous tenait emprisonnés. Vous avez rompu avec l'orgueil, foulé aux pieds le respect humain, pris une bannière, chanté un cantique, déroulé dans vos doigts les grains d'un rosaire, placé sur votre poitrine la croix du Sacré Cœur, et c'est avec cette croix de laine, ce chapelet grossier, ce naïf cantique, cette bannière d'église, que vous voulez sauver la France en vous sauvant vous-mêmes. Ah ! quel miracle que d'y penser, quel miracle que de le faire, quel miracle trois fois plus grand de le faire encore, de le faire toujours ! Et en le faisant, vos esprits s'éclairent, vos cœurs se laissent toucher, vous changez à vue d'œil de sentiments et de résolution ; en vous convertissant, vous convertissez la France avec vous, il se fait d'un bout de la France à l'autre comme un miraculeux changement, dont elle n'a pas encore une conscience bien nette, mais qui se trahit de toutes parts et qui éclate en mille façons. La vieille idole de la révolution est abandonnée, les synagogues de l'erreur ne compteront bientôt plus que les débauchés, les dupes et ceux qui sont marqués du signe de la bête. Vous qui hésitez encore et qui demandiez des miracles au christianisme, ouvrez les yeux, regardez, voilà le miracle, ce miracle c'est vous-mêmes. Vous qui attendiez des signes extraordinaires au ciel et sur la terre, et dont la simplicité était abusée par de fausses prophéties, ouvrez les yeux, regardez, voilà le miracle, ce miracle c'est vous-mêmes. O Notre-Dame du Haut, soyez mille et mille fois bénie ! Ce miracle de conversion, c'est vous qui l'avez sollicité et obtenu pour cette province et pour ce diocèse. Merci, ma Mère, merci ! nous savons maintenant plus que jamais que Dieu vous a remis l'exercice de sa puissance : *Dei virtutem !*

II. J'achève l'explication de mon texte. Ce n'est pas seulement la force de Dieu qui éclate dans ce pèlerinage, c'est encore sa sagesse : *Dei sapientiam.*

Que le monde nous compte, s'il le veut, parmi les fous comme parmi les simples. Là où il voit la folie, nous nous obstinons à voir la sagesse, et cette sagesse, nous ne nous bornons pas à la voir, mais nous entendons la pratiquer. Malades, il nous faut un remède. Chrétiens, il nous faut des vertus. Français, il nous faut une revanche. Prendre un remède héroïque, pratiquer des vertus nouvelles, préparer la revanche à force de travail et d'honneur, voilà la sagesse de notre pèlerinage.

La sagesse pour un malade, c'est de chercher le plus habile médecin et de demander le remède le plus efficace. Voilà pourquoi nous sommes rassemblés aux genoux de Notre-Dame du Haut. Ici est le médecin, ici est le remède. Notre-Dame du Haut a brisé les fers d'un chrétien captif chez les infidèles, elle brisera les liens indignes qui courbent encore notre tête et notre cœur sous le joug du péché. Notre-Dame du Haut a rendu à un paralytique l'usage subit de ses membres, elle rendra à nos âmes la lumière, la force et le courage. Notre-Dame du Haut a apaisé les accès d'une frénésie contre lesquels toutes les ressources de l'art avaient échoué, elle apaisera dans la société française ce démon révolutionnaire qui l'obsède encore. Notre-Dame du Haut a obtenu pour un enfant mort-né un miracle de résurrection, l'enfant a recouvré la vie devant cet autel, l'enfant a vécu quatre jours, l'enfant a reçu la grâce du baptême. Ah ! divine Mère, rappelez à la vie, ressuscitez à la grâce tant d'âmes que nous mettons, toutes baignées de nos prières et de nos larmes, au pied de votre miraculeuse image. Amis, parents, ennemis, persécuteurs, tous ceux qui vous ignorent, qui vous méprisent et qui vous raillent, nous vous les recommandons : vous seule, ô Marie, pouvez leur rendre la raison aussi bien que la foi. Vous êtes le médecin, prenez pitié d'eux ; vous avez le remède, appliquez-le à leur âme ; toute notre politique, c'est de prier pour nous ; toute notre vengeance, c'est de prier pour eux ; toute notre sagesse est de connaître le médecin, d'y courir, d'y amener les autres, de l'imposer, par la prière, à ceux qui n'en veulent plus, jusqu'à ce que le monde renonce à ses folies pour embrasser les nôtres, c'est-à-dire la dévotion au Sacré Cœur, le culte de Marie, et la pratique des pèlerinages : voilà comment le xix° siècle, qui a commencé par les folies de l'homme, s'achèvera dans la sagesse de Dieu : *Dei sapientiam.*

La sagesse pour un pèlerin, c'est d'entreprendre sa conversion et de solliciter celle des autres avec un esprit vraiment chrétien et un cœur vraiment contrit. Eh bien ! depuis un an que durent ces belles manifestations religieuses, a-t-on signalé un désordre, entendu un cri discordant, trouvé le moindre prétexte à la critique ? Le démon a-t-il pu se glisser dans un coin parmi ces pèlerins qui se pressent nuit et jour dans nos chars de feu ou qui descendent en bandes si serrées du haut de vos montagnes ? Ces cent mille âmes, tant de fois rassemblées, et sur des points si différents, ont-elles eu une seule pensée coupable, un seul désir profane ? Non, l'intérêt, la volupté, l'orgueil, n'ont pas obtenu la moindre satisfaction ; la curiosité est devenue pieuse, l'incrédulité s'est sentie remuée, touchée, confondue, et la France offre le spectacle, unique dans l'histoire, d'un mouvement qu'aucun désordre n'a troublé malgré la foule, qu'aucun excès n'a souillé malgré la faiblesse humaine, et qui, venant de Dieu, remonte à lui tout entier, en mêlant aux cris éplorés du repentir les chants de l'espérance patriotique et chrétienne. Appelez cela de la folie ; l'histoire, j'en réponds, l'appellera de la sagesse, et dira que c'est la sagesse de Dieu même : *Dei sapientiam.*

La sagesse pour un fils, c'est de reprendre, quand il l'a perdue, la tradition de ses pères et de marcher après eux dans le sentier de l'expérience ; pour une nation chrétienne, c'est de professer hautement sa foi ; pour la France, c'est de prier comme Clovis à Tolbiac, comme Philippe-Auguste à Bouvines, comme saint Louis à Taillebourg ; pour la Franche-Comté et l'Alsace, c'est de venir mettre en commun aux pieds de Notre-Dame du Haut leurs douleurs, leurs épreuves et leurs consolations, et d'implorer, comme faisaient nos pères, cette Vierge miraculeuse, commune gardienne de deux provinces voisines et amies. Voilà pourquoi leurs bannières mêlent aujourd'hui leurs armes et leurs couleurs. Provinces voisines et amies, non, je ne vous désunirai pas dans l'expression de mes vœux. La guerre a eu ses cruautés et la politique ses rigueurs, mais le cœur continue ses protestations, la fortune des armes aura ses retours, Dieu a ses secrets. Qu'ils dorment leur sommeil sous la garde de Notre-Dame du Haut, ces héros de Villersexel, si grands dans la victoire; ces héros d'Héricourt, plus grands encore dans la défaite! Nous en jurons par leur mémoire, cette Alsace déchirée ne nous en est que plus chère, et ce lambeau qui nous en reste la représente tout entière à nos yeux : c'est le souvenir, mais c'est aussi l'espérance. O Notre-Dame du Haut, regardez cette bannière ! Le Français qui la porte sait que l'Alsace ne peut être rachetée qu'à force de vertus, et que le salut ou la délivrance des nations est le prix de la sagesse. Enfants de l'Alsace et de la Franche-Comté, en avant sous cette bannière voilée qui parle si éloquemment du devoir! Ce crêpe se déchirera un jour, mais ce n'est pas par l'épée, c'est par la vertu. Il faut, pour l'arracher, les vaillantes mains d'une génération qui croie, qui prie, qui se repente et qui se régénère. Ne vous y trompez pas, l'action est déjà commencée, l'Allemagne et la France en sont déjà venues aux mains; la France se repent, l'Allemagne s'égare. La victoire demeurera aux pèlerinages, et ce jour fera éclater la sagesse et la miséricorde de Dieu sur les nations : *Dei sapientiam.*

Ce n'est plus de nos chères provinces que je parle, c'est de toute la France, car la France entière est aujourd'hui en pèlerinage. Quel concours ! Quelle prière ! Quelle manifestation unanime ! Les pèlerins du 8 septembre 1873 forment autour de nos frontières comme un cercle immense qui enveloppe et qui baigne tout le pays dans une atmosphère de pénitence, de larmes et de supplications. Pas un fleuve, pas une montagne, pas une province, n'échappera à cette contagion sainte. Le Jura et les Vosges sont aux pieds de Notre-Dame du Haut; les Alpes tressaillent de joie aux accents des troupes qui montent à Fourvière et à la Salette; les Pyrénées semblent comme illuminées jusqu'à leurs plus hautes cimes des splendeurs qui éclatent dans la grotte de Lourdes; la Méditerranée n'a qu'un faible murmure auprès de ces cantiques qui retentissent à Marseille sur le chemin de Notre-Dame de la Garde, et l'Océan, qui se joue sur les côtes de la Normandie et de la Bretagne, ne rencontre sur toutes les plages que des pèlerins qui reviennent de la Délivrande ou qui s'apprêtent à gravir le mont Saint-Michel. Mais l'Océan s'étonne encore bien davantage. Il a vu flotter au mât d'un vaisseau anglais le drapeau du Sacré Cœur. Douze cents Anglais se sont réunis en procession, pour la première fois depuis la Réforme, dans le royaume d'Elisabeth et de Henri VIII. Cette procession avait quitté l'Angleterre au milieu de la stupeur, elle a traversé la France au milieu de l'admiration, elle est venue à Paray chanter les louanges du Sacré Cœur. L'Angleterre a pris la main de la France, et ces deux nations, souvent si ennemies, toujours si jalouses, ont communié à la même table et au même pèlerinage. Paray, situé au centre de la France, est devenu comme le centre de l'univers catholique. Ainsi, quand Marie veille à nos frontières, Jésus triomphe au cœur de la patrie ; ainsi nous donnons l'exemple des pèlerinages, et l'étranger nous imite ; la France s'est mise en procession, et l'Angleterre s'est mise à sa suite. O folie du Sacré Cœur, que tu es donc sage ! O faiblesse des pèlerins, que tu es donc forte et puissante ! L'Europe y passera, et elle y passera tout entière si elle veut revenir des portes de l'abîme. Dieu le veut ! Dieu le veut ! c'est la force et la sagesse d'en haut : *Dei virtutem ! Dei sapientiam !*

Dieu le veut ! c'est pourquoi Pie IX nous encourage de la parole, du geste et du regard ; Pie IX nous bénit, Pie IX attend de nos pèlerinages la résurrection de la France, la gloire de l'Eglise, le salut du monde. Gloire à Pie IX ! Docteur infaillible, Pie IX nous instruit, et les docteurs du mensonge sont démasqués et mis en fuite; tendre père, Pie IX nous aime, et cet amour suffit pour nous rendre le courage et l'espérance; pilote inspiré, Pie IX nous conduit sur une mer fertile en écueils; mais les écueils font éclater sa prudence, le port n'est pas loin, et c'est au port que nous chanterons et la force et la sagesse de Dieu: *Dei virtutem! Dei sapientiam!*

Puissions-nous y entrer en achevant sous les auspices de Notre-Dame du Haut le pèlerinage de la vie terrestre! Je le demande et pour vous et pour vos familles. Le prélat qui va nous bénir partage tous nos sentiments, parce qu'il connaît et qu'il révère toutes nos traditions. Ses bénédictions et ses prières nous obtiendront cette grâce suprême. Le souvenir qu'il emporte de cette journée lui rendra plus chers que jamais sa chère Comté, son cher diocèse de Besançon, ses chers amis du clergé et du peuple. Cette journée nous portera bonheur à tous, nous demeurerons tous saintement unis dans cet immortel souvenir, et, s'il plaît à Dieu, nous nous recontrerons tous un jour, le cantique à la bouche, la palme à la main, sur ces collines lumineuses où Notre-Dame du Haut nous ouvrira les bras de l'éternelle miséricorde.

COURONNEMENT DE N.-D. DE SION,

EN LORRAINE.

Cette fête a été racontée comme il suit dans une brochure publiée par les Oblats de Marie, gardiens du sanctuaire miraculeux :

Le mercredi 10 septembre 1873 a eu lieu le couronnement de Notre-Dame de Sion. Jusque vers quatre heures du matin, le temps avait été assez beau, et quoique le vent eût soufflé en tempête pendant toute la nuit, on avait quelques raisons d'espérer que la journée du pèlerinage serait favorisée tout entière d'un beau soleil. Mais, vers quatre heures, la pluie commença à tomber et continua avec une violence extrême jusqu'à huit heures et demie. C'était un spectacle à la fois triste et touchant de voir les files nombreuses de pèlerins s'acheminer à travers la pluie, une fange épaisse et une tempête implacable, par les sentiers raides et glissants de Sion, et arriver sur le plateau trempés jusqu'aux os et couverts de boue. Là, d'autres tribulations les attendaient. L'église était trop petite pour contenir la foule qui commençait à s'y engouffrer, et, d'autre part, le plateau n'offrait aucune espèce d'abri contre la tempête. Un grand nombre de pèlerins furent obligés de stationner en plein air, les pieds dans la boue, et à peine abrités par des parapluies que la violence du vent déchirait à chaque instant.

Ce n'était pas une médiocre épreuve qu'un pareil début. Le pèlerinage d'expiation commençait par une rude pénitence. Si on avait eu affaire à de simples curieux, cet incident désagréable aurait pu occasionner de véritables désordres. Mais des pèlerins ont l'habitude de prendre leur mal en patience, il en résulta à peine une confusion momentanée aux portes de l'église, jusqu'à ce qu'un simple avis du R. P. Zabel, curé de Saxon-Sion, eût rétabli le calme et indiqué les issues par lesquelles on pouvait circuler sans se heurter. Au reste, ces inconvénients eurent leur avantage, et le principal fut de donner au pèlerinage sa véritable physionomie. Il devint en effet évident qu'il ne pouvait y avoir que des croyants capables d'affronter une pareille tempête, et que de simples curieux n'auraient pas eu la tentation de s'y exposer. En réalité, les files de pèlerins ne discontinuaient pas : le chemin de fer de Vézelise par tous ses trains, et les villages environnants par toutes leurs routes et par leurs moindres sentiers, amenaient à chaque instant sur le plateau de Sion des bandes serrées qui bravaient la pluie en chantant des cantiques.

Enfin, vers huit heures et demie, une éclaircie pleine de promesses se fit dans le ciel, et à dater de ce moment on oublia la pluie qui avait cessé et la boue qui persistait, pour être tout entiers à l'espérance. Cette espérance ne fut pas déçue, et, jusqu'à la fin du jour, la température la plus propice favorisa le pèlerinage.

Les préparatifs, suspendus à cause de la tempête, furent repris avec activité, et dès neuf heures et demie ils étaient terminés. A ce moment, les maîtres des cérémonies vinrent annoncer à NN. SS. les évêques réunis dans le salon de Son Eminence qu'il était temps de partir. Les vénérables prélats s'acheminèrent processionnellement par l'intérieur du couvent et par la chapelle, jusqu'au long et étroit escalier qui conduit à la plate-forme de la tour et à la spacieuse et solide estrade en charpente dressée pour la circonstance. Toutes les précautions avaient été prises par M. Vautrain, l'habile architecte de la tour de Sion, et il avait tenu à présider lui-même à la pose des poutres massives et des robustes madriers destinés à nous rassurer contre tout accident. Rien de mieux conçu d'ailleurs que cette construction provisoire ; son élévation à plus de douze mètres au-dessus du sol permettait à tous les pèlerins placés sur le vaste plateau de la montagne de voir toute la cérémonie sans en perdre un seul détail. Ajoutons à cela qu'il y avait dans cette disposition un effet de perspective dont l'esthétique était autant satisfaite que la piété. Aussi ce fut dans l'immense foule rassemblée au devant de l'Eglise un cri d'admiration au moment où les évêques, débouchant de l'escalier de la tour, apparurent sur l'estrade. Ils étaient sept, sans compter le cardinal officiant, et avec eux les chanoines qui les accompagnaient, ainsi que les porte-insignes. Ces derniers s'assirent en amphithéâtre sur le large escalier de dix marches qui allait de l'estrade à l'autel. Rien de plus imposant qu'un pareil spectacle. Rien n'était non plus si beau que de voir du lieu où étaient les évêques la foule immense qui s'étendait à leurs pieds. Plusieurs ont essayé de la supputer, et la plupart sont restés bien en deçà de l'appréciation réelle.

En présence d'une pareille multitude, la célébration des saints mystères et les chants liturgiques avaient une majesté incomparable. Tous ceux qui ont entendu le chant du *Credo* de Dumont, enlevé par des milliers de voix puissantes, et qui ont vu le recueillement de la foule au moment de l'élévation, n'oublieront jamais ce spectacle, qui ne se peut comparer qu'à celui des messes militaires célébrées en plein air, comme autrefois au camp de Châlons. Seulement, la comparaison serait à l'avantage de Sion, et la tenue des pèlerins, moins correcte assurément que celle des soldats sous les armes, était décidément plus recueillie. La fanfare du collége de la Malgrange alternait agréablement avec le chant par des marches militaires exécutées avec un entrain et un ensemble qui donnèrent à plusieurs pèlerins la pensée qu'une musique de régiment avait été conviée à la cérémonie. Pendant la messe, des dames quêteuses, accompagnées chacune d'un commissaire du pèlerinage revêtu de ses insignes, se frayèrent à grand'peine un sentier dans la foule à travers la boue, et tendirent la main à tous les pèlerins que leur ingénieuse charité put atteindre.

Après la messe, le cardinal, les évêques assistants et leurs chapelles descendirent sur la pelouse, et là, assis en cercle sur de simples chaises de paille, autour d'une chaire improvisée, et les pieds à peine protégés par de chétives planches du véritable marécage au milieu duquel ils étaient obligés de stationner, ils entendirent un admirable discours de M. l'abbé Besson, chanoine de Besançon. L'orateur de Paray-le-Monial et de presque tous les pèlerinages qui se sont faits depuis deux mois, n'a point démenti à Sion le merveilleux succès qu'il a obtenu ailleurs. L'avant-veille, l'infatigable apôtre prêchait au pèlerinage de Ronchamp, dans la Haute-Saône, en présence d'une multitude presque aussi compacte qu'à Sion. Le lendemain, il faisait plus de soixante lieues pour venir à Bayon par des voies rapides et de là sur notre sainte montagne. Quoiqu'il n'ait pas jugé à propos, à raison de l'heure avancée, de donner son discours tout entier, lequel du reste est imprimé à part à la suite de cette notice, sa seconde partie, la seule qu'il nous ait fait entendre, a été admirable d'éloquence et d'à-propos. Il y développa cette pensée : La Lorraine doit à Notre-Dame de Sion trois grands bienfaits : sa foi, sa nationalité et son retour aux pratiques de la piété chrétienne. En effet, c'est par l'intercession de la très sainte Vierge honorée à Sion que la Lorraine a été préservée autrefois de l'hérésie, qu'elle a gardé sa nationalité et qu'aujourd'hui elle revient à la ferveur. Tel est le magnifique thème développé par le brillant orateur avec une éloquence entraînante ; aussi son allocution a-t-elle été interrompue à plusieurs reprises par des applaudissements, qui éclatèrent principalement lorsqu'il montra au milieu de tous les événements actuels l'imposante et sainte figure de Pie IX.

Avec le sermon se termina la première partie de la fête. Les pèlerins se dispersèrent sur tous les points de la montagne et sur les pelouses, pour prendre le modeste repas qu'ils avaient apporté ; les plus zélés profitèrent de l'occasion pour visiter l'intérieur de l'église dont ils n'avaient pu apercevoir encore que l'extérieur, s'agenouiller dévotement auprès de la statue vénérée dans le sanctuaire, et faire dans les étalages des environs les achats d'objets de piété destinés à leur famille, à leurs amis et aux souvenirs personnels du pèlerinage.

Dès une heure de l'après-midi, tout commença à se disposer sur le plateau de Sainte-Marguerite pour la grande procession. MM. les membres des conférences de Saint-Vincent de Paul, MM. les commissaires, reconnaissables à leur brassard bleu et blanc, en un mot tous les ordonnateurs désignés par Monseigneur l'Evêque, s'employèrent avec une louable activité à mettre en ordre les nombreux pèlerins qui devaient faire partie du pieux cortége. Des poteaux portant le nom de chaque paroisse indiquaient à chacune sa place; des précautions minutieuses avaient été prises pour assurer la régularité des mouvements. On employa néanmoins un certain temps pour ouvrir un passage à la procession à travers la foule compacte. Il ne s'agissait rien moins que de mettre en mouvement plus de huit mille personnes. Enfin, le cortége déboucha du plateau, précédé d'un piquet de gendarmerie qui ouvrait la marche. Ce fut une file interminable d'oriflammes, de bannières, de jeunes filles en blanc, de congrégations paroissiales, d'associations de piété, qui marchaient dans le plus grand ordre et avec un recueillement édifiant, pendant que les cantiques succédaient aux psaumes, les litanies aux fanfares, et que les intervalles des chants étaient remplis par la récitation à haute voix du chapelet. Un des plus émouvants spectacles, ce fut le défilé des bannières ; il y en avait vingt-six (1), il y en aurait eu davantage si, prévenues à temps, un grand nombre de paroisses du diocèse, qui auraient eu l'ambition de se faire représenter au pèlerinage, avaient eu le loisir de satisfaire leur piété. La plupart de ces bannières étaient remarquables de bon goût et quelques-unes de magnificence.

(1) Baccarat, Blamont, les Bénédictines d'Oriocourt, Château-Salins, les conférences lorraines de Saint-Vincent de Paul, Chaligny, les frères de la Doctrine chrétienne, Epinal, Einville, Liverdun, Lunéville (Saint-Jacques), Lagney, Lucey et Trondes, Lixheim, Metz, Nancy, Neuchâteau, Saint-Nicolas de Port, Pierre, Phalsbourg, Pont-à-Mousson (petit séminaire), Rambervillers, Raon-l'Etampe, Strasbourg, Toul, Vaucouleurs et Vézelise.

Elles portaient presque toutes des inscriptions : ces inscriptions étaient à elles seules une prédication ; il y avait là des larmes d'espérance et de souvenir ; nulle part des provocations ou des cris de colère ; tout était à la résignation et à la prière. Metz, avec sa bannière en deuil, disait : *Converte luctum nostrum in gaudium.* Strasbourg : *Spes nostra, salve!* Lixheim : *Ad te clamamus exules!* Château-Salins : *Spes!* Nancy : *Tu exurgens, misereberis Sion.* Les Frères de la Doctrine chrétienne, qui avaient, dans des jours néfastes, habité la montagne de Sion, disaient sur leur bannière : *Elle protégea notre berceau, elle nous préservera du naufrage.* Toul portait fièrement, avec ses armes, sa vieille devise : *Urbs pia, prisca, fidelis.* Une autre inscription, mais celle-là sur un *ex-voto* de marbre noir qui ne figurait pas à la procession, et qui doit être placé près de la porte de l'église, à l'intérieur, figurait ces mots de patois lorrain gravés au-dessous d'une croix de Lorraine brisée : *Ce name po tojo!* (Ce n'est pas pour toujours!) Ce simple mot a fait verser bien des larmes.

Après les bannières, venait, portée par des prêtres, la belle statue de l'Immaculée Conception, réduction de celle qui figure sur la tour de l'église ; puis, les congrégations religieuses d'hommes et de femmes, dans l'ordre indiqué par le cérémonial (1), enfin le clergé séculier. Il était suivi d'un remarquable *ex-voto* composé de trois grands cœurs de vermeil sur un élégant support de bois d'ébène incrusté de bronze doré. Cet objet d'art, de grand goût et de grand style, était offert par M. le marquis de Gerbéviller.

Immédiatement après, on remarquait le splendide reli-

---

(1) Les congrégations marchaient dans l'ordre suivant : les représentants des congrégations religieuses cloîtrées, les servantes du Sacré-Cœur, les religieuses de l'Enfant-Jésus, les sœurs de la Compassion, les filles du Divin-Rédempteur, les sœurs de la Nativité, les sœurs de l'Assomption de Notre-Dame de Nancy, les sœurs de la Foi, les Petites-Sœurs des Pauvres, les sœurs de la Sainte-Enfance, les sœurs de la Providence, les sœurs du Saint-Cœur de Marie, les sœurs de l'Espérance, les sœurs de la Doctrine chrétienne, les sœurs de Saint-Vincent de Paul, les sœurs de Saint-Charles, le collége B. P. Fou-

quaire de saint Gérard, porté par des prêtres en tuniques rouges et escorté par les membres de la collégiale de Bon-Secours et par les chanoines honoraires de Nancy; puis, le reliquaire du voile de la sainte Vierge, puis les chanoines honoraires des diocèses étrangers, les chanoines prébendés, les vicaires généraux honoraires, les chanoines titulaires étrangers, et enfin le chapitre de la cathédrale de Nancy, qui précédait la splendide couronne dont nous avons donné la description. Elle reposait sur un coussin de drap d'argent et était portée sur un riche brancard par des séminaristes en tuniques de satin bleu parsemées d'ornements d'or. La famille du docteur Contal avait tenu à conserver le poste d'honneur qu'elle avait à la procession du dimanche précédent, et ses membres, au nombre de quatre, marchaient, un cierge à la main, derrière les couronnes. Après eux, venaient NN. SS. les évêques, accompagnés chacun de sa chapelle et de deux chanoines assistants. Monseigneur l'évêque de Nancy ouvrait la marche; puis, NN. SS. les évêques de Belley, de Verdun, de Saint-Albert au Canada, de Saint-Dié : NN. SS. de Metz et de Strasbourg excitèrent sur leur passage une vive émotion. Ces deux vénérables vieillards n'étaient pas moins émus que la foule qui, en les contemplant, se rappelait les malheurs de la guerre et les tristesses de l'exil. Leurs diocésains, qui se trouvaient en grand nombre à la cérémonie, se faisaient reconnaître à la façon respectueuse et attendrie dont ils s'inclinaient sous la bénédiction de leurs saints évêques.

Venait enfin Monseigneur l'archevêque de Besançon, revêtu de ses ornements pontificaux. L'infatigable cardinal avait pré-

---

rier, de Lunéville, le collége de la Malgrange, le petit séminaire de Fénétrange, le petit séminaire de Pont-à-Mousson, les conférences de Saint-Vincent de Paul, le Tiers-Ordre de Saint-François avec sa bannière, les frères diocésains de Saint-Charles, les frères des Ecoles chrétiennes, les frères de Saint-Jean de Dieu, les élèves des grands séminaires en surplis, classés selon les ordres dont ils sont revêtus.

Les RR. PP. Oblats, les Rédemptoristes, les Jésuites, les Dominicains, les chanoines réguliers de Saint-Augustin, les prêtres séculiers en habit de chœur.

sidé toute la journée à toutes les cérémonies, et, quoiqu'il fût visible qu'il supportait péniblement le surcroît de fatigue que lui imposait le parcours si étendu de la procession (elle se déroula pendant plus d'un kilomètre et demi), sa vaillante activité ne consentit pas à se reposer en route. Tous les pèlerins se découvraient respectueusement et la plupart s'agenouillaient sous la bénédiction des évêques. Il était évident que les curieux étaient là en bien petit nombre. Enfin, après une heure et demie de marche, NN. SS. les évêques, passant entre les prêtres en surplis et les bannières qui s'étaient rangées sur deux haies au-devant de l'église, remontèrent, mitre en tête et crosse en main, sur l'estrade où la sainte messe avait été célébrée le matin. C'était le moment solennel : toute la foule était là, pressée, attentive, émue et suivant les préparatifs de la cérémonie du couronnement. Des prêtres soutenaient la vénérable statue du sanctuaire, posée pour la circonstance sur un piédestal élevé de façon à ce qu'on pût l'apercevoir de tous les points du plateau. Après les prières d'usage et la présentation authentique des lettres pontificales qui autorisent le couronnement, le Cardinal Archevêque prit entre ses mains le diadème étincelant d'or et de pierreries, le souleva jusqu'à la hauteur de la tête de la sainte Vierge et l'y déposa respectueusement. A ce moment, un soleil étincelant dardait ses rayons sur la couronne, et en faisait ressortir merveilleusement l'éclat. Ce fut un cri d'enthousiasme dans la foule, des acclamations, des applaudissements, des *vivats* prolongés, puis la vive et brillante fanfare de cinquante exécutants groupés au bas de la tour, enfin le chant du *Magnificat*, enlevé avec une puissance incomparable. Rien n'était plus beau. Les chants cessèrent, le silence se fit, et les huit évêques, chantant en même temps les prières de la bénédiction solennelle, étendirent trois fois les mains sur le peuple pour le bénir par le signe de la croix. On se releva pour chanter le *Te Deum*. La fête du couronnement de Notre-Dame de Sion était terminée.

DISCOURS

PRONONCÉ

AU COURONNEMENT DE NOTRE-DAME DE SION,

LE 10 SEPTEMBRE 1873.

Fundamenta ejus in montibus sanctis, diligit Dominus portas Sion super omnia tabernacula Jacob.

Les fondements de son trône sont établis sur les saintes montagnes, Dieu chérit les portes de Sion au-dessus de toutes les tentes de Jacob. (*Ps.* LXXXVI, 1.)

Eminence [1],

Messeigneurs [2],

Dieu, qui a couronné sa Mère de ses propres mains, et qui l'a proclamée la reine des hommes aussi bien que des anges, a permis à la terre de reproduire dans une modeste image les fêtes du ciel

---

[1] Mgr Mathieu, cardinal archevêque de Besançon.
[2] NN. SS. Rœss, évêque de Strasbourg; Dupont des Loges, évêque de Metz; Caverot, évêque de Saint-Dié; Hacquart, évêque de Verdun; Foulon, évêque de Nancy; Richard, évêque de Belley, suffragants de Besançon; Mgr Grandin, évêque de Saint-Albert, de la congrégation des Oblats de Marie.

et de bégayer dans la langue imparfaite de la prière les chants de gloire que les saints entonnent, d'une si grande voix, dans la langue parfaite de la louange éternelle. Le couronnement de Notre-Dame de Sion sera compté parmi les plus magnifiques et les plus touchantes solennités de notre siècle. Ce peuple innombrable dont les bannières frémissent d'un noble orgueil et d'une indicible joie, ces prêtres qui le mènent à l'autel ou plutôt qui l'y suivent, tant ils se sentent emportés par le zèle de leurs paroisses, ces prélats réunis autour de leur métropolitain, la France qui accourt à la fête, le Saint-Père qui la commande, le ciel qui lui sourit, tout se présente à mes yeux ou à ma pensée comme pour former dans l'imagination la plus imposante assemblée que l'univers catholique puisse concevoir. Devant tant de faveurs qui s'accumulent, tant de souvenirs qui se réveillent, tant d'espérances qui s'affirment, tant de joies qui éclateraient si haut, si elles n'étaient pas encore mêlées de tant de deuils et de larmes, mon esprit se trouble, ma langue s'embarrasse, ma parole languit. Ce grand jour m'oblige d'être éloquent, mais si je ne le suis pas au gré de vos désirs, mon excuse est déjà prête. Tout est dit; je m'en félicite. Il ne me reste qu'à redire, après les chroniqueurs de la Lorraine, après le beau mandement par lequel Mgr l'évêque de Nancy a promis à son peuple la joie de cette fête, il ne me reste plus qu'à redire comment Dieu a affermi dans ces montagnes le trône de Marie : *Fundamenta ejus in montibus sanctis*, et comment Marie y tient le sceptre de la miséricorde et de l'amour : *Diligit Dominus portas Sion super omnia tabernacula Jacob*. Gloire à Notre-Dame de Sion ! Nous voilà tous, les genoux à son trône et les lèvres à son sceptre. Ce trône se relève toujours, ayons confiance en l'entourant ; ce sceptre bénit, attire, pardonne toujours, embrassons-le et couvrons-le de nos larmes. Gloire à Notre-Dame de Sion ! Sa puissance nous commande une confiance sans bornes ; ses bienfaits nous imposent une reconnaissance sans fin.

I. Dieu a employé les mains de la nature à dresser ici le trône de sa Mère, et il a choisi le nom de sa demeure dans la langue des Ecritures. Il a voulu élever ce trône sur une montagne d'où le regard embrasse ou devine toute la Lorraine, entre la Meuse et la Moselle, les Vosges et les Argonnes, avec ses grandes villes, ses riches villages, ses plaines fécondes, ses coteaux boisés ou semés de vignes, et les aspects les plus riants et les plus divers du paysage le plus étendu. Il a mis sur les lèvres des premiers habitants de cette contrée le nom qu'il voulait donner à la montagne ; c'est le nom de Sion, et ce nom d'un doux et prophétique accent en signalait d'avance la destination sainte. Enfin, à la beauté de la nature, au choix mystérieux du nom, se joint la majesté des plus fameux souvenirs. Rome a laissé ici l'empreinte profonde de ses pas ; mais si nous ne pouvons guère fouiller les vieux âges sans la retrouver, que sont ces inscriptions mutilées, ces tombeaux vides, ces colonnes couchées dans la poussière, sinon le magnifique témoignage du néant des grandeurs humaines ? Dieu bâtit autrement quand il bâtit pour sa Mère et pour l'éternité. Un jour, il envoya saint Gérard, évêque de Toul, consacrer un nouveau sanctuaire parmi les ruines éparses sur la montagne, restes des ans et des barbares. L'évêque, instruit par une révélation, dépose sur l'autel une statue en pierre. L'autel était modeste, la statue était à peine ébauchée, mais c'était l'autel et la statue de Marie. La reine est à peine assise que son royaume s'étend dans toute la Lorraine. Son peuple se forme d'abord avec des pauvres, puis avec des héros et des princes. Le premier comte de Vaudémont la remercie d'avoir choisi une demeure si près de la sienne ; il lui fait hommage de son comté, se proclame son vassal et déclare que ce titre est au-dessus de tous les autres. Marie aura non-seulement des vassaux, mais des chevaliers : le comte Ferry, de la maison de Lorraine, institue un ordre pour se dévouer au service de Notre-Dame de Sion ; les princes et les seigneurs s'y enrôlent par centaines, et, mettant en commun la prière, la mortification, l'aumône, ils se disent, avec une courtoisie toute chevaleresque, prêts à se battre, prêts à mourir pour la *Dame de leur pensée* et la Souveraine de tout le pays. Ainsi s'établit et se consolide le trône de Marie sur nos saintes montagnes : *Fundamenta ejus in montibus sanctis.*

L'hérésie l'attaque, mais l'attaque tourne à la gloire de Notre-Dame de Sion. Un jour, le prince d'Orange envahit la contrée avec une troupe enivrée de succès, avide de butin et toute frémissante de rage. Il entre dans ce sanctuaire, et le pillage va commencer. Non, Marie l'a regardé, Marie l'a vaincu, Marie l'a forcé de reconnaître qu'elle est la Mère de son Dieu et la Reine de toute la nation. La rage du sectaire expire, ses soldats mettent bas les armes, toute la troupe se retire, et ce chef jusque-là indomptable, ces hérétiques dont la pitié s'est éteinte avec la foi, se sont retrouvés tout à coup enfants sensibles et respectueux devant cette statue miraculeuse. Le trône de Marie change de gardiens, mais la garde d'honneur ne fait qu'augmenter. Au lieu des chevaliers du moyen âge, ce sont les confrères du Saint-Sacrement, qui se recrutent non-seulement parmi les princes, les seigneurs et les magistrats de la Lorraine, mais en Hongrie, en Toscane, en Sardaigne, dans toutes les cours de l'Europe chrétienne ; ce sont les enfants du saint Rosaire, tenant avec la foi et l'ardeur de saint Dominique le chapelet, cette épée toujours victorieuse aux mains des soldats de Marie ; ce sont les enfants du saint scapulaire, couverts comme d'un bouclier des saintes livrées du Carmel ; et afin que rien ne manque à cette troupe rangée en bataille autour de Notre-Dame de Sion, les enfants de saint François, les Minimes de Vézelise, apportent ici leurs prières, leurs mortifications, leurs larmes. Ils dressent dans des litanies touchantes le bulletin des victoires de l'invincible Marie ; ils écrivent les annales de son règne ; ils constatent que toutes les maisons qui ont régné sur cette terre n'ont été que les vassales de Notre-Dame de Sion. Après les comtes de Vaudémont et les ducs de Lorraine, Stanislas est venu s'agenouiller aux pieds de Marie, reprendre de ses mains comme un fief cette belle province, qui valait pour lui le royaume de Pologne, et poser, en vassal pieux et dévoué, la première pierre de cette église. Ainsi les plus fameuses maisons princières de l'Europe ont fait les unes après les autres le glorieux service de Notre-Dame de Sion ; elles ont passé sur cette terre ; seule Notre-Dame y demeure encore. Les vassaux se succèdent, la Suzeraine seule ne change pas ; les gardiens du sanctuaire changent de nom, mais le sanctuaire garde le même trône, et c'est toujours la même Reine que tous les siècles y ont saluée. Ce trône est inébranlable, et la Reine n'en descend jamais : *Fundamenta ejus in montibus sanctis!*

Jamais ! N'ai-je pas trop dit, et l'histoire de la révolution ne me donne-t-elle pas un démenti cruel ?

Oui, j'en conviens ; un jour, la main de l'impiété s'est abattue sur le sanctuaire ; les vases sacrés, les reliquaires magnifiques, les saintes images, les riches archives, tout a péri, tout a disparu. Je cherche la statue que l'hérésie a respectée, que toute la Lorraine entourait de son respect et de son amour. La piété la cache ; mais l'impiété la cherche et la découvre ; on la traîne dans les bois voisins, on la brise par morceaux, on en disperse les ruines en s'écriant : « Si tu as du pouvoir, montre-le maintenant. » L'impie sera satisfait. Oui, Notre-Dame de Sion a du pouvoir, et elle va le montrer. Les sacriléges qui avaient porté la main sur elle meurent de consomption, et le spectacle de leur misérable mort devient l'horreur de leur propre pays. N'est-ce pas là le pouvoir de la Reine qui punit ? Les religieux qui l'avaient servie demeurent fidèles à la foi catholique, et pas un d'eux n'a prêté le serment du schisme constitutionnel. N'est-ce pas là le pouvoir de la Reine qui récompense ? Les pieuses familles qui ont recueilli les restes de la statue miraculeuse demeurent sous la protection visible de la reine de Sion, et la moindre parcelle des sacrés débris, léguée comme une relique précieuse, passe du père au fils, de génération en génération, et devient sur la poitrine du jeune soldat comme un bouclier impénétrable aux traits de l'ennemi. Les balles de la Crimée, de l'Italie et du Mexique se sont arrêtées, comme le bras du prince d'Orange, devant cette poussière d'une statue qui n'est plus. On a brisé la pierre ; mais la pierre mise en poudre a gardé sa puissance ; Marie a fait sentir jusqu'aux extrémités du monde que les enfants de la Lorraine demeuraient partout ses vassaux, ses sujets, ses enfants ; Marie n'est descendue de la sainte montagne que pour y remonter avec plus de gloire, après avoir fait voir que son trône est ici et sa puissance partout : *Fundamenta ejus in montibus sanctis.*

C'est un humble prêtre qui replace sur ce trône immortel une image semblable à la première, et la Lorraine du xixe siècle se déclare aussitôt, comme celle des âges précédents, l'humble vassale de Marie. Vos plus illustres évêques, les Forbin et les Menjaud, se sont faits les interprètes de ces sentiments en se mettant à la tête des démonstrations publiques pour proclamer dans ces lieux la puissance de Notre-Dame de Sion ; les pèlerinages reprennent leur cours ; les traditions se renouent ; les traits de la divine et maternelle puissance se renouvellent. Il faut des gardiens pour veiller sur le sanctuaire, recevoir au nom de Marie les hommages de toute la province et continuer l'histoire de son règne. Dirai-je que des loups se sont glissés sous la peau des brebis ? Dirai-je que des prêtres coupables ont dilapidé le trésor de Notre-Dame de Sion au lieu de le garder, que le schisme s'est établi sur la sainte montagne et que le scandale y a prévalu un moment. Je le dirai, mais pour montrer que Notre-Dame de Sion est la Vierge puissante dont le pied écrase l'hérésie dans tout l'univers. O sacrilége plus grand que le premier ! O cruelle épreuve pour cette fidèle nation ! Mais le sacrilége a été dénoncé, l'épreuve a été courte, et le triomphe de Notre-Dame de Sion n'en est que plus grand. Merci, ma mère, merci ! Vous ne vous êtes pas détournée de ce peuple ni de ce sanctuaire pendant ces jours de désolation et de deuil : vous en avez marqué le terme et hâté la réparation. Voici les vrais gardiens de votre sanctuaire : ce sont vos Oblats. Ils s'offrent, ils se donnent, ils se dévouent à votre service, comme les chevaliers du moyen âge. Ils prennent possession de l'église quand la croyance à l'Immaculée Conception, si chère à cette province comme à tout le reste de l'univers, devient un dogme de foi. Sous les auspices de ce vocable, qui fait prospérer et bénir partout leur congrégation, ils recueillent, pour agrandir votre sanctuaire, les aumônes de toute la France. Ils s'établissent en votre nom dans ce couvent racheté par la prévoyance éclairée du vénérable évêque qui est assis aujourd'hui sur le siége de saint Gérard. Ils le restaurent et en font disparaître les ruines qu'y avait préparées l'hérésie. Ils s'y établissent, ô Reine de Sion, pour vous y faire une cour assidue ; vous bénissez leur zèle, et ils finissent par purifier cette terre des dernières ruines qui l'attristent comme des derniers désordres qui la souillent. Vous animez leur sainte audace, et ils finissent par élever en votre honneur une tour semblable à celle de David, où pendent les boucliers des forts. Enfin, quand, en mémoire de la définition dogmatique de l'Immaculée Conception, votre image, d'une taille vraiment céleste et d'un effet si lumineux, monte au sommet de cette tour pour étendre au loin ses bras maternels, toute la Lorraine s'assemble, bat des mains, reconnaît sa reine, et déclare que son trône est à jamais rétabli et fondé sur la sainte montagne : *Fundamenta ejus in montibus sanctis.*

Il restait à couronner Notre-Dame de Sion. La couronne sera digne d'elle, digne de vous, digne de toute votre histoire et de toute cette province. Votre évêque la sollicite avec les instances les plus filiales ; Pie IX, par une attention toute paternelle, en signe le bref ; un grand cardinal, le doyen de l'épiscopat français, l'a reçue pour la déposer ce soir sur le front de Marie. Six évêques la soutiendront dans ses bras vénérables ; ce sont les anges des six Eglises qui forment la métropole de Besançon : Belley et Nancy, Verdun et Saint-Dié, Metz et Strasbourg ; et l'ange des montagnes Rocheuses, traversant les monts et les mers pour se joindre à eux et compléter le nombre sacré, apporte ici le concours de ces vaillantes mains qui défrichent, avec dix-sept prêtres, une terre évangélique deux fois plus vaste que la terre de France. Voilà la fête du couronnement de Notre-Dame de Sion.

Le clergé de six diocèses en est témoin, le peuple en est ravi; c'est l'Alsace, la Lorraine et la Franche-Comté qui acclament et qui chantent aujourd'hui, par les voix de quinze cents prêtres et de trente mille fidèles, la Mère commune du clergé et du peuple, la Reine du diocèse de Nancy et de toute la Lorraine, la Reine de la province ecclésiastique de Besançon et de toute la France, la Reine de la terre et du ciel, la Reine du temps et de l'éternité. Ni au ciel ni sur la terre, ni dans l'éternité ni dans le temps, ce sanctuaire ne changera de nom. Sion est un nom du ciel. Ces montagnes sont, dans leur nom comme dans leur solide fondement, l'image des collines éternelles, où le trône de Marie s'élève au-dessus des saints et au-dessus des anges, et, dans la langue des saints comme dans la langue des anges, l'éternité chantera la toute-puissance suppliante, mais sans bornes, de Notre-Dame de Sion : *Fundamenta ejus in montibus sanctis.*

II. Voilà le trône de la Reine ; c'est un trône de gloire, et c'est pourquoi nous l'entourons avec une confiance inébranlable. Voici son sceptre ; c'est un sceptre de miséricorde, il faut le baiser avec amour, car Sion est, grâce à Marie, l'objet de toutes les préférences du Seigneur. *Diligit Dominus portas Sion super omnia tabernacula Jacob.* Que de témoignages d'amour et de préférence la Lorraine n'a-t-elle pas reçus ! Je n'en cite que trois, mais ils sont décisifs.

Marie a donné à la Lorraine de rester catholique malgré l'hérésie; de devenir française, de l'être encore malgré la guerre ; enfin de recouvrer la piété des anciens jours, malgré la révolution. La foi, le patriotisme, la ferveur, voilà les trois bienfaits publics que vous tenez de Notre-Dame de Sion.

La Lorraine lui doit d'être restée catholique malgré l'hérésie du xvie siècle. Entre la France qui chancelle un moment dans la foi et l'Allemagne qui l'abandonne, la Lorraine, grâce à la maison qui régnait sur elle, a été, au milieu des ténèbres dont la moitié de l'Europe était couverte, comme une terre vierge de toute erreur et de toute souillure. Ses ducs ont tiré l'épée pour défendre la foi ; ses cardinaux l'ont confessée dans les conciles ; les villes de Toul et de Nancy ont envoyé leurs magistrats à Notre-Dame de Sion pour lui renouveler leur serment de fidélité. Mais que ne faisait pas cette puissante Notre-Dame? Elle assurait, par la main du plus grand des Guise, la possession de la ville de Metz à la France ; elle forçait Bourbon à revenir à la foi de saint Louis pour régner sur cette grande nation ; elle donnait à Marie Stuart, avec un sang catholique, la lyre d'un poëte, le cœur d'une reine et la fidélité d'un martyr. Merci, ma Mère, merci! Vous avez mis pendant un siècle cette nation au poste avancé de l'Eglise ; vous l'avez prise à votre service comme une race choisie ; vous l'avez menée au secours de toutes les nobles causes sans regarder le nombre et sans chercher le succès : en Angleterre contre Cromwell, en Franche-Comté contre les Suédois, jusqu'à ce que, par un nouveau trait de miséricorde et d'amour, vous ayez séparé les princes de leur peuple pour de plus grands desseins. Vous avez dit aux princes de Lorraine : « Allez, je suis contente de vous ; vous avez été fidèles dans une principauté modeste, je vais vous établir sur une plus grande nation : régnez en Toscane ; ranimez en Autriche le sang épuisé de la maison de Habsbourg ; ceignez pour des siècles la couronne de Charlemagne. » Vous avez dit au peuple : « Demeurez, je vous donne à la France ; vous en serez l'avant-garde et vous veillerez sur sa frontière ; vous lui donnerez votre bras, votre cœur, votre génie ; vous servirez avec éclat dans l'Eglise, dans les armées, dans les cours, et l'on verra, aux traits de votre intelligence et de votre courage, que ce pays demeure cher à Dieu et à Notre-Dame de Sion par-dessus tous les autres : *Diligit Dominus portas Sion super omnia tabernacula Jacob.* »

La Lorraine doit à Notre-Dame de Sion d'être restée française malgré la guerre. Si son territoire est partagé, son cœur ne l'est pas. Marie Stuart, en quittant la France, faisait deux parts de sa vie ; mais elle ne connaissait ni exil brillant ni force humaine qui pût l'empêcher d'être Française tout entière par la pensée et par le souvenir :

> Une part te reste, elle est tienne,
> Je la fie à ton amitié,
> Pour que de l'autre il te souvienne.

Voià le langage de la Lorraine, vaincue, déchirée, mais dont une moitié nous reste pour nous faire souvenir de l'autre. Nancy reste à la France par le drapeau, Metz par le souvenir, toutes deux par le cœur. Les voilà, ces deux sœurs, au pied du même autel. Leurs bannières sont pareilles ; mais l'une est dans la joie de la délivrance, l'autre dans le deuil de la conquête. Ah ! qui nous défendra de pleurer longtemps et d'espérer toujours ? O Notre-Dame de Sion ! ce n'est pas l'épée, c'est votre main qui seule peut déchirer un jour le crêpe qui voile la bannière de Metz. J'en atteste les inscriptions qu'elle porte ; c'est à vous que nous demandons de changer le deuil en allégresse : *Luctus vertetur in gaudium.*

Et toi, bannière de l'Alsace, plus voilée et plus sombre encore, tu n'as qu'un mot, mais ce mot dit tout : *Spes nostra, salve!* O Notre-Dame de Sion, ô vous qui êtes après Dieu l'unique espérance de l'Alsace, soyez-lui propice, sauvez-la, rachetez-la ! Cette bannière est partout, elle se lève partout, partout elle prie, elle pleure, elle dit partout : « Quoi qu'on fasse, l'Alsace demeurera fidèle et catholique. » Parmi les églises qui vous implorent aujourd'hui, votre regard maternel a distingué les deux églises de Metz et de Strasbourg. C'est la première fois qu'elles reparaissent dans une assemblée française après le coup qui a déchiré leurs âmes. Voilà leurs premiers pasteurs avec leurs cheveux blancs, leurs longs et éminents services, la vaillance de leur cœur et la franchise de leur caractère : ce sont aujourd'hui les hôtes de Sion. Reine de Sion, gardez pour eux, toute cette province vous le demande, les préférences de votre Fils : *Diligit Dominus portas Sion.*

La Lorraine doit à Notre-Dame de Sion de redevenir fervente. Oh ! que de fois n'a-t-il pas été dit de nos églises abandonnées : « Les voies de Sion pleurent parce que l'on ne vient plus à ses solennités ! » Quel changement inattendu ! quel mouvement soudain ! quel retour inouï ! Le changement devient chaque jour plus sensible, le mouvement chaque jour plus vif et plus fort, le retour chaque jour plus unanime. On disait depuis quatre-vingts ans : « La révolution continue, tantôt sous un régime, tantôt sous un autre. » On dira de cette année si fertile en pèlerinages : « A cette date, l'esprit révolutionnaire s'arrête, se trouble et se retourne contre lui-même. » Les mains tombent aux impies de douleur et d'étonnement : *Manus populi terræ conturbabuntur.* L'esprit révolutionnaire s'imaginait régner à jamais sur nos villes, et nos villes commencent à lui échapper. Ce ne sont plus des femmes qui portent les bannières des pèlerinages, mais des hommes ; ce ne sont plus des ignorants, mais des lettrés et des savants qui les suivent.

Soldats, magistrats, écrivains, membres des conseils de la nation, et, parmi ces élus, l'élu de l'Assemblée nationale qui nous représente et qui nous gouverne [1], tous ceux qui pensent et qui pensent avec conscience, tous ceux qui honorent la province par leur nom, leur courage ou leur talent, tous les vrais Lorrains sont aux pieds de Notre-Dame de Sion. L'esprit révolutionnaire avait déjà jeté sur nos campagnes ses invisibles filets ; mais voilà que le filet se rompt, les âmes captives recouvrent leur liberté; l'oiseleur vaniteux en conçoit un chagrin mortel, et le cantique de la délivrance est sur toutes les lèvres. Laboureurs, vignerons, ouvriers, vous tous qui versez dans cette terre féconde l'abondance de vos sueurs, vous voilà aux pieds de Notre-Dame de Sion. Le mari et la femme, si longtemps désunis dans les pratiques religieuses, prient du même cœur et récitent le même chapelet; le frère, autre nouveauté, chante avec sa sœur les saints cantiques ; le prêtre et le simple chrétien, si longtemps étrangers l'un à l'autre, se confondent dans l'expression de la même foi. Il n'y a plus qu'un peuple, et ce peuple n'a plus qu'un cœur, une âme, une prière et une voix.

Je croirai tout ce que l'histoire raconte de cet

---

[1] M. Buffet, président de l'Assemblée nationale, assistait en simple pèlerin et au milieu de la foule au couronnement de Notre-Dame de Sion.

antique pèlerinage et des prodiges par lesquels
Marie y a signalé son amour ; car tous ces prodiges sont dépassés en un seul jour par le spectacle de conversion et de ferveur que vous donnez
au monde. Oui, je crois qu'elle a guéri des malades
désespérés ; car je vois de mes yeux qu'elle guérit
des âmes plus désespérées encore. Je crois qu'elle
a remis sur pied des paralytiques de Toul, de
Saint-Nicolas-de-Port, de Nancy et de Vézelise,
car je vois ces villes entières remises par sa main
dans le chemin de la vertu. Je crois qu'elle a retiré
sain et sauf du fond d'un abîme un ouvrier de Saxon
qui n'eut que le temps de s'écrier dans sa chute :
« Vierge de Sion, ayez pitié de moi ! » car je vois
qu'à ce cri de détresse, son bras s'étend encore sur
nous, et qu'elle retire de l'abîme un peuple tout
entier, tombé de chute en chute jusque dans les
dernières profondeurs du mal. Je crois qu'ici les
aveugles ont vu, les sourds ont entendu, les morts
ont parlé ; car vous voyez aujourd'hui ce soleil de
la vérité et de la justice, auquel vous vous obsti-
niez à fermer les yeux, vous entendez la voix du
Seigneur qui se perdait dans le désert, vous parlez
enfin, votre langue se délie, vous parlez, vous priez,
vous chantez, et la contagion de votre exemple n'a
plus de bornes. Voilà les bienfaits de Notre-Dame
de Sion. Notre-Dame aimait vos pères plus que tous
les autres peuples ; mais elle vous aime plus encore
que vos pères et que vos ancêtres, puisqu'elle vous

a donné, d'un seul coup et sans se retenir, toutes les preuves possibles de son amour : *Diligit Dominus portas Sion super omnia tabernacula Jacob.*

Disons toute la vérité : ce n'est pas seulement à la Lorraine, c'est à toute la France que ces paroles s'appliquent. C'est d'un bout de la France à l'autre que les aveugles voient, que les boiteux marchent, que les sourds entendent, que les lépreux sont guéris, que les morts ressuscitent. La ferveur nouvelle, la contagion sainte, s'étend, gagne de proche en proche, envahit toutes les provinces, attire l'étranger. Aujourd'hui, toute la Lorraine est aux pieds de Notre-Dame de Sion ; hier, la Franche-Comté était tout entière aux pieds de Notre-Dame de Ronchamp. La même semaine voit le Languedoc et le Béarn se disputer l'entrée de la grotte de Lourdes, le Dauphiné gravir les pentes de la Salette, Lyon couvrir de chants et de prières la colline de Fourvières, Marseille monter à Notre-Dame de la Garde, et les vaisseaux sortir de ce port fameux pour aller porter dans le Levant la nouvelle de cette ferveur si inattendue et cependant si persévérante. Brest, Lorient, le Hâvre, toutes les villes que baigne l'Océan, envoient leurs pèlerins et leurs offrandes à Notre-Dame de la Délivrande, et la Normandie ne le cède en rien à la Bretagne ni pour le nombre ni pour la piété des fidèles. Devant ce spectacle, j'ai bien le droit de m'écrier : « Nations étrangères, vous avez vaincu la France par les armes ; mais la France vous vaincra par la foi : *Et hæc est victoria quæ vincit mundum, fides nostra.*

Notre revanche est déjà prise et nous nous sommes remis à la tête des nations. Ce n'est plus notre drapeau qui fait le tour du monde ; voici quelque chose de plus extraordinaire, c'est la bannière de nos pèlerinages qui attire le monde entier à sa suite. Notre drapeau est entré, la tête haute, à Berlin, à Vienne, à Moscou, à Rome, à Pékin, et l'étranger pâlissait de jalousie devant les trophées de l'orgueil national. Aujourd'hui, nos bannières montent, la tête plus haute encore, aux autels de Lourdes, de Sion, de Fourvières et de Paray, et les bannières de l'univers entier prennent le même chemin. Paray a vu les pèlerins de la Belgique apporter dans la chapelle de la Visitation leurs étendards brodés à Gand, à Malines, à Tournai, avec une magnificence incroyable. Paray vient d'ouvrir son sanctuaire miraculeux à douze cents Anglais qui ont arboré sur la Manche le drapeau du Sacré Cœur et scandalisé deux fois tous les préjugés de leur nation en se mettant publiquement en procession pour prier, et en priant pour la France. Ainsi la France inaugure les pèlerinages et l'Europe l'imite ; la France ouvre la marche des processions nationales, et l'Europe entraînée marche derrière elle. La France entre la première dans la carrière de la pénitence, elle en fait une carrière de gloire, elle y cueille les plus belles palmes, elle les montre, et voilà qu'on se précipite de toutes parts pour les cueillir à son exemple. Réjouis-toi, ô ma patrie, ton rôle n'est pas changé, et je le dis sans y mettre la forfanterie dont notre vanité s'est souvent rendue coupable ; car je le dis pour le bon motif : tu demeures la première nation de l'univers. A toi de régler la marche, de marquer le but, d'y courir et de l'atteindre. A toi l'initiative et le courage des grandes entreprises. Après cette guerre si cruelle et cette paix plus cruelle encore, te voilà, comme autrefois, le guide de l'humanité chrétienne. Heureuse France ! Tu la mènes cette fois non pas à l'abîme, mais à la prière, au salut, au ciel, à la gloire. Tu vas donc justifier les préférences que Marie a obtenues pour toi de son divin Fils. *Diligit Dominus portas Sion super omnia tabernacula Jacob.*

Et maintenant, que nous reste-t-il, sinon de terminer par des vœux pour la santé, la gloire et le bonheur de Pie IX ! C'est faire des vœux pour l'Eglise et pour le monde ; car le Pape et l'Eglise, c'est tout un, et le monde ne saurait se séparer de l'Eglise et du Pape sans courir à sa perte et consommer sa ruine. Vivez, régnez, triomphez, glorieux pontife, dans votre sagesse toujours infaillible ! Le triomphe n'est pas loin. Que la joie que vous nous avez donnée dans ce beau jour vous retourne tout entière et qu'elle soit un présage de votre victoire et de la confusion de vos ennemis ! Cette victoire sera belle, elle sera décisive ; elle marquera dans le monde l'avénement d'une ère nouvelle, dont les signes avant-coureurs éclatent de toutes parts. Nos bannières reviendront ici pour la célébrer, elles s'inclineront au seuil de Notre-Dame de Sion, et les méchants convertis chercheront un asile sous leur ombre triomphante. C'est parmi ces grands spectacles que notre vie s'achèvera. Puissions-nous mourir ayant sur les lèvres le nom de Notre-Dame! Puissions-nous tomber, au dernier jour, des bras de Marie dans les bras de Jésus, et quand nous aurons perdu de vue les collines de la patrie terrestre, nous retrouverons le même nom et la même Reine dans une autre vie, en abordant d'un pied ferme les collines lumineuses de l'éternelle Sion.

Ainsi soit-il.

NOTRE-DAME DE REMONOT

(DOUBS).

La grotte de Remonot est un des sanctuaires les plus anciens et les plus intéressants de Notre-Dame en Franche-Comté. Elle rappelle les catacombes où les premiers chrétiens célébraient les saints Mystères. Pendant bien des siècles, elle servit d'église aux habitants de cette contrée, et fut toujours pour les fidèles des montagnes du Doubs un lieu de prière et un but de pèlerinage. La statue miraculeuse qu'on y vénère porte tous les caractères d'une œuvre du moyen âge, et la tradition la fait remonter jusqu'au temps des croisades.

Du reste, des documents authentiques mentionnent ce lieu sacré, dès 1162, sous les noms de *Gésumbrenne* et de *Fontaine de l'Auge*. Ce dernier nom lui a été donné, dès le XIIe siècle au moins, à cause d'un bassin fort ancien, creusé en forme de bénitier dans la paroi même du rocher, à l'intérieur de la grotte. Une eau pure et fraîche remplit continuellement ce bassin, et la tradition a transmis d'âge en âge de gracieuses légendes sur les vertus surnaturelles de cette source sacrée.

C'est auprès de ce sanctuaire que six mille pèlerins sont venus prier pour l'Eglise et pour la France, le mardi 16 septembre. Nous étions arrivés la veille à Remonot, par une pluie orageuse qui avait détrempé tous les chemins, et qui nous faisait craindre que le pèlerinage n'échouât complètement. La nuit fut mauvaise; le lendemain la pluie continua jusqu'à huit heures. Les pèlerins arrivaient cependant peu à peu, et assistaient pieusement aux messes qui se célébraient dès cinq heures du matin, aux quatre autels que M. le curé de Remonot avait préparés dans la crypte. C'est au zèle de ce vénérable pasteur qu'on doit la restauration de ce sanctuaire, et il aime avec raison à être appelé le chapelain de Notre-Dame.

Cependant l'orage se calma insensiblement, et bientôt on aperçut de nombreux pèlerins descendant les pentes des montagnes, et de longues files de voitures arrivant par les routes de Pontarlier et de Morteau. Malgré le vent qui soufflait encore avec violence, les bannières, tenues par les mains robustes des montagnards, flottaient à la tête des processions qu'on voyait suivre les chemins sinueux, et le chant des cantiques retentissait dans les échos de la vallée.

La foi des populations chrétiennes avait bravé l'orage, comme elle avait franchi les distances. La Chaux-d'Arlier, le val de la Loue, les plateaux d'Amancey, de Vercel, de Pierrefontaine, le vallon de Consolation, les montagnes de Maîche, du Russey, de Morteau, et, avant tout, Montbenoît et le pays du Saugeois, avaient envoyé de nombreux pèlerins au sanctuaire de Marie. Cent cinquante ecclésiastiques, parmi lesquels nous avons aperçu Mgr Gaume, M. le chanoine Vernerey, M. Perny, missionnaire, M. le curé de la Madeleine, M. le supérieur de Consolation, et la plupart des curés des cantons voisins, formaient une escorte à la Vierge. La Suisse était représentée par quelques catholiques de la frontière.

A dix heures, M. le curé de Morteau célébra, dans la grotte, la messe solennelle, à laquelle les pèlerins assistèrent tant au dehors que dans l'intérieur de la crypte, où étaient pressés près d'un millier d'assistants. Pendant l'office, on chanta avec entrain le *Kyrie*, le *Credo* et le cantique des pèlerinages, devenu si populaire. Un groupe de chanteurs, qu'on nous a dit être de la paroisse de Lièvremont, a montré particulièrement un grand zèle pendant toutes les cérémonies.

A onze heures, la procession s'est mise en marche pour

porter la sainte image dans l'église paroissiale, construite au sommet du rocher qui domine la grotte de Remonot.

Les longues files de pèlerins se déployèrent, en chantant, sur les flancs de la colline, avec un peu de confusion sans doute, mais en présentant dans l'ensemble un aspect pittoresque et grandiose.

La madone fut déposée sur un des autels de l'église paroissiale, où elle fut vénérée jusqu'au soir par les pèlerins qui se succédaient sans interruption aux pieds de la sainte image, afin d'y prier pour eux-mêmes, pour leurs familles, pour l'Eglise et la patrie.

A onze heures et demie, toute la foule se groupa sur une pelouse voisine. Une estrade pour le prédicateur avait été adossée au mur de l'église, et c'est de là que M. l'abbé Besson a adressé aux pèlerins une éloquente allocution, qui a été entendue de tous et écoutée avec un profond recueillement. Il a rappelé en quelques mots l'histoire du sanctuaire de Remonot, l'a montré comme un asile dans les temps d'épreuve, comme un lieu de prière et de bénédiction, où la bonté divine s'est manifestée par des grâces merveilleuses. Puis, élargissant son horizon, il a rappelé nos fautes et nos malheurs, et exprimé l'espérance qui renaît dans les âmes, à la vue des manifestations de la foi.

Après le discours, tous les fronts se sont inclinés pour recevoir la bénédiction du très saint Sacrement, et la cérémonie du matin s'est terminée par le chant du *Te Deum*.

A une heure, M. le curé de Remonot offrait une généreuse hospitalité à plus de cent convives. Pendant ce temps-là, les pèlerins, dispersés dans le village, prenaient leur réfection, qui dans les maisons de la paroisse, qui sous quelque abri, où ils se réfugiaient contre la pluie qui recommençait à tomber. Le soleil manquait à cette fête, et certainement, s'il eût brillé ce jour-là, on aurait compté deux à trois mille pèlerins de plus.

Vers trois heures, le temps redevint plus calme, et on put organiser la procession de retour pour reporter la madone dans son sanctuaire.

Cette marche se fit, de l'église à la grotte, au chant des hymnes et des cantiques, et se termina par la bénédiction donnée aux pèlerins par M. l'abbé Besson, avec la sainte image qu'il tenait dans ses mains.

Telle fut cette journée de prières et de pieuses émotions. Aucun incident fâcheux n'est venu la troubler, et M. le sous-préfet de Pontarlier, qui avait voulu être du nombre des pèlerins de Remonot, a pu constater le caractère pacifique de cette fête religieuse, où les pèlerins étaient venus pour s'édifier et prier. Les pompes de la religion ne ressemblent pas à certaines pompes profanes, quelquefois un peu troublées. En invitant les chrétiens à la prière commune, l'Eglise leur rappelle cette parole du divin Maître : *Bienheureux les pacifiques, parce qu'ils seront appelés enfants de Dieu.*

J.-M. SUCHET.

(Union franc-comtoise.)

DISCOURS

PRONONCÉ

DANS LE PÈLERINAGE DE NOTRE-DAME DE REMONOT,

LE 16 SEPTEMBRE 1873.

Apud te est fons vitæ.
C'est auprès de vous qu'est la fontaine de vie.
(Ps. xxxv, 10.)

Je demande au prophète David sa harpe sainte et sa langue pleine d'images, pour saluer aujourd'hui, dans cette grotte fameuse, Notre-Dame de Remonot, et chanter la vertu de la source où cette Vierge bénie a trempé ses pieds divins. Il aurait manqué quelque gloire à nos pèlerinages et quelque grâce à nos contrées, si vous n'étiez pas venus en si grand nombre, de si loin et malgré toutes les intempéries de l'air, aux pieds d'une Notre-Dame si chère à nos montagnes. Il y a trois mois que tous les yeux se tournent vers ces sites pittoresques; les uns en jouissent pour la première fois, et ce spectacle dépasse l'idée qu'ils s'en étaient faite ; les autres les revoient et ne peuvent se lasser de les revoir encore. Mais une pensée plus haute éclate au milieu de la curiosité publique, un sentiment plus touchant domine tout le reste : il n'y a ici ni peintres, ni poëtes, ni amateurs de la belle nature : je ne vois que des fronts qui s'inclinent, des lèvres qui prient, des genoux qui fléchissent, un peuple qui implore et qui espère ; je ne vois que des pèlerins, Notre-Dame de Remonot ne voit que des enfants. Comment servir d'interprète à toute cette foule ? Comment répondre à son attente ? O Notre-Dame de Remonot, je ne puis le faire dignement qu'en m'écriant deux fois avec David : C'est auprès de vous qu'est la source de la vie : *Apud te est fons vitæ*. Cette grotte est un asile inviolable, cette source qui l'arrose est une fontaine intarissable de grâces et de bénédictions. Soyez deux fois bénie, ô ma Mère, puisque vous avez préparé ici à votre peuple un sanctuaire qui l'abrite et une eau qui le guérit.

I. Dieu a employé les mains de l'homme à bâtir aux deux extrémités de ce vallon les deux plus beaux monuments qu'il voulait consacrer dans nos montagnes à sa gloire et à son service, et ces deux monuments sont encore debout. Il nous reste du prieuré de Morteau, fondé par les enfants de saint Benoît, une belle église qui semble avoir été élevée pour un grand peuple et qui atteste avec quelle magnificence les moines dépensaient ici les épargnes de leur sainte pauvreté. C'est aussi à force de défricher le sol et de l'arroser de leurs sueurs que les chanoines réguliers de Saint-Augustin ont bâti le cloître et l'église de Montbenoît, où la pierre a été fouillée avec tant de profondeur, où le bois a été sculpté d'une main si élégante et si sûre, et où les merveilles de la Renaissance se mêlent aux restes du moyen âge pour offrir, comme en un seul tableau, toute l'histoire d'un glorieux passé. Ainsi bâtissaient les moines. Vous vivez, vous jouissez encore du fruit de leur travail.

Mais quoi que fassent les hommes, même les plus saints, leur néant paraît partout, et la prévoyance humaine est toujours courte par quelque endroit. Ces deux cloîtres, ces deux églises, n'ont pas toujours été un sûr asile; la guerre les a dépeuplés, l'incendie les a dévorés plusieurs fois, et leurs annales ont des pages toutes pleines de larmes et de désolation. Ne craignons rien cependant pour le salut de la contrée; il y a un refuge qu'on ne violera jamais, il y a un sanctuaire où, quelles que soient les calamités qui désolent le monde, il sera toujours donné à nos montagnards de prier au pied d'un autel. La grotte de Remonot, située entre Morteau et Montbenoît, échappera au pillage de l'ennemi, aux persécutions de l'impiété, aux regards même des curieux. La montagne où elle est creusée est escarpée comme un rempart, le sentier qu'il faut suivre n'y conduit que par de brusques détours, et le Doubs la serre de si près qu'il faut en deviner l'entrée plutôt qu'on ne la découvre. Ce n'est pas même en l'abordant qu'on en peut mesurer la profondeur, et on doit accoutumer ses yeux au jour mystérieux qui y règne pour en pénétrer tous les secrets replis. Voyez dans le fond ces eaux limpides qui tombent de la voûte, écoutez leur voix. Cette voix ne se tait ni jour ni nuit, et elle ajoute encore un charme au mystérieux recueillement dont l'âme est comme investie dans ces lieux. Non, je ne saurais me défendre de le croire, les premiers jours que le christianisme a vus dans ces montagnes ne se sont pas écoulés sans que nos ancêtres aient fait de cette grotte un lieu de prière aussi bien qu'un asile contre la persécution. La nature le dirait au défaut de l'histoire : mais l'histoire signale ici un culte, un autel, avec tous les signes d'une dévotion antique et primitive. Si haut qu'on puisse remonter dans nos traditions, on trouve la grotte de Remonot placée sous la protection du Saint Esprit, avec une dévotion particulière à Notre-Dame [1]. Ouvrez les premiers cartulaires connus : vous y trouverez dès le XIIe siècle une mention authentique de Remonot, de sa grotte sacrée et de la fontaine où viennent boire les pèlerins [2]. La statue

---

[1] Note du professeur Bourgon, dans son *Histoire de Pontarlier*.
[2] 1169, cartulaire de Neuchatel.

de Notre-Dame que nous vénérons est du même temps. Ces formes allongées, ces draperies tombantes, ce mélange de douleur et de résignation qui éclate sur la figure, tout porte le cachet mystique du moyen âge. Elle est faite de bois de cèdre, et cette circonstance autorise la tradition qui la fait remonter aux croisades. C'est une Notre-Dame de Pitié ; mais sous ce vocable, qui appartient surtout au xvie siècle, elle porte toutes les marques de l'antiquité chrétienne.

Notre-Dame de Pitié ! quel titre heureusement choisi pour le siècle où éclata la réforme et où l'hérésie, sortant de la Suisse et de l'Allemagne la flamme à la main, essaya à plusieurs reprises l'assaut de nos montagnes. Mais Marie veillait sur vous avec saint Claude et saint Ferjeux ; elle n'a pas laissé franchir une seule fois le Doubs aux soldats de l'erreur sans leur infliger aussitôt par la main de vos pères une rude et sanglante leçon. L'erreur a reculé partout devant ces faulx qui, à peine reposées du travail des champs, couraient à l'ennemi et lui présentaient un front impénétrable. O nobles paysans de la terre de Morteau, vous avez bien mérité de la patrie et de la religion, et Notre-Dame de Remonot a été vraiment pour vous une Notre-Dame de Pitié, puisque l'hérésie n'a jamais pu fouler cette terre ni forcer cet asile.

Le xviie siècle a eu ses épreuves, et vos autels ont gardé, dans les temps les plus malheureux que notre province eût jamais connus, tout leur prestige et toute leur vertu. Les Suédois avaient fait de la Franche-Comté un monceau de ruines. Pontarlier était en flammes, Morteau et Montbenoît étaient abandonnés, le service divin avait cessé dans tous les cloîtres, et le prêtre était, comme le peuple, sans refuge et sans pain. La grotte de Remonot devient alors, pendant dix ans, le refuge et le sanctuaire de tout le vallon. C'est ici que l'on accumule les meubles et les provisions échappés à l'ennemi, ici que les femmes n'ont rien à redouter de la violence, ici qu'il est donné au prêtre de prier, de bénir, de prêcher encore, ici qu'à l'heure du sacrifice, célébré longtemps avant le lever du soleil, se réunissent les habitants épars de ces contrées désolées pour mettre leurs prières en commun et fléchir la colère de Dieu par l'intercession de Notre-Dame de Remonot. Venez, pauvres peuples, suivez les chemins que tant de générations ont déjà foulés. Jamais le secret de la grotte n'a été trahi ; jamais les chemins qui y conduisent n'ont été abandonnés. Regardez-les, interrogez-les avec la scrupuleuse attention de l'archéologie : ils portent la trace profonde des chars gaulois. Les Bourguignons l'ont reprise et l'ont suivie ; on la connaissait au temps des Sarrasins comme au temps des Suédois. Tous les siècles y ont laissé leur empreinte, et cette empreinte nous dit encore : Venez, ayez confiance ; voici la route de l'asile que l'on ne viole jamais et du sanctuaire où Notre-Dame garde ses enfants contre tous les dangers du corps et de l'âme.

La grotte de Remonot, dans les jours de la révolution et de la Terreur, a abrité le même culte et la même foule. La Terreur, qui pouvait tout en France, n'a pu fermer cet antique asile ; les bons prêtres y ont offert le saint sacrifice, et les fidèles y ont trouvé à toute heure les grâces inestimables du baptême, du mariage, de la pénitence et de la communion. On dit que dans tout le cours du moyen âge, la sainte image n'avait jamais voulu quitter ce sanctuaire, malgré les efforts, les prières, la violence même d'un zèle qui n'était pas entré dans les conseils de Dieu. Les religieux du voisinage n'avaient jamais pu obtenir qu'elle allât habiter dans le cloître, et toutes les tentatives faites pour l'enlever de la grotte avaient échoué contre sa mystérieuse résistance. Mais Notre-Dame de Remonot a accordé pendant la révolution ce qui avait été refusé au moyen âge. Elle a daigné sortir de sa retraite et accepter l'hospitalité dans une maison chrétienne. Soyez bénis, pieux fidèles qui avez fait autour d'elle une garde si vigilante ! Vous l'avez accueillie comme votre mère, vous l'avez honorée comme votre reine, et sa sollicitude maternelle demeurera sur vous. Vous serez bénis dans votre nom, dans vos biens, dans vos personnes, dans vos entreprises, et cette bénédiction s'étendra jusqu'à vos derniers neveux.

Laissez passer la révolution, laissez bâtir, même dans notre siècle, une église neuve à Notre-Dame de Remonot, laissez tomber la vieille grotte aux mains de l'industrie profane, rien n'y fera, il faudra tôt ou tard revenir au saint asile fréquenté depuis tant de siècles et remettre la vieille image en possession de ce sanctuaire, bâti par la nature avec une grandeur bien supérieure aux ouvrages de l'homme. Mais Notre-Dame de Remonot ne défend pas qu'on en facilite les abords ni qu'on y élève avec éclat un autel signalé par tant de merveilles et de traditions. Ce fut votre œuvre, ce sera votre gloire, et toute la postérité vous en bénira, humble pasteur de Remonot. Vos peines, vos sueurs, vos épargnes, les aumônes recueillies par vos mains, ont rendu à cette contrée ses saintes catacombes. Notre glorieux pontife les a rouvertes il y a dix ans, en présence de soixante-quatre prêtres et de six mille fidèles (1). Il bénissait Dieu de lui avoir donné cette consolation et cette joie, et il comptait cette journée parmi tant de belles journées, dans un épiscopat dont la longueur est un bienfait public parmi tant d'autres bienfaits. Jouissez maintenant, ô saint prélat, de ce pèlerinage, de cette fête, de tous ces empressements, de toutes ces prières, de toutes ces expiations et de toutes ces espérances. Mais, non, ni le prêtre, ni l'évêque, ne réclameront la

---

(1) Le 17 septembre 1863.

moindre part. A Dieu toute la gloire, à Notre-Dame de Remonot toutes les louanges, à nos fidèles montagnes toutes les grâces de ce sanctuaire si heureusement consacré et de ce pèlerinage si heureusement restauré. L'asile du pays est devenu plus saint que jamais. Peuple chrétien, tu n'as rien à craindre, et te voilà plus que jamais à l'abri de l'orage sous les auspices de Notre-Dame de Remonot.

II. Je n'ai célébré encore que la moitié de vos gloires, car ce n'est pas seulement un asile que Dieu vous a fait dans la grotte de Remonot ; sa divine miséricorde vous y a préparé une eau dont la vertu surnaturelle est justement populaire. Vous n'avez donc rien à envier aux pèlerinages les plus fameux : un sanctuaire formé par la main de la nature et consacré, dès l'origine du christianisme, par les plus religieux souvenirs ; une Notre-Dame vénérée et bénie de génération en génération comme la gardienne du pays ; enfin une fontaine miraculeuse, dont les eaux rendent la santé et la vie. Que de trésors réunis ! que de grâces obtenues ! que de bienfaits publics !

La fontaine de l'Auge, c'est le nom que les chartes lui donnent dès le douzième siècle, a été, comme la piscine salutaire de Jérusalem, entourée d'infirmes et de malades. Mais ce n'est pas à la verge d'un ange qu'elle doit ses merveilleux effets, il n'est pas nécessaire d'attendre trente-huit ans, comme le paralytique, l'instant heureux où l'envoyé du ciel viendra en agiter les eaux ; et on n'a jamais entendu pousser sur ses bords le cri du malade qui désespère : « Je n'ai personne pour m'y plonger : *Hominem non habeo.* » Marie est là, c'est elle qui a donné à la fontaine ses merveilleuses propriétés, elle la garde, elle l'a mise à la portée des plus petits et des plus pauvres, un enfant peut en faire tomber sur sa tête les gouttes sacrées, les malades s'y succèdent, et l'efficacité de la fontaine demeure la même. Telle elle était dans le moyen âge, telle elle demeure aujourd'hui. Notre siècle peut citer, comme tous les siècles précédents, des guérisons authentiques ; à ceux qui demandent des miracles, nous avons encore des miracles à raconter, et ces miracles sont d'hier.

Vous vous rappelez cet automne de 1854, de si triste mémoire, où la peste s'abattit sur nos provinces, décima impitoyablement Dijon, Pesmes, Gy, Dole, Gray, Auxonne, et ne s'arrêta qu'aux portes de Besançon. Des processions publiques étaient ordonnées dans toutes les paroisses, et nous n'omettions rien pour prévenir dans nos montagnes l'invasion du fléau. Plus de cinq cents chrétiens s'étaient réunis autour de la fontaine sacrée et de la statue de Notre-Dame. Mais les regards se portaient sur un paralytique alité depuis quinze ans [1],

---

[1] Julien Lambert, de Lara, paroisse de Gilley.

et qui, cédant à une voix intérieure, s'était dit qu'il trouverait dans cette grotte le vrai médecin et le vrai remède. Le vrai médecin, c'est Marie; le vrai remède, c'est l'eau de sa fontaine. Le malade avait cédé à cette bonne pensée. Il s'était levé, il avait suivi le cortége de Marie, il avait trempé dans l'eau sainte ses membres, qui se raffermissaient comme d'eux-mêmes au milieu de la procession, et le lendemain, après une infirmité de quinze ans réputée incurable, il reprenait, d'un pied leste et joyeux, le chemin des champs, il allait y verser les premières sueurs de son corps ressuscité. Les habitants de Gilley et de Remonot connaissent ce trait, ils le citent encore; ils ont vu le malade s'affaiblir graduellement, renaître tout à coup et revenir à la santé parfaite. Non, l'eau de la fontaine n'a rien perdu de sa vertu.

Huit ans après, une humble et fervente chrétienne, de la paroisse de la Grand'Combe de Morteau, semble toucher à sa dernière heure. L'art n'a plus de secours pour son corps épuisé, l'huile sainte a touché ses pieds et ses mains, elle est prête au départ, et la parole du prêtre lui en a donné le signal. Tout à coup son teint se ranime, sa voix se fait entendre : « Je voudrais bien avoir de l'eau de la Vierge. » Oh! l'heureuse pensée! On s'empresse, on court à la grotte, la fontaine de l'Auge était gelée, il faut briser la glace, et cette glace, apportée dans la chambre de la malade, s'est à peine fondue sur ses lèvres qu'elle exhale en un soupir de joie son espoir et sa reconnaissance. « Je vais mieux, s'écrie-t-elle, je serai guérie. » Quelques jours après, l'espérance est devenue une certitude. Elle est guérie, toute la maison le proclame, toute la paroisse le répète, toute la contrée connaît, cite, raconte la miraculeuse guérison : tant il est vrai que la fontaine a gardé toute sa vertu.

On l'a vu cette année même, dans le moi de mai, et c'est un enfant né à Paris, mais nourri et élevé à la Maison-du-Bois, qui a éprouvé, de la manière la plus subite et la plus complète, l'efficacité des eaux de la grotte. Il était aveugle, mais ses yeux, à peine touchés par l'eau sainte, se sont retournés sur eux-mêmes, à la grande admiration de tout le monde. Il était aveugle, il voit maintenant. Le miracle est d'hier, et les riches dons que ses parents ont envoyés à la grotte attestent assez qu'ils savent où ils ont trouvé pour lui et le vrai médecin et le vrai remède. Non, encore une fois, l'eau de la fontaine n'a rien perdu de sa vertu.

Qu'elle coule encore, qu'elle abreuve toujours votre foi et votre piété, qu'elle rejaillisse jusqu'à la vie éternelle ! Jamais, tout le monde le sait, malheureux n'a passé dans cette grotte sans être consolé. Arrêtons-nous, prions, appelons à grands cris celle que l'on nomme l'appui du pauvre et du malade, le soutien des affligés, le guide des voyageurs. C'est la France en pleurs qui est aujourd'hui aux autels de Remonot. La France est appauvrie, mais ce n'est pas l'argent qui lui manque, c'est la vertu. La France est malade, mais ce n'est pas pour ses champs épuisés que nous tremblons, c'est pour son âme, c'est pour sa foi, attaquée de toutes parts, que nous demandons la force d'en haut. La France est affligée; à l'heure même où je vous parle, le dernier Allemand quitte notre territoire, mais il emporte la moitié de la Lorraine et presque toute l'Alsace, et la patrie déchirée n'allumera pas des feux de joie sur ces Vosges, qui ont cessé d'être toutes françaises. C'est avec des larmes et des soupirs qu'il convient de regarder, au delà de ces nouvelles limites, deux provinces en deuil de leur nationalité perdue. La France voyage, depuis trois mois, de sanctuaire en sanctuaire, elle cherche son chemin, elle appelle son étoile, elle mène dans ces pèlerinages mystérieux ses savants, ses orateurs, ses artistes, ses femmes les plus saintes, ses vierges les plus pures, ses paroisses les plus célèbres. Le pape l'encourage, les évêques la bénissent, mille faveurs extraordinaires récompensent son zèle. La foule grossit, les chants s'animent, on monte à l'assaut des saintes montagnes comme à l'assaut des cités; on descend dans les vallées profondes comme en un champ clos où va s'engager la bataille; on se revêt dans les sanctuaires des armes que Marie et les saints nous apprêtent; on prend le mot d'ordre aux pieds de leurs autels ; c'est l'eau des fontaines mystérieuses qui ranime la vaillance, c'est le refrain des cantiques populaires qui soutient la marche, c'est la croix qui la guide, et les bannières qui flottent derrière elle s'ébranlent à ces cris de guerre qui sont toujours les mêmes : Jésus ! Marie ! Rome ! Pie IX ! La France ! Le Ciel !

En avant ! en avant sous ces sacrés auspices ! O Notre-Dame de Remonot, je vous recommande en finissant tous ces grands intérêts. Que votre culte se conserve dans nos montagnes avec cette foi vive, cette espérance ferme et cette candeur charmante qui nous ont déjà valu tant de grâces. Demeurez aussi chère à nos enfants que vous l'avez été à nos pères et à nos ancêtres. Recevez leurs derniers soupirs aussi bien que leurs premiers serments. Que les derniers habitants de ces contrées soient encore vos pèlerins, et que cette grotte ne s'écroule, au dernier jour, que pour vous faire voir à tous les regards, la couronne en tête, le sceptre en main, élevée sur un trône lumineux et entourée de tous les élus qui auront été vos clients. Là, vous donnerez vous-même le signal de la louange, et nous chanterons, en vous saluant, cette eau merveilleuse de la grâce qui, changée en un torrent de gloire, coulera à vos pieds dans la cité bienheureuse et abreuvera les saints d'une félicité éternelle.

NOTRE-DAME DE LA SALETTE,

A LA GRAND'COMBE-DES-BOIS (Doubs).

Vendredi 19 septembre, le sanctuaire élevé en l'honneur de Notre-Dame de la Salette à Grand'Combe-des-Bois, près le Russey, par M. l'abbé Rousselot, vicaire général de Grenoble, faisait écho au grand pèlerinage national de la Salette. Environ deux mille pèlerins et cinquante prêtres de France et de Suisse étaient venus prier, pleurer et espérer ensemble.

Après une ingénieuse allocution du P. Hugonot, qui, le matin, clôturait la retraite préparatoire, M. l'abbé Besson s'est fait entendre le soir. Il avait bien voulu, entre le pèlerinage de Remonot et les fêtes de Maîche, prêter à ce modeste pèlerinage l'éclat de son merveilleux talent. Jamais, croyons-nous, pas même à Ronchamp ni à Sion, sa voix n'a eu de plus pathétiques accents, alors qu'il montrait : 1° que c'était un berger de nos montagnes, M. l'abbé Rousselot, qui avait le premier, après les bergers de la Salette, recueilli les larmes de Marie ; 2° pourquoi ces larmes avaient été versées, et 3° par quel moyen nous pouvons les tarir dans ses yeux maternels.

Des pleurs étaient dans tous les yeux, surtout quand M. le chanoine Besson a offert des consolations et un asile à l'Eglise de Suisse, presque réduite à nous redemander l'hospitalité qu'elle nous avait autrefois si généreusement accordée. Plaise à Dieu que les choses n'en viennent pas là ! C'est l'espérance et le vœu de tous les témoins de cette belle fête, due au zèle de M. l'abbé Prêtre, curé de Grand'Combe-des-Bois.

(*Union franc-comtoise*, 26 septembre 1873.)

SERMON

PRONONCÉ DANS LE PÈLERINAGE DE LA SALETTE,

A GRAND'COMBE-DES-BOIS,

LE 19 SEPTEMBRE 1873.

Videns Jesus civitatem flevit super eam.
Jésus voyant la cité se mit à pleurer sur elle.
(*Luc.*, xix, 41.)

Le Dieu qui a pleuré sur Jérusalem a envoyé il y a vingt-six ans, le 19 septembre 1846, Marie, sa Mère, pleurer sur les hauteurs des Alpes et expliquer aux bergers de la Salette l'objet de sa profonde douleur. C'est en mémoire de cette apparition qu'une chapelle a été érigée dans cette église et qu'une nouvelle Notre-Dame de Pitié vient d'y être aujourd'hui inaugurée et bénite. Quelle image attendrissante ! Quelle attitude ! Comme cette humble posture, ces yeux baissés, ce visage à demi caché dans ces mains suppliantes, révèlent les angoisses d'une mère ! Marie a pleuré sur la

France, comme autrefois Jésus avait pleuré sur Jérusalem, et vous ne pouvez vous défendre de pleurer vous-même, peuple chrétien, devant cette statue qui consacre un si touchant souvenir. Je le comprends, c'est ici surtout qu'il convient de méditer ce mystère et d'invoquer Notre-Dame de la Salette, car vous avez dans cette date fameuse dont nous célébrons le retour, des souvenirs qui vous intéressent au plus haut degré. Des mille sanctuaires élevés en l'honneur de Notre-Dame de la Salette, celui de la Grand'Combe-des-Bois a des titres tout particuliers à l'attention publique. Nous rappelons la gloire de nos montagnes en rappelant la gloire de l'apparition, et Marie elle-même, en contemplant aujourd'hui, de la Tamise à l'Indus et des hauteurs des Alpes aux Cordilières, toutes les églises bâties sous cet heureux vocable, aura, nous l'espérons, pour cette paroisse, pour ce diocèse, pour toute cette province, un regard de bienveillance et de satisfaction. Je viens vous expliquer cette faveur, en vous suppliant de vous en rendre toujours plus dignes. Il suffit de redire qui a recueilli les larmes de Marie, pourquoi ces larmes ont été versées, et comment nous pourrons les tarir dans ses yeux maternels.

I. Marie ayant résolu de révéler aux deux bergers des Alpes le secret de sa douleur, choisit longtemps à l'avance l'apôtre qui devait publier, raconter, défendre, accréditer la bonne nouvelle de son apparition. Cet apôtre fut d'abord un berger, mais un berger que Dieu a élu dans vos contrées et qu'il a mené, par des voies mystérieuses, des hauteurs du Jura sur les hauteurs des Alpes pour recueillir et montrer au monde les larmes de la sainte Vierge.

A la veille de la révolution française, un enfant naquit, le 12 avril 1786, dans la paroisse du Barboux, mais il fut transporté presque aussitôt dans celle de Grand'Combe-des-Bois avec l'humble ménage de ses parents, qui tenaient une des fermes du voisinage. Cet enfant fut Pierre-Joseph Rousselot, le futur apôtre de la Salette. Il a reçu dans cette église les leçons de M. l'abbé Mougin, cet astronome si modeste dont la correspondance était si précieuse à Lalande, ce prêtre si fidèle qui refusa de prêter le serment constitutionnel, ce pasteur si heureux qui demeura, même dans les plus mauvais jours, à la tête de sa paroisse, et qui put y achever sa vie après cinquante ans passés d'un ministère plein d'honneur et de bénédiction. Voilà l'école où se forma le jeune Rousselot. Il ne la quitta que pour l'école de l'exil, car ce n'était que dans l'exil qu'il était permis alors d'étudier sa vocation et de se préparer au service des saints autels. Fribourg fut pour lui cette terre hospitalière où l'esprit de Dieu acheva de se révéler à son âme et d'y développer les vertus sacerdotales. Heureux séjour qu'on ne saurait trop bénir ! Hospitalité sainte qu'on ne saurait trop remercier ! Les annales de l'Eglise de Besançon sont toutes pleines de ces sacrés souvenirs. La Suisse fut pour nos prêtres et nos lévites un sûr asile où ils trouvèrent pendant quinze ans des foyers amis, une table généreuse, de nobles écoles, de pieux et savants maîtres. Non, le Jura qui nous sépare des Eglises de Bâle et de Fribourg n'a point séparé nos esprits ni divisé nos cœurs ! Les prêtres de ces deux Eglises sont demeurés nos plus pieux confrères et nos meilleurs amis. Les jours de la persécution ont commencé pour eux, et ils ne sont pas sûrs d'achever l'année dans leurs presbytères. Ah ! vénérés confrères, si l'entreprise impie venait à s'achever et qu'il vous fût donné de connaître à votre tour les malheurs de l'exil, venez, acceptez la main amie que nous vous offrons; nos maisons, nos églises, nos bourses, nos cœurs, tout est à vous ; et si nos prières ne peuvent prévenir une telle disgrâce, que ce soit du moins, pour nous encore plus que pour vous-mêmes, une consolation de la voir adoucie par les soins d'une fraternelle hospitalité.

M. l'abbé Rousselot, au sortir du diocèse de Fribourg, n'était pas destiné à rentrer dans le diocèse de Besançon. Dieu lui préparait un autre avenir. Il le mène d'abord à la Trappe de Val-Sainte, où sa rude et forte nature s'assujettit avec un merveilleux empressement aux austérités de la vie religieuse. Mais la guerre le chasse de ce nouvel asile, et le voilà rentrant en France par les Alpes du Dauphiné, avec une vie plus errante que jamais. Le séminaire de Grenoble s'ouvre devant lui. C'est là qu'il reçoit le sacerdoce et qu'il trouve enfin, après tant de vicissitudes, la patrie de son âme et le dernier mot de sa vocation. Il y devient, presque dès le commencement, un maître consommé en science aussi bien qu'en sainteté. Ses leçons font autorité dans le diocèse, ses livres font autorité dans l'Eglise. On le cite parmi les meilleurs commentateurs de la morale chrétienne. Mais avec la sagacité rare de son esprit, qui lui mérita tant de disciples, il possédait une qualité plus rare encore, la bonté, qui lui donna dans ces disciples autant d'enfants dont l'affection dépassait encore la docilité. Les honneurs s'accumulent sur sa tête, et sa modestie demeure la même. Professeur de théologie, chanoine titulaire, vicaire général, il possède la confiance de son évêque aussi bien que celle de ses élèves, et tous les prélats qui se succèdent sur le siége de Grenoble lui donnent des marques éclatantes de leur estime et de leur attachement.

Ainsi se continuait parmi les dignitaires de l'Eglise cette carrière commencée dans vos sapins, parmi les bergers de nos montagnes. M. Rousselot venait de dépasser sa soixantième année quand l'apparition de la Salette lui fit d'autres devoirs et le transforma en apôtre. Il aborde le premier les deux bergers qui ont reçu les confidences de la sainte

Vierge, il les interroge, il les écoute, il publie leur récit, il en défend l'authenticité, il en fait valoir les preuves démonstratives. Rappelez-vous ces commissions instituées par l'autorité diocésaine, dont il fut l'âme et la lumière ; ces livres écrits, publiés et répandus avec un zèle incomparable, et où l'autorité de son nom a tant fait pour accréditer le miracle ; ces voyages entrepris avec le vénérable curé de la cathédrale de Grenoble pour porter à Pie IX les secrets de la Salette ; ces correspondances entretenues du fond de la cellule qu'il occupait dans son cher séminaire, avec les évêques, les critiques, les curieux de l'univers entier. Il parle, il écrit, il discute, il disserte, parce qu'il croit : *Credidi, propter quod locutus sum*. Vous l'avez vu dans ces chères montagnes pendant les courtes vacances qu'il accordait à sa vieillesse. C'étaient les vacances d'un évangéliste, car il ne cessait de répandre la bonne nouvelle, raffermissant les convictions encore incertaines, éclairant les esprits prévenus, persuadant presque tout le monde, autant par sa vertu que par sa parole, et ne laissant à personne le moindre doute sur sa sincérité. La paroisse de la Grand'Combe-des-Bois lui doit une chapelle et un pèlerinage de la Salette. C'était un noble présent fait à sa terre natale et comme le testament de son affection pour elle. Il lui a donné ainsi la dernière pensée de sa foi, et ses regards mourants se sont partagés entre les Alpes et le Jura pour appeler sur les deux Eglises de Besançon et de Grenoble les bénédictions de Notre-Dame de la Salette.

Soyez béni dans votre mémoire, vénérable apôtre de cette apparition et de ce miracle. Non, ce n'est pas sans dessein que Dieu vous a chargé de recueillir les larmes de la sainte Vierge et de les présenter à l'évêque, au pape, aux prêtres et aux fidèles, à l'univers entier. Ces larmes sont devenues dans vos mains comme des perles précieuses, qui forment aujourd'hui la parure de l'Eglise. Et vous, peuple chrétien, estimez-vous heureux d'avoir vu sortir de vos rangs un prêtre destiné à une si haute mission. Dieu, dont il a été le ministre, exaucera les vœux qu'il offre pour vous dans le ciel, et Marie, qui l'a trouvé si jaloux de sa gloire, ne refusera rien à ses sacrées instances. Son nom, sa carrière, ses mérites apostoliques, seront dans l'avenir un bienfait public pour ces contrées, et, tant que l'on parlera de la Salette, vous aurez part à ce bienfait dans le souvenir de la postérité reconnaissante.

II. Marie a pleuré sur la France, et, après les bergers de la Salette, c'est un berger de nos montagnes, devenu un prêtre éminent, qui a recueilli et montré ces larmes précieuses. Mais pourquoi ces larmes ont-elles été versées? Ah! vous le savez bien! Marie a pleuré à cause de nos crimes, Marie a pleuré à cause de nos châtiments.

Le crime de la France, c'est d'avoir popularisé le

blasphème par sa langue, accrédité par ses exemples l'oubli de la loi du dimanche, et rejeté de ses mœurs le joug de la pénitence chrétienne.

Ecoutez les plaintes de Marie sur les hauteurs de la Salette : ces plaintes n'ont pas d'autre objet que cette triple prévarication dont la France s'est rendue si publiquement coupable.

Elle souffre, elle pleure, elle se désole, parce que le nom de son Fils est blasphémé.

C'est la foule qui a commis ce blasphème. Elle l'a jeté au milieu de ses cris, de ses injures, de ses malédictions ; elle l'a fait retentir avec éclat sur les grands chemins, à l'entrée des ports, dans les rues et sur les places publiques ; elle l'a mêlé aux travaux des champs, aux calculs du commerce, aux veilles de l'industrie ; on l'a entendu, depuis le commencement de notre siècle, dans les clubs, dans les prétoires, jusque sous les armes ; en sorte que le nom de Dieu, le plus auguste de tous les noms, n'est plus populaire aujourd'hui que parce qu'il est honni, raillé, conspué, blasphémé, partout où il y a des foules qui s'assemblent, qui travaillent, qui écoutent ou qui parlent.

Mais, à côté du blasphème populaire, que de blasphèmes élégants et voilés ! Comme la France leur a prêté la magie de son style, l'entrain de sa parole, et jusqu'à cet art cruel avec lequel elle sait railler en louant, douter en gémissant, et faire deviner, sous les formes du respect, le scepticisme et l'impiété ! L'éloge est la forme la plus exécrable et la plus répugnante du blasphème. C'est dans notre langue, hélas! que cet éloge blasphématoire a le plus de lecteurs et qu'il fait le plus de dupes, témoin cette *Vie de Jésus* qui n'est d'un bout à l'autre qu'un long blasphème et qui a achevé de déshonorer notre littérature contemporaine en ajoutant l'affreux mérite de la discrétion et du raffinement au mérite, déjà si affreux, de l'impiété ouverte et de l'immoralité déclarée ; témoins ces revues, ces journaux, ces livres, décorés de titres scientifiques et qui ont fait, au nom de la science, un perpétuel réquisitoire contre la Bible, l'Evangile, l'Eglise ; témoin ce mépris avec lequel on a traité toutes les questions religieuses, en abaissant au-dessous de la nature et du temps les grands intérêts de la grâce, du ciel et de l'éternité, que l'on appelle de vaines spéculations, de pures hypothèses ou de ridicules rêveries.

Ainsi le blasphème n'a pas été seulement le partage de la foule ignorante et grossière ; on l'a revêtu d'agréables dehors. Il s'est présenté sous le nom de la raison, de la science et du progrès. Il s'incline pour mieux railler. Ici il s'insinue à force d'esprit ; ailleurs il pénètre à force d'audace, il ose tout, il peut tout, il attaque, il ravage, il ruine presque toutes les âmes, depuis les plus humbles jusqu'aux plus fières. Bergers de la Salette, vous n'avez distingué dans les plaintes de Marie que celles que vous pouviez comprendre ; vous n'avez compris que le crime du paysan qui fouette son attelage avec d'affreux jurements. Mais les oreilles de Marie ont été bien plus frappées encore. Elles ont entendu le blasphème monter vers le ciel du fond de nos cabinets, de nos laboratoires et de nos académies ; elles en ont été profondément troublées, et c'est aux simples que les plaintes de Marie ont été confiées, parce que leur âme, encore naïve et ingénue, était plus propre à les comprendre et à les redire.

Ce n'est encore là que le commencement de la grande douleur. Marie a pleuré parce que la loi du dimanche n'était plus observée. Dieu a donné six jours pour travailler, il s'est réservé le septième, et la société pervertie le lui refuse. Voilà le second crime public et social dont le scandale n'a fait que grandir. Plus les sages ont recommandé l'observation du dimanche, plus on s'est obstiné à le violer. On a fait appel à la loi civile, et la loi civile s'est déclarée impuissante. On a demandé à l'Etat de soutenir, au moins par l'exemple, la pratique du repos hebdomadaire, et l'Etat s'est obstiné à travailler. On a réuni et discipliné d'honnêtes marchands qui se sont engagés à renoncer, le dimanche, à toute vente et à tout travail, et les usages du métier, l'amour du lucre, la crainte d'être devancé par des voisins moins scrupuleux, ont fait sortir de cette conspiration sainte une foule de familles qui s'étaient enrôlées sous le drapeau du décalogue. On a fait parler la morale publique, la santé, les relations de famille et de société ; mais la morale est oubliée pour l'intérêt, la santé pour le plaisir, les relations de famille et de société pour le club ou le cabaret, et le dimanche, déjà si impopulaire parmi les pauvres et les ouvriers des villes, finissait par perdre jusque dans les campagnes, autrefois si fidèles, son charme et son prestige. Il n'y avait plus de fêtes, parce qu'il n'y avait plus de dimanches. Il n'y avait plus de fêtes, c'est pourquoi il ne nous restait qu'à prendre le deuil et à verser des larmes. Voilà les larmes que Marie est venue verser sur nous.

Enfin, pour mettre le comble à la peinture de nos crimes, Marie a pleuré sur l'oubli du jeûne, de l'abstinence et de toutes les saintes pratiques de la mortification chrétienne commandées par l'Eglise. Ces saintes pratiques sont devenues comme étrangères à notre siècle. Le jour où Marie vient les rappeler, c'est un de ces jours où elles obligent le plus et où le monde les accepte le moins ; c'est le samedi, c'est le samedi 19 septembre, c'est le samedi des quatre-temps. L'Eglise, ce jour-là, invite deux fois les chrétiens à se mortifier ; elle leur impose non-seulement l'abstinence, mais encore le jeûne. Hélas ! la langue qu'elle parle n'est plus comprise ; il n'y a plus guère que le cloître et le sanctuaire qui l'entendent, et ces grandes époques de mortification publique ne voient presque plus les familles auxquelles il reste un esprit chrétien porter sur la chair coupable le glaive du retranchement, en lui refusant la satisfaction de la gourmandise. La nature révoltée gagne sa cause presque partout; ses exigences deviennent chaque jour plus nombreuses et plus tyranniques; on compte les tables qui respectent encore les lois de l'Eglise; le nombre en diminue chaque jour, et les exceptions fondées sur la santé, sur la profession, sur l'âge, ont fini par réduire la règle à n'être plus elle-même qu'une rare exception parmi tant de prévarications secrètes et publiques.

Voilà pourquoi Marie est venue pleurer sur les hauteurs des Alpes. Mais, à côté de l'étendue de la faute, on a aperçu l'étendue du châtiment. Elle a déclaré qu'elle ne pouvait plus retenir le bras de son Fils et que ce bras allait s'appesantir sur le monde. Elle a regardé Paris, elle a regardé Rome avec d'inexprimables angoisses. Regardez, et dites combien de fois ce bras divin a lancé la foudre ; regardez, et dites s'il ne demeure pas encore étendu.

Comptez, si vous le pouvez, les fléaux sans nombre et les catastrophes plus innombrables encore dont la France, l'Europe, le monde entier, ont été le théâtre, La nature, la société civile, l'Eglise, ont-elles jamais été aux prises avec tant d'ennemis? Voyez ces plantes séchées dans leurs fleurs, ces vignes tantôt vendangées avant l'heure par la grêle meurtrière, tantôt refroidies par un vent glacial qui en fait tomber les premières espérances, aujourd'hui même dévorées par un ver mystérieux inconnu jusqu'à nos jours; ces nations que le choléra, cet ange de l'épouvante et de l'extermination, a frappées avec tant de violence, en 1849, de Moscou à Berlin et de Londres à Paris ; presque toutes les provinces de France décimées en 1854 par le cruel visiteur ; l'Europe atteinte encore, à l'heure qu'il est, sur tous les points et se demandant, en Angleterre, en France, en Allemagne, dans les trois péninsules de la Grèce, de l'Espagne et de l'Italie, si la troisième invasion du fléau sera aussi terrible que les deux premières. Quels souvenirs ! la mémoire du peuple en est encore confondue. Quel spectacle ! On ne sait si l'on doit espérer ou trembler encore. Le bras du Seigneur est toujours étendu, la coupe de sa colère demeure penchée sur la terre infidèle ; les plantes, les arbres, le corps de l'homme, boivent encore le mortel poison. Mais la lie n'en est pas épuisée, et tous les pécheurs la boiront à leur tour. *Fæx ejus non est exinanita ; bibent omnes peccatores terræ.*

Les rois y ont bu aussi bien que les peuples. Comptez les trônes brisés en éclat, les dynasties disparues, les princes anéantis. Quelle est la nation qui n'a pas changé de fortune et de maître ? L'Italie, l'Espagne, la Grèce, la France, sont en proie à des révolutions que la mémoire confond et mêle ensemble, tant elles se précipitent l'une sur l'autre avec un fracas effroyable. L'Angleterre a tremblé pour ses colonies, le Danemark a été réduit aux plus cruelles extrémités, le Hanovre n'est plus qu'un souvenir, la Saxe n'a plus d'un royaume que le nom, la Bavière n'en est que l'ombre, l'Autriche a perdu son prestige, et la majesté de l'empire passe tout entière à la maison de Prusse, avec toutes les prétentions et toutes les espérances du despotisme le plus odieux qui se puisse concevoir. Quelle décadence universelle! Parmi les rois, les uns abdiquent entre les mains d'un ministre, les autres acceptent les règles du gouvernement des mains de ceux qui devraient les recevoir, la plupart abandonnent à la révolution les rênes de l'Etat. On dirait des conducteurs qui ont abandonné leur sceptre pour garder leur couronne, et qui, penchés sur leur char, ne peuvent plus se retenir sur la route de l'abîme. Quel calice d'humiliation! quelle affreuse lie! Tous les rois, ce semble, la boiront à leur tour : *Bibent omnes peccatores terræ.*

Mais ce ne sont pas seulement les pécheurs, ce sont les justes qui boivent à cette coupe amère, tant il faut que la terre coupable l'épuise jusqu'au fond. Que de martyrs et que d'holocaustes depuis vingt-cinq ans! Presque tous les successeurs de saint Denis deviennent martyrs l'un après l'autre, appelés à la croix sur les hauteurs de Montmartre, tandis que le successeur de saint Pierre y demeure attaché sur les hauteurs du Capitole. Les évêques connaissent l'amende, l'exil, la confiscation ; les fils de saint Dominique partagent avec ceux de saint Ignace l'honneur de tomber sous la balle des guerres civiles ; les religieuses ne sont pas épargnées : ni leur sexe, ni leur âge, ni leurs services ne trouvent grâce devant la révolution. La persécution sévit partout. Ici c'est la raillerie, là c'est l'injure, ailleurs c'est le glaive. Toutes les armes sont tirées, tous les complots se renouvellent contre l'Eglise pour décréter partout contre les christs du Seigneur les tortures de la Passion, tandis que Pie IX, sur qui toutes ces tortures s'exercent depuis sept ans, demeure dans l'inviolable majesté de son infaillible sagesse et répond pour toute l'Eglise avec une admirable sérénité : « Il y a vingt-sept ans qu'ils m'abreuvent de fiel, et ils n'ont rien pu sur moi. Seigneur, épargnez-leur les dernières gouttes de ce breuvage versé sur la terre infidèle, et sauvez les pécheurs en m'éprouvant encore ! » Ah ! puisque ce ne sont plus les pécheurs, mais les justes qui la boivent aujourd'hui, Seigneur, la coupe de votre colère n'est-elle pas épuisée, et n'allez-vous pas accorder aux larmes de l'innocence persécutée et de la justice méconnue ce que vous refusez à l'obstination de l'infidélité ?

III. Des menaces et des larmes, voilà ce qu'on a

entendu, ce qu'on a vu sur les hauteurs de la Salette ; des châtiments affreux, voilà ce que l'Eglise et le monde ont éprouvé depuis vingt-sept ans, parce que ces menaces ont été méprisées et ces larmes tournées en ridicule. Mais les larmes d'une mère ne peuvent pas rester stériles. C'est à nous d'en hâter la fécondité, c'est à nous d'en tarir la source dans les yeux de Marie.

Le jour de la réparation ne semble-t-il pas s'être levé pour nous ? Des bouches auparavant vouées au blasphème commencent à chanter des cantiques pleins de détresse et de pitié, et les pleurs qui s'y mêlent coulent sur les chemins de nos pèlerinages avec une abondance que notre siècle ne connaissait plus. Si haut qu'ait pu monter la voix du blasphème, les voix de la piété montent, ce semble, plus haut encore. Elles sont parties de toutes les extrémités de la France pour se réunir à Paray en un seul cantique d'allégresse et d'amour ; puis les pèlerins, se séparant les uns des autres, chacun selon leur langue et leur bannière, s'en sont allés porter leurs pas aux sanctuaires de leur province, en réveillant le long de leur chemin les traditions et les souvenirs de leurs ancêtres. Chaque contrée restaure ses pèlerinages, et là où la tradition n'en signalait point, la foi les inaugure et les commence. Sur un signe, le peuple s'assemble ; en beaucoup d'endroits, ce n'est pas même le pasteur qui le donne, mais il le reçoit en quelque sorte de la main des fidèles, et il ne lui reste plus qu'à se rendre à leurs vœux pour se mettre à leur tête, lui qui tant de fois n'avait vu presque personne derrière lui dans les supplications de sa piété éplorée. O Marie, ô Notre-Dame de la Salette, vous êtes donc enfin écoutée maintenant ! N'est-ce pas en pleurant que nous tarirons les larmes dans vos yeux maternels ?

La loi du dimanche était méconnue partout ; mais ne commence-t-elle pas à être vengée ? Nous avions fait de chaque dimanche un jour de travail ou de débauche, voilà que nous faisons de chaque jour de la semaine un vrai dimanche. Il y a dans notre religieuse province des dimanches célébrés chaque jour, en plusieurs lieux à la fois, avec la pompe des cérémonies saintes, l'éclat des processions, les avertissements et les consolations de la parole de Dieu. Les enceintes de nos temples ne nous suffisent plus, il faut l'horizon des grandes prairies, les pelouses qui s'étendent au pied de vos sapins et les vastes plateaux qui couronnent nos montagnes. Les auditoires chrétiens se comptent par milliers, et les moindres discours qui leur sont adressés, recueillis avec une incroyable curiosité, vont droit aux âmes, les touchent, les frappent et les entraînent. L'art est étranger à tous ces mouvements. Hélas ! que de fois n'avons-nous pas prêché dans le désert ! que de sermons sans écho ! que de zèle en apparence stérile et infructueux ! Nous empruntions les paroles du prophète pour peindre les voies de Sion abandonnées et les solennités devenues sans charme pour le peuple incrédule. Maintenant ce n'est pas seulement Sion et ses parvis qui sont débordés, les voies qui y conduisent semblent trop étroites, la foule s'y presse et s'y entasse avec un empressement presque sans exemple. Tous nos jours sont des dimanches, toutes nos semaines des octaves, et l'année entière, que l'on appellera l'année des pèlerinages, sera une année de grâces et de jubilation. Vraiment rien ne manque à ce jubilé, qui n'a été ni attendu ni annoncé. Cependant Pie IX l'a pressenti à la dernière heure, il l'a ouvert par sa parole, il en prolonge les indulgences, et il n'est point de jour, il n'est point de lieu où des milliers de pécheurs ne les gagnent depuis trois mois.

Quelle année jubilaire ! C'est l'année où les dettes du péché ont été remises et où les chrétiens de nos pèlerinages sont entrés par la grâce en possession de leur héritage, qui est l'espérance du ciel. C'est l'année où l'inflexible créancier qui pèse sur le monde, Satan, forcé de lâcher sa proie, a vu une foule de ses malheureux débiteurs rendus, par le repentir, à la liberté des enfants de Dieu. Combien d'âmes se sont affranchies de la tyrannie du démon ! Comme les derniers fantômes du respect humain se sont évanouis ! Que de promesses pour un meilleur avenir ! Non, la loi du dimanche ne nous coûtera plus rien, après une année où nous avons compté tant de dimanches ! Non, l'herbe ne croîtra plus dans les chemins de nos temples après qu'elle a été flétrie, foulée, arrachée par les pieds poudreux de tant de pèlerins ! Non, les saints mystères n'exciteront plus ces dégoûts incroyables, ce dédain presque universel, qui trahissaient tant d'indifférence ou d'impiété ! Nous avons élevé des autels dans les rues et sur les places, les chants de l'Eglise sont devenus populaires, et les refrains sacrés, servant de guide à des multitudes innombrables, forcent au silence et au respect ceux qui résistent encore à la contagion de ce magnifique entraînement.

Pénitence ! m'écrierai-je encore, pénitence, peuple chrétien ! et vous achèverez de fléchir le Ciel. Je vous adjure en particulier, fidèles habitants de ces hautes montagnes, vous qui avez gardé le dépôt sacré de la foi, vous que l'on ne détachera jamais de l'Eglise, même après avoir arraché ce mont Jura à ses antiques fondements et abattu le dernier de ses sapins. Vous êtes tenus de donner avant tous les autres l'exemple austère de l'expiation. C'est la simplicité aussi bien que la foi qui est l'antique honneur de la contrée. Loin de vous les parures qui amollissent l'âme et qui surchargent le corps; loin de vous le luxe des tables; loin de vous les recherches de la vanité, la dissolution des mœurs, le scandale de la vie sensuelle. Le déluge de la corruption publique n'a pas encore envahi vos montagnes : je vous en félicite, puisque Marie les a gardées comme des villes de refuge où l'on retrouvera le trésor des anciennes mœurs et les modèles perdus de la vie chrétienne.

Voilà le dernier mot de l'expiation attendue. Il faut expier ces orgies où le monde s'enivre de vanité et de luxure ; il faut faire oublier que l'immortification a triomphé dans ces banquets ignobles du vendredi saint qui ont été une publique injure à la foi et aux habitudes d'une nation catholique ; il faut laver, à force de larmes, les souillures encore chaudes de ces libations sacriléges où la science, la littérature, les arts, sont venus tremper leurs lèvres et que des princes ont offertes les premiers au démon de la révolution. Pénitence ! m'écrierai-je toujours, pénitence ! Rachetez le monde à force de vertus et aidez Marie à retenir le bras de son Fils jusqu'à ce que ce bras divin ait cessé de s'appesantir sur nos têtes humiliées.

Ce sera là votre ouvrage, ô Notre-Dame de la Salette. Vous nous avez tracé nos devoirs, et nous finissons par les comprendre. Agréez donc ces prémices de la prière qui recommence, du repos hebdomadaire qui se renouvelle et de la mortification chrétienne qui s'impose à notre nation ruinée et convertie par les révolutions. Ces prémices de l'expiation publique ne sont rien encore auprès de nos fautes, mais vous pouvez les faire valoir, les bénir, en présenter à Dieu les mérites naissants, et surtout y joindre les mérites incomparables et surabondants de votre propre douleur. Nous commençons à verser des larmes, ô Marie, pour vous imiter, vous consoler, vous réjouir. Ce sera pour nous une grâce que de les avoir répandues, ce sera votre gloire de les avoir provoquées par votre maternel exemple, et le nom de Notre-Dame de la Salette demeurera étroitement uni à notre histoire, en rappelant l'étendue des prévarications, l'éclat du repentir, et la miséricorde plus éclatante encore qui a couvert la multitude de nos péchés d'un pardon éternel.

NOTRE-DAME DE MONTPETOT,

PRÈS PONTARLIER.

A l'est de Pontarlier, en face du fort de Joux, s'élève sous le vocable de Notre-Dame de Montpetot une chapelle fréquentée depuis des siècles par les pèlerins. Les paroisses de Saint-Pierre-la-Cluse, des Verrières, de Montperreux et des Fourgs s'y rendent en procession à des jours marqués et s'y rencontrent, chacune sous leur bannière, par des chemins différents qui aboutissent au pied de la chapelle. Le 24 septembre 1873, fête de Notre-Dame de la Merci, un pèlerinage solennel s'est organisé dans ces hautes montagnes. Outre les paroisses que nous venons de citer, on y comptait encore les principales bannières de la Chaux d'Arlier et du Val des Usiers, telles que Pontarlier, Doubs, Chaffoy, les Grangettes, Frasne, Dompierre, Sainte-Colombe, la Rivière, Sombacour, Dommartin, Bians, etc. La foule a été évaluée à six mille fidèles, au milieu desquels plus de cent prêtres, les uns en habit de chœur, à la tête de leur paroisse, les autres, venus de loin, les pieds poudreux, le bâton à la main, accompagnés de quelques braves gens qui n'avaient pas redouté les fatigues d'un long voyage. Mais le principal ornement de la fête était la présence de Mᵍʳ Guillemin, évêque de Cybistra, préfet apostolique de Canton. Ce vaillant missionnaire, qui se reposait à peine depuis quelques jours à Vuillafans au milieu de sa famille, a voulu donner un encouragement à nos dévotions franc-comtoises en faisant le pèlerinage de Montpetot. Il arriva un des premiers aux pieds de la miraculeuse Notre-Dame, célébra la messe, distribua la sainte communion et édifia l'assistance par les nobles paroles qu'il laissa tomber de sa bouche, ou plutôt de son cœur, avec cette facilité et cette onction qui caractérisent tous ses discours. A onze heures la grand'messe a été célébrée par M. le curé de Pontarlier et répondue par tout le peuple avec l'accent d'une foi profonde. Le discours prononcé après l'évangile par M. l'abbé Besson, chanoine de Besançon, ajouta encore à l'émotion publique. Mgr Guillemin prit la parole, après la messe, pour recommander sa chère mission et donna la bénédiction du Saint Sacrement.

Ainsi se termina le pèlerinage de Notre-Dame de Montpetot. On ne saurait trop louer le zèle de M. l'abbé Gerrier, curé de Saint-Pierre-la-Cluse. Ayant le bonheur de posséder dans sa paroisse une chapelle si vénérée, il n'a rien omis pour l'embellir et pour y attirer un grand concours. La pieuse journée du 24 septembre 1873 est la digne récompense de ses peines et de ses travaux.

DISCOURS

PRONONCÉ

DANS LE PÈLERINAGE DE NOTRE-DAME DE MONTPETOT,

LE 24 SEPTEMBRE 1873.

MONSEIGNEUR [1],

La fête de Notre-Dame de la Merci, que l'Eglise célèbre en ce jour, est une de celles qui sont le plus chères à votre grand cœur. Il y a vingt-cinq ans que vous êtes allé, pour la première fois, chercher sous un ciel lointain, à deux mille lieues de votre patrie, des âmes à délivrer, et toutes les fois que les intérêts de votre mission vous ramènent en Europe, nous retrouvons en vous un de ces hommes bénis de Dieu, soutenus par Marie, à qui il est donné de délier les chaînes des captifs et de mettre fin à un joug odieux. Ce n'est pas le corps que vous arrachez à ces indignes liens, c'est l'âme. Ce n'est pas

[1] Mgr Guillemin, évêque de Cybistra, préfet apostolique de Canton.

la liberté de la terre et du temps que vous rendez, c'est la liberté de la grâce et de l'éternité. Nous nous rappelons aujourd'hui les Pierre de Nolasque, les Raymond de Pennafort, les frères de la Merci, tous ces héros, tous ces ordres fameux dont Marie a soutenu les efforts et propagé la gloire. Vous êtes de leur race, Monseigneur, mais votre mission est plus belle encore, et en songeant à la délivrance de tant d'âmes infidèles préparée et obtenue par vos soins, il nous semble que vous avez plus droit que personne de suspendre aux voûtes de cette chapelle des fers brisés, emblème de la captivité tant de fois rompue par vos mains. Je bénis l'heureuse pensée qui vous amène à Notre-Dame de Montpetot. C'est bien ici le pèlerinage qui convenait à votre mission parmi tant de pèlerinages fameux. Voici bien le jour où il convient de le faire. La fête que nous célébrons, le pontife qui la préside, les souvenirs que cette chapelle réveille, les espérances qu'on y conçoit, tout se rapporte à la même pensée. Ecoutez, mes frères, jugez combien ces souvenirs sont touchants, et quelle confiance nos prières doivent y puiser pour la délivrance commune de l'Eglise et de la France.

Ce fut un captif qui fonda cette chapelle, en souvenir d'un grand bienfait. Il était tombé aux mains des infidèles, mais sa foi ne se découragea pas. Marie, qu'il appelle à son secours, l'écoute, l'exauce, lui rend la liberté d'une manière si miraculeuse qu'il faut bien y reconnaître un trait de la Toute-Puissance divine implorée avec ces larmes maternelles auxquelles Jésus ne sait rien refuser. Il est donc venu, l'heureux captif, des côtes lointaines de la Barbarie, et, déclarant qu'il devait à la sainte Vierge cette délivrance inattendue, il lui a consacré cet édifice dont la langue du pays a fourni le vocable. C'est Notre-Dame de Montpetot, ainsi nommée du coteau sur lequel elle est bâtie. Le coteau est petit, si on le compare aux grandes chaînes de montagnes qui l'enveloppent, mais que l'horizon en est grand et combien la gloire de Marie sera plus grande encore !

Cette délivrance personnelle était le présage d'une autre délivrance promise à toute la contrée. Les disciples de Calvin, Farel à leur tête, avaient juré de corrompre la foi de nos montagnes. On les a vus pendant dix ans tenter partout l'invasion, mais subir partout un sanglant échec. Saint-Claude s'en souvient, et il en bénit les reliques de son glorieux patron. Morteau s'en souvient, et il en rapporte le mérite à Notre-Dame de Remonot. Voici un autre passage, il est bien plus étroit encore, mais l'hérésie n'y sera pas plus heureuse. Les paysans des Fourgs s'arment pour la combattre, leur curé les commande, la Roche au Prêtre garde longtemps la trace du sang versé, et le nom qu'elle garde encore, après que le sang a disparu, atteste avec quelle vaillance, quelle énergie, quel héroïsme, ce ministre de Jésus-Christ, soutenu par la protection de Notre-Dame de Montpetot, a combattu dans ces lieux les saints combats de la foi et de la liberté.

Entrez dans la chapelle, vous y verrez, à côté des fers suspendus, l'image d'un vaisseau échappé au naufrage. Encore un souvenir de délivrance ! Le marin qui l'a offert à Notre-Dame de Montpetot n'avait pas inutilement crié du milieu des flots en courroux : grâce, pitié, merci ! Marie l'a entendu, Marie l'a sauvé, Marie a aplani pour lui la route des mers et l'a ramené sain et sauf au milieu de ces sapins qu'il ne croyait plus revoir. Mais ce n'était là que le présage d'une délivrance plus grande encore. O Notre-Dame de Montpetot ! que n'avez-vous pas sauvé dans ces derniers temps ! C'est ici que le vaisseau de la France est venu se heurter dans les dernières heures d'une fatale guerre, et cette mer de sang et de larmes qui a noyé tant de villes fameuses, Metz, Sedan, Strasbourg, Paris, a jeté ici, de bataille en bataille et d'orage en orage, cent mille Français, épuisés de fatigue et de faim, qui ont marqué sur la neige de ces montagnes la trace de leurs derniers pas et livré en mourant leur dernier combat. Eh bien ! ce dernier combat, ce dernier soupir, a été une victoire, ces deux forts qui gardent le col de la Cluse sont demeurés aux mains de la France, Notre-Dame de Montpetot en a conservé les clefs, et de ce vaisseau battu, démâté, expirant, il est sorti des braves qui se sont retournés comme des lions contre leurs ennemis et qui les ont étendus à leurs pieds. Qu'ils passent maintenant, les derniers restes de l'armée française, qu'ils aillent demander un asile à la Suisse hospitalière, Notre-Dame de Montpetot les regarde, les délivre et les bénit. Qu'ils achèvent la journée, ces braves marins qui ont conduit jusqu'ici ce navire brisé, sans perdre un seul jour ni le courage ni la confiance. Notre-Dame de Montpetot, qu'ils ne connaissaient pas, a soutenu dans cette affreuse et dernière tempête, Pallu de la Barrière, Penhoat, Achilli, tous les héros du combat de la Cluse. Ce sol béni ne sera pas foulé par le pied de l'étranger ; Notre-Dame de Montpetot demeurera française jusqu'au dernier jour, jusqu'à la dernière heure ; elle délivre, à cette heure suprême, notre armée des ennemis acharnés à sa poursuite, notre forteresse de l'escalade tentée pour la surprendre, nos paroisses des tributs affreux que l'Allemand allait faire peser sur elles ; elle se préserve elle-même de tout contact avec l'ennemi ; elle tient, elle garde, elle montre les clefs de la France, toujours inviolables dans ses mains maternelles. O Notre-Dame de Montpetot, vous avez donc été pour nous, encore plus que pour nos ancêtres, Notre-Dame de la Merci.

Votre Notre-Dame a eu ses épreuves, elle a connu l'exil, elle a passé avant nos soldats la frontière de France, elle est allée chercher un jour un sol hospitalier. Il y a quatre-vingts ans, la Révolution sévissait ici avec toutes ses fureurs. Vos pères, craignant qu'un bras impie ne vînt à s'abattre sur la sainte image, prirent le parti de l'emporter en Suisse et de la cacher. Mais un signe éclatant révéla à toutes vos montagnes l'absence de Marie. L'arbre trois fois séculaire qui couvrait de son ombre majestueuse cette antique chapelle demeura, quand le printemps fut venu, sans feuilles et sans bourgeons. Il avait pris le deuil de la Vierge absente, il avait pris le deuil de Louis XVI, qu'un couteau impie venait d'immoler sur l'échafaud. Ainsi, quand la France emmenait ses Madones dans la terre étrangère, quand la France immolait ses rois et que leurs plus fidèles serviteurs n'osaient les pleurer, cet arbre fameux, respecté par le temps, refusait de prendre sa parure accoutumée et donnait des larmes à la religion et à la patrie. Marie revint l'année suivante, et l'arbre a refleuri sur sa tête. Elle annonçait la prochaine délivrance de la France et de l'Eglise. Elle devançait l'heure où nos temples délivrés et rouverts reprendraient la pompe des anciens jours. Elle venait crier sur ces hauteurs : grâce, pitié et pardon !

Ce pardon, il faut le demander encore, car la révolution continue depuis quatre-vingts ans, elle demeure notre plus cruelle ennemie, et nous sommes encore ses tributaires, même après avoir payé à la Prusse le dernier sou de notre rançon, même après avoir vu le dernier soldat de l'étranger sortir de notre territoire. Non, ce n'est pas encore là toute la délivrance ; voilà pourquoi nous nous obstinons à courir aux autels, à les embrasser, à faire monter au ciel les cris répétés de notre détresse. Je viens adjurer ici Notre-Dame de Montpetot de se souvenir de sa puissance et de sa bonté. Je viens lui demander de compléter, d'assurer, de perpétuer notre délivrance.

Délivrez-nous, ô notre Mère, des préjugés qui pèsent sur nos esprits, et achevez de nous arracher aux mauvaises doctrines qui nous ravagent.

Délivrez-nous, ô notre Mère, de la crainte servile et du respect humain. Là où les hommes, trop timides encore, hésitent à prendre vos bannières, et à se mettre à la tête des démonstrations catholiques, redoublez le courage des femmes, et qu'à défaut de leurs époux, de leurs pères, de leurs fils, elles soient des épouses, des filles, des mères au grand cœur et au bras vaillant. Vous avez sauvé Beauvais par Jeanne Hachette, et la France tout entière par Jeanne d'Arc. Envoyez dans nos villes et dans nos bourgades des femmes qui veillent sur les remparts pour éloigner le démon qui menace nos foyers, des vierges qui prennent résolûment la croix pour attaquer cet ennemi perfide, l'abattre et le chasser au delà des frontières. Que cette croix, que ces bannières, soient portées plus haut que jamais par les mères et par les filles dont vous êtes le modèle, jusqu'à ce qu'il ne reste plus à leurs côtés un seul homme qui ne rougisse de leur courage et qui ne se mette à leur école.

Regardez, ô ma Mère, l'Eglise et la France, l'Eglise pour la venger des impies qui la raillent, la France pour l'arracher aux méchants qui l'exploitent. Je vous demande pour notre bien-aimé Pie IX tout ce que souhaite son grand cœur. Rendez à cet évêque sacré de ses mains toutes les bénédictions qu'il nous apporte, et le jour où il retournera dans sa chrétienté de Canton, qu'après avoir salué la France délivrée, l'Europe en repos, l'Eglise florissante et glorieuse, il donne son dernier regard à votre chapelle et à votre pèlerinage, pour vous remercier, en son nom et au nôtre, d'avoir justifié nos espérances, exaucé nos vœux et délivré du même coup et l'Eglise et la France.

NOTRE-DAME DE BON-RENCONTRE,

A NANC, PRÈS SAINT-AMOUR.

Nanc est un petit village agréablement situé à peu de distance de Saint-Amour, sur la pente des derniers contre-forts du Jura, et en face de cette plaine immense où le regard s'étend, à travers les vastes prairies, les forêts, les fermes, les villages, jusqu'aux lignes vaporeuses des côtes de Bourgogne. Toutefois, cette paroisse possède un trésor incomparablement plus précieux que son site et son bel horizon : une petite Vierge miraculeuse, Notre-Dame de Bon-Rencontre.

Rien n'est touchant comme l'histoire de cette Vierge et de la dévotion dont elle est l'objet : vénérée déjà à une époque certainement très reculée, dans la niche du vieux tilleul qui s'élevait sur le petit monticule de Mont-Orient, à quelque distance de Nanc ; transportée, à la suite d'un miracle insigne, dans un petit oratoire érigé en son honneur, puis dans une chapelle plus spacieuse qui avait son chapelain et ses priviléges, cette petite Vierge voyait s'accroître de siècle en siècle et d'année en année le nombre et la ferveur des pèlerins. Des Dombes, de Mâcon, des bords de la Saône, de tous les lieux voisins, les populations y accouraient en foule pour demander des grâces particulières et tout spécialement la résurrection momentanée des enfants morts sans baptême. Viennent ensuite les jours de la tourmente révolutionnaire. On pille, on dévaste la chapelle avant de la démolir bientôt de fond en comble, mais on s'arrête devant l'image miraculeuse sans oser y toucher ; des mains pieuses la soustraient à ces fureurs sacriléges et la cachent soigneusement dans les murs du sanctuaire de l'église paroissiale. La tempête passe. La Vierge est rendue à la joie et à la vénération de ces contrées, son culte prend un nouvel accroissement qui ne se dément plus jusqu'à nos jours. Les paroissiens de Saint-Amour et de Coligny se signalent surtout par leur attachement, leur confiance au moment des fléaux publics, leurs fréquentes et magnifiques processions.

C'est aux pieds de cette madone vénérée que M. le curé de Nanc avait convoqué les paroisses voisines pour le pèlerinage du 28 septembre. Il pensait bien que cet appel serait écouté, et il ne se trompait pas. Rien ne devait manquer à cette belle cérémonie.

Dès la veille, de nombreux pèlerins étaient accourus auprès des confessionnaux de M. Faivre et de M. Besson, missionnaires du diocèse de Saint-Claude, pour y trouver ce qui, avant tout, plaît à Marie, la pureté des cœurs et la sainteté des âmes. Le lendemain, un ciel et un soleil d'automne des plus beaux qu'on puisse rêver promettaient d'éclairer et d'embellir ce jour de fête. A dix heures, les cloches de Nanc lançaient leurs joyeux carillons aux échos de la montagne ; par tous les chemins et les sentiers d'alentour on voyait arriver de petites troupes de pèlerins ; ils se rangeaient et se pressaient autour de l'autel qu'on avait improvisé contre les murs de l'église, sur une terrasse qui l'entoure. Puis, après la bénédiction, faite par M. Faivre, de deux statues du Sacré-Cœur et de saint Antoine, en face de cette grande nature, sous ce ciel sans nuages, au milieu de cette foule attentive et recueillie, l'auguste sacrifice commençait. Combien ils sont beaux ces chants sacrés, retentissant au grand air, dans nos vertes campagnes, répétés indistinctement par tout un peuple chrétien. Cette belle prière de la supplication et de l'humilité, cette hymne de louange et de triomphe, ce vieux *Credo*, symbole magnifique de l'unité de tous les siècles et de tous les cœurs catholiques, cette lecture de l'Evangile, la même parole que le Sauveur Jésus donnait aux foules qui le suivaient à travers les bourgades de la Judée ! Après l'Evangile, les chants cessèrent : on se disposait à entendre M. le chanoine Besson, le célèbre et infatigable orateur qui est devenu l'organe de toutes nos grandes manifestations religieuses. On put admirer ce jour-là, dans son magnifique discours, le rare talent avec lequel il sait rendre sa parole accessible à tous et allier à une si grande élévation de pensées et d'expressions, une doctrine si pratique sur les devoirs de la vie, à une éloquence si énergique et si entraînante tout ce que le sentiment peut avoir de plus vrai, de plus vif et de plus touchant. C'était la fête des Sept-Douleurs. Il prit pour sujet les douleurs de la mère chrétienne, semblables à celles de Marie. A peine a-t-elle donné le jour à son enfant que la mère chrétienne commence à comprendre cette amère prophétie : « Un glaive de douleur transpercera votre cœur ; » bientôt il faut soustraire cet enfant à la haine du grand ennemi des âmes, de celui qui est menteur et homicide dès le commencement, il faut fuir pour le cacher et c'est dans le sanctuaire du foyer domestique. Malgré ces soins, n'échappera-t-il pas à la vigilance maternelle : il n'a plus sa gaîté, sa candeur, la limpidité de son regard ; sa mère le contemple et ce n'est plus lui ; le corps est toujours là, l'innocence a disparu. Pauvre mère ! Elle le suit pourtant et le soutient encore à travers les agitations et les labeurs de la vie publique, sur ce calvaire qui existe pour toute vie humaine. Hélas ! un jour peut-être l'ordre de la nature sera renversé : c'est la mère qui fermera les yeux, qui recevra le dernier soupir de son enfant ; c'est elle qui s'agenouillera auprès de ses restes inanimés. Et pourtant ce n'est pas tout : la mort du corps n'est rien comparée à cette mort de l'âme qui fait la désolation des mères chrétiennes ; mais, si grande que soit leur douleur, leur pouvoir l'est encore davantage ; leurs larmes délivreront ces pauvres captifs du péché, leurs larmes arracheront ces âmes à la corruption du tombeau. Ces enfants, qui avaient reçu d'eux la vie, leur devront encore la résurrection.

Le saint Sacrifice s'acheva au milieu de l'émotion profonde qu'avait laissée cette grande parole, et avec quel cœur, quel enthousiasme ne chantait-on pas en se séparant l'incomparable cantique du Sacré Cœur !

La fête du matin avait été surtout une fête de famille ; celle du soir fut plus générale et plus solennelle. A une heure et demie, la procession de Nanc, suivie de la Vierge miraculeuse, s'était mise en marche à la rencontre des processions de Saint-Amour et de Coligny. Ces processions s'avançaient au devant l'une de l'autre, sur la route de Lyon, avec les processions des différentes paroisses du diocèse de Saint-Claude et du diocèse de Belley qui s'étaient jointes à elles, avec les bannières et les oriflammes, onze bannières à la tête de onze processions : on remarquait surtout la superbe bannière que la ville de Saint-Amour venait offrir à la Vierge de Nanc, et celle de Coligny, aux armes de Pie IX, avec cette inscription touchante : « Pitié pour nos sœurs l'Alsace et la Lorraine. » Arrivé au petit monticule de Mont-Orient, l'image miraculeuse, précédée de son long cortège, traverse la procession de Saint-Amour, puis, revenant sur ses pas, traverse de nouveau l'immense procession de Coligny (1). En même temps, toutes les voix unies ensemble chantent le beau psaume : *Ecce quàm bonum.* « Voilà comme il est bon et agréable que les frères habitent ensemble, c'est comme le parfum qui embaume les vêtements d'Aaron, comme la rosée d'Hermon qui tombe sur la montagne de Sion. » N'était-ce pas là vraiment une bonne et gracieuse rencontre, un ravissant tableau ? La beauté du jour, la sérénité universelle, la vaste plaine qui s'étend au loin comme une mer de verdure, ces chants, ces prières, ces robes blanches, ces bannières flottant au vent, ces pieux pèlerins qui s'agenouillaient dans les prés, au passage de la madone vénérée, tout cela donnait à cette scène un air de fête sans pareille et remplissait les âmes d'un enthousiasme joyeux. Puis, à la suite de ce défilé interminable de pèlerins,

---

(1) Le nombre des pèlerins a été évalué, par des personnes compétentes, à 9,000 environ : 6,000 en procession, 3,000 stationnaires.

parmi lesquels on remarquait beaucoup d'hommes, à travers les champs, les rues du village, les rangs pressés de la foule, la Vierge était reportée en triomphe sur son piédestal devant l'autel. Pendant ce temps, M. Besson et le clergé s'étaient rendus auprès du petit tertre où devait avoir lieu la prédication. De cette place l'orateur embrassait tout son vaste auditoire disposé en amphithéâtre. Comme au temps de Zachée, des jeunes gens avaient choisi pour sièges les branches des noyers touffus, surtout de ceux qui abritaient le prédicateur. Dans un beau discours il développa la signification du vocable de la Madone : cette bonne rencontre des pèlerins d'autrefois aux pieds du vieux tilleul dans la chapelle de Mont-Orient, dans le sanctuaire de Nanc ; cette bonne rencontre des pèlerins d'aujourd'hui, hommes et femmes, vieillards et enfants, riches et pauvres, prêtres et fidèles, qui s'unissent dans la prière et dans la foi ; de ces deux beaux diocèses de Saint-Claude et de Belley, de nos frères exilés qui viennent mêler aux nôtres leurs prières et leurs espérances ; cette bonne rencontre enfin dans la bienheureuse patrie lorsque tous ensemble nous pourrons chanter à jamais les louanges de la bonne, de l'éternelle rencontre.

Il fallait conclure la fête et ce devait être la grande conclusion de toutes nos solennités religieuses : la bénédiction du très saint Sacrement. On se souvenait de ces paroles du Sauveur Jésus : « Mes délices sont d'être parmi les enfants des hommes…. Laissez venir à moi les petits enfants, » lorsqu'on le voyait paraître sur cet autel improvisé, au milieu de ces prêtres, de ces enfants, de ces femmes et de ces filles en blanc, et recevoir avec une condescendance infinie l'hommage de ces prières et de ces chants, de ces fronts qui s'inclinaient, de ces cœurs innocents qui se mettaient à ses pieds. Alors, le vénérable curé de Nanc, avec une voix émue qui trahissait sa foi, fit la consécration de tous les pèlerins, et au milieu du recueillement universel, Notre Seigneur s'éleva entre ses mains pour les bénir.

Cependant, la paroisse de Saint-Amour, qui avait pris une si large part au pèlerinage de Nanc, voulut avoir sa fête et sa procession, parce qu'elle a aussi sa Vierge qui lui est chère : une statue de la Vierge, due au remarquable talent d'artistes du pays, et érigée par la ville en actions de grâces de ce qu'elle a été préservée du fléau de l'invasion. Lors donc que la nuit fut venue, toute la ville s'illuminait, les cloches s'ébranlaient, les rues étaient pavoisées de guirlandes et d'oriflammes, et ce fut un beau spectacle de voir une magnifique procession d'hommes, de femmes, d'enfants, traverser ces rues silencieuses, des flambeaux à la main, nos cantiques et nos chants sacrés sur les lèvres, se rendre aux pieds de leur Vierge bien-aimée, y écouter religieusement les paroles éloquentes et pleines d'à-propos de l'infatigable orateur de la journée, revenir dans un ordre parfait en chantant avec enthousiasme les strophes du *Te Deum* et les couplets du beau cantique :

> Patronne de la France,
> Marie, à tes genoux,
> Nous prions ta clémence
> D'avoir pitié de nous.

Et enfin dans l'église paroissiale, tous ensemble, aux pieds de Jésus, qui les bénissait de nouveau, recueillir les impressions de joie, de paix, de force nouvelle que laissent après elles les fêtes chrétiennes.

Tout passe ici-bas, même les plus douces choses. Mais celui qui le lendemain, à l'aube du jour, parcourait les sentiers bordés de haies vives pour aller faire une dernière prière à la Vierge de Nanc, celui-là se disait, chemin faisant, qu'il se souviendrait longtemps de cette belle journée et de Notre-Dame de Bon-Rencontre.

X. Guichard.

(*Semaine religieuse* du diocèse de Saint-Claude.)

SERMON

PRONONCÉ

DANS LE PÈLERINAGE DE N.-D. DE BON-RENCONTRE,

LE 28 SEPTEMBRE 1873.

Benedicta tu inter mulieres, et benedictus fructus ventris tui.
Vous êtes bénie entre toutes les femmes, et le fruit de vos entrailles est béni. (*Luc.*, I, 42.)

J'emprunte, pour saluer Notre-Dame de Bon-Rencontre, sous l'antique et gracieux vocable que vos pères lui ont donné, un texte choisi dans l'histoire de la première rencontre célébrée par l'Eglise. C'est la rencontre de Marie et d'Elisabeth dans les montagnes de la Judée. Marie porte dans ses flancs le Messie promis; Elisabeth n'a pas encore donné le jour au divin précurseur, mais celui qui sera Jean-Baptiste, quoique enfermé dans le ventre de sa mère, commence déjà sa mission : il s'agite, il tressaille, il salue par de mystérieuses secousses Jésus encore à naître, il parle, il commence à s'écrier avec cette voix qui retentira du fond de la Judée jusqu'aux extrémités de la terre : Voici l'Agneau de Dieu, voici Celui qui efface les péchés du monde, *Ecce Agnus Dei, ecce qui tollit peccata mundi.* Heureuse rencontre, où l'*Ave, Maria*, dont l'ange a prononcé les premières paroles, se continue sur les lèvres d'Elisabeth et ajoute aux salutations du ciel les bénédictions de la terre ! Vous êtes bénie entre toutes les femmes : *Benedicta tu inter mulieres, et benedictus fructus ventris tui.* Marie chante à son tour les joies incomparables de la journée, elle entonne le *Magnificat* pour en conserver le souvenir, elle déclare en quittant les montagnes que son bonheur sera désormais publié de génération en génération.

Nous voici, dix-huit siècles après, transportés et réunis sur les montagnes du Jura. Nous bénissons encore une heureuse rencontre, nous murmurons, le chapelet à la main, les paroles d'Elisabeth, nous répétons avec enthousiasme le cantique de Marie ; Marie est encore ici, avec Jésus, le fruit de ses entrailles, et l'Eglise, qui commençait dans la personne d'Elisabeth et de Jean-Baptiste, salue, bénit, tressaille et acclame encore du même coup et la Mère et le Fils.

Pourquoi cette foule, ce pèlerinage, ce vocable populaire ? Regardez, entre Nanc et Saint-Amour, ce monticule qui borde la route et qui domine le plateau : c'est là que se tenait Marie de toute antiquité, dans le creux d'un vieux tilleul, et l'on ne passait guère au pied de cet arbre tant de fois séculaire sans la saluer et la bénir comme la Vierge du Bon-Rencontre et du doux présage. Là passe, un jour, un cavalier qu'une importante affaire appelait à Lons-le-Saunier. Le tilleul, la madone, les pèlerins, frappent ses regards. Il en tire un favorable augure pour l'affaire qui l'occupe : « Oh! le bon rencontre ! s'écrie-t-il ; ô bonne Vierge, si je gagne mon procès, je vous promets de vous loger mieux que vous ne l'êtes aujourd'hui. » Le procès est gagné, mais le cavalier a oublié son vœu. Marie le lui rappellera. Elle l'attend au retour, elle lui barre le passage, elle arrête sa fière monture. Trois fois l'animal se cabre et refuse de passer outre. Il faut se rendre : le voyageur s'arrête, descend de cheval, s'agenouille au pied du tilleul, renouvelle son vœu, puis, reprenant sa route sans difficulté, ne songe plus désormais qu'à bâtir un oratoire pour acquitter la dette de la reconnaissance. Il écrit, il grave l'inscription qui la consacre : c'est *Notre-Dame de Bon-Rencontre.*

Ce gracieux vocable était fait pour attirer tout le pays, et les grâces obtenues rendent le pèlerinage chaque jour plus fameux. Saint-Amour, Coligny, Bourg, Mâcon, le Jura et les Dombes n'ont rien de plus autorisé ni de plus populaire dans les souvenirs de leur piété. L'oratoire ne suffit plus, on le remplace par une chapelle ; cette chapelle est dotée par les seigneurs du pays, un prieur la dessert, l'archevêque de Lyon l'enrichit de précieuses faveurs ; mais les faveurs de Marie dépassent de beaucoup tout ce que les hommes imaginent. Ici viennent les âmes pieuses pour se recueillir dans la retraite, et après des semaines passées au pied de la sainte image, elles s'en retournent avec une foi plus vive et une ferveur plus sensible. Les mères désolées qui viennent de mettre au monde un enfant privé de vie n'ont que des larmes à offrir ; elles viennent cependant, Marie agrée ce tribut éploré, l'enfant apporté sur l'autel se ranime, prend couleur, pousse un cri et demande ainsi l'eau du baptême. Ah ! qu'importe à la mère que ce ne soit que la vie d'un moment, ce moment a suffi pour engendrer une âme à la vie éternelle ! La mort peut venir à présent, le corps peut se dissoudre, on l'enterre dans un cimetière voisin, sous la garde de Marie. C'est sous cette garde qu'il va s'endormir pour filer, comme l'insecte, sous les apparences de la mort, ses ailes d'azur et son corps destiné à la gloire ; c'est d'ici qu'il sortira un jour pour s'envoler à travers les chœurs radieux des anges, en bénissant au départ *Notre-Dame de Bon-Rencontre*.

La révolution exerce ses fureurs sur la sainte chapelle, mais l'image de Notre-Dame lui échappe. Grâces immortelles en soient rendues aux habitants de Nanc, une main fidèle l'a enlevée pendant la nuit, apportée dans l'église paroissiale, cachée, enfouie, scellée derrière le maître-autel dans un sûr asile où elle demeure à l'abri de toute atteinte pendant toute la tourmente révolutionnaire. La tourmente a passé, et Notre-Dame de Bon-Rencontre a justifié avec un nouvel éclat son heureux vocable. Elles le savent bien, ces paroisses de Saint-Amour, de Coligny et de Dompsure, qui, dans les jours de sécheresse, viennent chercher aux pieds de cette statue une pluie rafraîchissante pour leurs champs épuisés et qui rencontrent, au sortir de Nanc, le bienfait longtemps attendu. Si la peste éclate, c'est ici qu'on rencontre la santé. Dans le deuil comme dans la détresse, dans les peines domestiques comme dans les calamités nationales, le même nom demeure sur toutes les lèvres, et toute la contrée salue, implore et bénit *Notre-Dame de Bon-Rencontre*.

Mais tous ces souvenirs semblent s'effacer et se confondre, dans le jour où nous sommes, pour faire place à un spectacle plus grand encore. Quel bon rencontre ! m'écrierai-je, en employant le vieux mot de nos pères. Douze paroisses, les unes du diocèse de Belley, les autres du diocèse de Saint-Claude, le clergé en tête, la bannière en main, se réunissent aux pieds de la sainte image. Les deux métropoles ecclésiastiques de Besançon et de Lyon viennent l'une au devant de l'autre, représentées par des diocèses amis et voisins. La première Lyonnaise et la grande Séquanie ont eu les mêmes apôtres il y a dix-huit siècles ; les voici confessant encore la même foi, chantant les mêmes prières, implorant la même Mère et la même Patronne. Quelle heureuse rencontre ! Quelle belle journée ! Non, jamais le soleil levé sur ces hauteurs n'a éclairé une assemblée ni aussi nombreuse ni aussi fervente. O Irénée, ô Pothin, ô premiers apôtres de l'Eglise de Lyon, ces peuples sont encore vos disciples ! Et vous, Ferréol et Ferjeux, ne nous reconnaissez-vous pas pour vos enfants ? Vieilles Eglises des Gaules, que vous avez encore de grandeur, de vie et de fécondité ! N'est-ce pas là l'éternelle jeunesse de la foi chrétienne ?

Non, je ne me lasserai pas de signaler toutes les espérances et toutes les prières qui se groupent aujourd'hui dans cette rencontre inespérée. Les pasteurs voient toute leur paroisse, hommes, femmes, enfants, vieillards, assemblée autour de la houlette. Tous les âges sont représentés ici aussi bien que toutes les conditions. Ce n'est plus pour le jeune homme une honte ni un embarras de prier, il entonne lui-même les sacrés cantiques ; ce n'est plus seulement les simples et les pauvres qui forment notre cortége, les lettrés s'y mêlent aux ignorants, les grands aux petits, les puissants aux faibles, et ces âges, ces sexes, ces conditions si diverses, reprennent ensemble la pratique de la prière. Le chapelet ne pèse plus à personne, l'*Ave, Maria*, fleurit sur toutes les lèvres, et chacun, en le récitant, lui donne l'accent ému du repentir mêlé à l'espérance. Que vous dirai-je encore ? Enfants du même père, membres de la grande famille humaine, héritiers du même royaume, vous vous retrouvez, vous vous reconnaissez, vous vous donnez la main au pied du même autel. Rencontre tant de fois rêvée et que notre siècle désespérait de voir jamais, vous êtes donc enfin réalisée ! C'est le spectacle que ce pèlerinage offre aux yeux, et jamais la Vierge n'a paru plus justement nommée. Saluons encore une fois *Notre-Dame de Bon-Rencontre !*

Mais tout n'est pas dit encore sur cette rencontre bénie. Je vois deux bannières à la tête de cette belle procession : l'une porte le nom de Pie IX, la croix et la tiare pontificale et le vaisseau de la sainte Eglise ; l'autre est voilée d'un crêpe, et le nom de l'Alsace y éclate au milieu du deuil et des larmes. Venez, réunissez-vous autour de ce sanctuaire, bannières du malheur et de l'espérance. Inclinez-vous devant l'Etoile des mers et appelez-la, comme les matelots en détresse l'invoquent au milieu des vagues amoncelées. Non, l'Alsace ne périra pas tant qu'elle implorera la barque de Pierre et qu'elle s'y tiendra ferme contre la violence du courant ; non, la barque de Pierre ne périra pas, parce qu'elle est attachée à la croix. Jésus y dort, mais la barque où dort Jésus est plus forte que la tempête. Pierre ne cesse d'y prier sous la figure de Pie IX, mais la prière de l'apôtre réveille à l'heure marquée le Seigneur, qui sommeille; le Seigneur commande aux flots et à la mer, et la mer, aplanie, ne réfléchit plus que l'azur des cieux.

Nous allons nous séparer, ô Notre-Dame de Bon-Rencontre, après avoir goûté sous ces ombrages les douceurs de cette belle journée. Tels sont les plaisirs de l'âme. Si purs et si chrétiens qu'ils soient, ils ne durent qu'un moment, et il faudra reprendre demain le fardeau de chaque jour. Mais quel beau souvenir demeurera gravé dans nos âmes, et comme nous aimerons à en raviver dans nos entretiens les délicieuses émotions! Séparons-nous en amis, en voisins, en frères, avec la pensée de nous rencontrer souvent dans la profession de la même foi, de la même espérance et du même amour. Que chaque rencontre devienne plus chrétienne et plus charitable encore; qu'à chaque rencontre nous sentions nos cœurs battre plus haut et plus ferme, jusqu'au jour où, rassemblés dans la bienheureuse patrie, nous pourrons goûter, célébrer ensemble, sous le regard de Marie, notre Reine, les joies du *bon rencontre* qui n'aura plus de fin.

PÈLERINAGES

EN L'HONNEUR DES SAINTES RELIQUES.

RECONNAISSANCE

d'une

RELIQUE DE LA SAINTE COURONNE D'ÉPINES

DANS L'ÉGLISE DE CONFLANDEY (Haute-Saone).

Les pèlerinages qui se multiplient de toutes parts sont singulièrement favorisés, dans le diocèse de Besançon, par les découvertes les plus heureuses. Le zèle des curés remet en lumière les trésors oubliés ou perdus de nos églises, et l'on demeure surpris que tant de monuments chers à la foi reparaissent ou se restaurent, comme à l'heure marquée, pour exciter la dévotion des fidèles dans une année si mémorable.

Après les reliques de saint Sébastien si heureusement retrouvées et vénérées à Montbozon le 27 avril dernier, voici un trésor non moins authentique et plus précieux encore. Une épine de la sainte couronne vient d'être signalée à Conflandey, avec tous les titres capables d'établir l'authenticité et la tradition de cette insigne relique. Mgr le Cardinal Archevêque de Besançon l'a solennellement reconnue, et elle a été exposée à la vénération publique le 10 août 1873, dans une cérémonie qui a attiré à Conflandey plus de trois mille personnes. Le jour était bien choisi : c'était le 635e anniversaire de la réception de la sainte couronne par saint Louis sur la terre de France. M. l'abbé Royer, curé de la paroisse, qui n'a épargné aucune démarche pour donner un grand éclat à la reconnaissance de cette belle relique, a été admirablement secondé par ses confrères du voisinage, M. Boisseaux, propriétaire du château de Conflandey, le maire, le conseil municipal et toutes les familles de la paroisse. L'unanimité des sentiments a éclaté dans les témoignages de respect qui ont accueilli la sainte épine portée en procession dans les rues du village et déposée sur un élégant reposoir. C'est là que le clergé et le peuple sont venus la chercher à l'issue des vêpres, après un sermon de M. le chanoine Besson. Ce sermon fera connaître toutes les circonstances de cette heureuse découverte, qui prendra place dans les annales de l'Eglise de Besançon comme dans les souvenirs de la paroisse de Conflandey.

(Union franc-comtoise.)

SERMON

PRONONCÉ

POUR LE PÈLERINAGE DE LA SAINTE ÉPINE,

LE 10 AOUT 1873.

Egredimini et videte, filiæ Sion, regem Salomonem in diademate quo coronavit illum mater sua.
Sortez et voyez, filles de Sion, le roi Salomon sous le diadème dont sa mère l'a couronné. (*Cant.*, III, 11.)

Ce n'est pas au siècle de Salomon que s'adresse cette invitation prophétique, mais au siècle qui a vu le couronnement, la passion et la mort de Jésus-Christ, ce Roi divin dont les rois de Juda, dans toute leur magnificence, n'étaient que la pâle et mortelle image. Un jour les filles de Sion sortent de Jérusalem et montent les collines du Calvaire, autour de l'Homme-Dieu portant sa croix. Ni l'or ni les pierreries ne forment le bandeau qui ceint sa tête divine, mais l'épine cueillie sur la montagne et enfoncée par la main du soldat. Cette épine n'en est pas moins un vrai diadème, devant lequel pâlit tout l'or de Salomon ; cette épine règne depuis dix-huit siècles sur l'univers entier ; cette épine est la seule couronne que l'univers chrétien salue et acclame encore avec une parfaite unanimité. C'est d'elle que le prophète a parlé avec tant d'enthousiasme et de grandeur ; et c'est vous-mêmes, humbles familles, filles de la nouvelle Sion, humble paroisse, c'est vous-mêmes qu'il invite à sortir pour voir le diadème que le Christ a porté sur sa tête : *Egredimini et videte, filiæ Sion, regem Salomonem in diademate quo coronavit illum mater sua.*

Je parle sans exagération et sans figure. Vous avez le bonheur de posséder une épine authentique de la sainte couronne, et ce trésor, si rare aujourd'hui, va mettre votre église au nombre des plus favorisées de l'univers. Il faut dire à cette paroisse, au diocèse de Besançon, à toute cette province, par quelle suite merveilleuse de circonstances providentielles ce village est devenu l'asile d'une relique si précieuse. Apprenez comment elle a été obtenue par la France, comment elle a reposé dans notre province, et enfin comment elle se retrouve aujourd'hui à Conflandey. Ce sont trois pages d'histoire d'un grand intérêt et d'un cher entretien pour la piété de tout le pays. J'emprunte la première à l'histoire de France, la seconde aux chroniques de la Franche-Comté, la troisième aux modestes registres de votre paroisse.

I. La ville fameuse qui fut le théâtre de la passion et de la mort de Notre Seigneur devait perdre la plupart des objets divins qui ont touché son corps adorable. Le suaire, les clous, la croix, la sainte couronne, étaient destinés à être partagés entre toutes les parties de l'univers par la dévotion des fidèles. C'était assez pour Jérusalem de garder le tombeau du Seigneur. Là, d'ailleurs, toute la nature est comme une relique vivante de l'Evangile. Là sont les Lieux saints, et cette expression, consacrée par la langue, dit assez toute la vénération qu'ils inspirent. Le Thabor, les Oliviers, le Calvaire, ont gardé la trace des pas de Notre Seigneur ; les mers et les lacs semblent encore entendre sa voix partir du haut de cette barque d'où il enseignait les nations ; les villes et les déserts semblent le voir encore, et jusqu'à la fin des temps, ce souvenir suffira pour faire de Jérusalem et des Lieux saints le pèlerinage le plus célèbre et le plus auguste de l'univers.

Ne soyez donc pas surpris qu'après l'invention de la sainte Croix, l'impératrice Hélène transporte à Constantinople le bois sacré qui a servi à la rédemption du monde, et que la couronne du Christ y soit conservée avec plus d'honneur et de jalousie encore que celle des Césars. Mais l'empire grec, devenu infidèle à l'Eglise, devait succomber à son tour. Dieu, qui voulait l'abandonner, comme Jérusalem, aux mains des Musulmans, prit soin d'en retirer d'abord des richesses précieuses pour la foi en les mettant, pendant cinquante-sept ans, aux mains des Francs et des croisés. Il avait inspiré à nos pères une incroyable ardeur pour la possession des saintes reliques. Pieux, zélés, magnanimes, ils faisaient la guerre non pas pour s'enrichir, ni même pour se couvrir de gloire, mais pour obtenir la rémission de leurs péchés et pour délivrer le saint Sépulcre. Leur ambition était de conquérir quelque relique insigne, leur joie de la rapporter en Occident, leur dernière et plus chère volonté de la léguer au trésor d'une grande cathédrale ou de fonder eux-mêmes une église dont cette relique faisait la fortune et la gloire.

Parmi ces croisés et ces pèlerins vous avez nommé le plus saint de nos rois. Dieu, en l'élevant sur le trône de France, l'avait prédestiné à tant de grandes choses qu'on ne saurait dire ce qu'il y eut de plus admirable dans sa vie, ou de la piété, ou du courage, ou de la politique. Mais la fête de ce jour ne me permet pas de vous citer autre chose que le trait le plus touchant de sa piété. Les yeux fixés sur la Palestine, le cœur déjà tout rempli de la pensée d'une nouvelle croisade, saint Louis comblait de ses largesses les chrétiens d'Orient. Baudoin II, empereur de Constantinople, en fut singulièrement touché, et pour en témoigner sa reconnaissance, il offrit au roi de France la relique la plus précieuse qui fût au monde, la sainte couronne d'épines, alors engagée, pour une somme considérable, entre les mains des Vénitiens. Baudoin avait le pressentiment des destinées de l'empire d'Orient ; ce n'était plus à la ville de Constantinople qu'il convenait de posséder une telle relique : les Francs devaient en être bannis ; les Grecs, avec leurs préjugés séculaires contre Rome et contre l'Eglise, étaient indignes de la garder ; Mahomet II n'était pas loin, et la ville où l'on devait crier : « Plutôt le turban que le pape ! » était faite pour voir ses basiliques changées en mosquées et ses patriarches recevoir des mains d'un infidèle l'investiture sacrilége de leur charge. Venise pouvait-elle prétendre à conserver de telles richesses ? Non, car elle n'en appréciait que le gage élevé ; Venise n'était qu'une ville marchande, et dans le stupide orgueil de son commerce enorgueilli par toutes les richesses du Levant, elle disait avec une brutale franchise : « Ne savez-vous pas que nous sommes Vénitiens d'abord, chrétiens après ? » Va, Louis, paie ces marchands, et retire de leurs mains la sainte couronne, la France est assez riche pour payer cette gloire, la France est assez chrétienne pour estimer ce qu'elle vaut bien au delà de ce qu'elle coûte.

A l'approche des deux religieux dominicains qui rapportaient ce précieux dépôt, Louis se met en marche précédé du clergé, accompagné de sa cour, suivi d'un peuple immense. Il reçoit la sainte couronne nu-tête, nu-pieds, à cinq lieues de la ville de Sens, et la porte lui-même, avec son frère Robert, à la cathédrale de Saint-Etienne. La réception de la ville de Paris est plus pompeuse encore. Mais la piété du roi n'est pas satisfaite. Il élève en l'honneur des saintes reliques un monument qui est le chef-d'œuvre du siècle aussi bien que de l'architecture chrétienne. Quelle hardiesse dans les voûtes de la sainte Chapelle, quelle légèreté dans les colonnes qui les supportent, quelle harmonie et quelles proportions dans l'ensemble, quel goût et quelle perfection dans les ornements ! L'art s'est surpassé pour bâtir ce temple, tant les saintes reliques l'ont inspiré, animé et soutenu. Allez visiter ce chef-d'œuvre, des mains habiles l'ont rétabli dans son intégrité si délicate et dans son harmonieuse grandeur. Ne demandez pas où est la sainte couronne. Le temple est restauré, mais il est vide. O peuple de saint Louis, qu'as-tu fait de ce sacré dépôt ? Peuple de saint Louis, qu'as-tu fait de la race royale ? Le même jour a vu briser le trône et l'autel, et la couronne d'épines a disparu du trésor de l'église quand la couronne d'or a été brisée sur la tête de nos rois. Je me trompe, la couronne d'épines s'est transfigurée pour ceindre, d'une auréole invisible, le front de Louis XVI, à l'heure fatale où ce roi martyr marchait à l'échafaud. Sortez, filles de Sion, venez voir ce front découronné aux yeux des hommes, mais plus radieux que jamais aux yeux des anges. Il porte, comme Jésus, le diadème du sacrifice. Son échafaud est un autel, son supplice une béatification, et l'histoire lui crie comme la piété : Fils de saint Louis, montez au ciel !

II. La sainte couronne n'a pas péri tout entière, il en reste quelques épines à Toulouse, à Paris, à Besançon, à Sens. J'ai le devoir et le bonheur de vous présenter aujourd'hui celle qui a été apportée, au temps des croisades, dans les montagnes du Jura. Soyez attentifs, la station que je vous signale a duré six siècles, mais elle n'en est que plus authentique. Après avoir lu une des plus belles pages de l'histoire de France, étudions, suivons, de siècle en siècle et de généalogie en généalogie, les annales de la Franche-Comté. Parmi les héros des croisades, les comtes souverains de la haute Bourgogne ont figuré avec éclat, et les sires de Salins, qui sont une branche cadette de cette maison, ne le cédèrent à personne ni pour la foi, ni pour l'honneur, ni pour le courage des saintes entreprises. Nous les voyons préparer leur départ par des fondations pieuses, marquer leur passage en Orient par des coups d'épée, et redoubler, à leur retour, de générosité envers les abbayes dotées par leurs ancêtres sous la règle de saint Benoît et de saint Bernard. Humbert III va soutenir, dès 1137, le royaume chancelant de Jérusalem, entre dans la ville sainte et ne rapporte de ce lointain voyage que les blessures que souhaitait sa bravoure et les reliques qu'ambitionnait sa piété (1). Gaucher IV, son fils, était au premier rang des princes et seigneurs que Frédéric Barberousse mena dans la troisième croisade. Plus heureux, mais non moins brave que Maurice d'Aigremont, son compagnon d'armes, et Thierry de Montfaucon, son archevêque, il vint raconter dans nos montagnes comment Thierry se signala au siége de Ptolémaïs par des coups de bélier, Maurice par des coups de lance, et comment la peste les enleva tous deux à l'admiration de l'armée. Gaucher emploie le reste de sa vie en fondations pieuses, et dépose dans les sanctuaires de Goailles, de Rosières, de Billon et de Marnoz, les dépouilles sacrées dont il s'est enrichi dans sa brillante expédition. Il en est de la maison de Salins comme de la maison de France, rien ne décourage ni sa vaillance ni sa piété : les croisades ont beau échouer aux yeux du monde, elles réussissent toujours aux yeux de ces braves qui n'y cherchaient qu'une mort illustre et qui n'en rapportaient que d'insignes reliques. Ainsi Josserand de Brancion, qui, du chef de sa mère, partage avec Gérard, fils de Gaucher IV, les seigneuries de nos montagnes, mérite une longue et honorable mention dans les mémoires de Joinville. Il était de ces seigneurs qui, après avoir accompagné saint Louis le jour de la réception de la sainte couronne, le suivirent à la

---

(1) *Sires de Salins*, I, aux pr., p. 42.

bataille comme à l'église, et amenèrent contre les Turcs leurs chevaliers et leurs hommes d'armes. Des vingt héros qui servaient sous le sire de Brancion, douze furent tués sur place, et Brancion lui-même, après avoir fait dans trente-cinq batailles des prodiges de valeur, obtint ce qu'il avait souhaité cent fois, cent fois demandé à Dieu, c'est-à-dire, selon l'expression de Joinville « qu'il mourust une fois pour lui et en son service. »

Voilà, pour ne citer que les plus illustres, les mains qui ont apporté dans nos montagnes les reliques des Lieux saints et, en particulier, la sainte épine que nous vénérons aujourd'hui. On la voit, dès ces temps reculés, dans la seigneurie de Marnoz que possède Gérard, fils de Gaucher IV, et dont le château se transmet par succession aux Coges, aux Ténare, aux Gilley. Cette dernière maison, si florissante au xv° siècle, compte dans la politique par ses ambassades, dans l'histoire des lettres par son goût pour la poésie latine, dans les sciences par l'établissement d'un jardin botanique, le premier peut-être qui ait existé en Europe. Elle laisse aux seigneurs de Vaux un héritage de gloire et de piété qui ne pouvait échoir à de plus dignes successeurs, car c'est dans cette noble famille que sainte Colette a choisi sa première compagne et que le monastère de Poligny a trouvé sa première abbesse. François de Vaux, l'un des derniers de cette race illustre, qui allait s'éteindre dans la maison de Coligny, testa en 1635, léguant son nom, ses armes et les terres de Marnoz et de Chazoy à l'aîné de ses neveux. Mais la relique de la sainte épine, conservée dans la chapelle de Marnoz, et transmise depuis tant de siècles, de famille en famille, à tous les possesseurs de ce noble fief, fut exceptée de cette donation. François de Vaux chercha pour elle un asile qui semblait inviolable, et de pieux gardiens dont la race se renouvelait à l'ombre des autels, non par la chair, mais par l'esprit. Ce fut le cloître et les religieux de Château-sur-Salins.

Ce cloître, fondé dans le ixe siècle sous la règle de saint Benoît, doté par les princes, protégé par les papes, avait été, dans tout le moyen âge, un des monastères les plus riches et les plus puissants de la Comté. Du haut de la montagne où les religieux bénédictins l'avaient bâti, on embrasse d'un seul regard les plaines de la Saône, les montagnes du Doubs, toutes les chaînes du Jura et jusqu'au sommet du Mont-Blanc. Dans ce vaste tableau, Château-sur-Salins comptait plus de cinquante domaines ; presque tous les villages étendus à ses pieds lui payaient des dîmes ou des cens ; le prieur en descendait chaque année solennellement, au jour marqué, pour bénir, avec une image miraculeuse de Notre-Dame, les sources salées de la ville voisine, tributaire du prieuré. L'histoire du xve siècle est pleine des longs et dramatiques débats qui s'élevèrent, pour la possession de ces terres sacrées, entre l'abbaye de Cluny et le chapitre de Saint-Maurice de Salins. Cluny finit par l'emporter, et les revenus de Château-sur-Salins servirent à l'entretien du collége de Saint-Jérôme, fondé auprès de l'université de Dole pour l'instruction des jeunes moines. Le prieuré devint, au XVIIe siècle, l'asile des lettres et de la piété. C'est le temps où François de Vaux y fait porter les reliques de son ermitage tombé en ruines et y fonde, à l'autel du Rosaire, une messe pour le repos de son âme (1627). Dom Chassignet, qui écrit au commencement du siècle suivant les annales de Château-sur-Salins, décrit minutieusement la relique de la sainte couronne : « Elle consiste dans un brin de roseau à double épine, dont l'une est entière et longue d'environ un travers de doigt, l'autre est brisée par le milieu, et il paraît par son reste qu'elle était plus longue et plus grosse que la première. » Il n'a garde d'omettre la description du reliquaire : « Cette précieuse relique est enchâssée sous un cristal, en la base d'un reliquaire de vermeil en forme de tour carrée, avec une petite croix faite de deux parcelles du bois de la vraie croix de notre Sauveur. » Il constate en quelques mots l'origine de la relique et le culte dont elle est honorée : « Les seigneurs de Marnoz, village situé au bas de la montagne du château, du côté du septentrion, ayant servi dans les croisades, rapportèrent du Levant une parcelle de la couronne d'épines de Notre Seigneur. Le reliquaire est un présent que ces messieurs ont fait à l'église de Château, et que l'on expose sur l'autel du Rosaire, à la dévotion des peuples, les jours de fêtes solennelles. »

Voilà la tradition confirmée par l'histoire. Vos yeux peuvent s'assurer aujourd'hui que le précieux reliquaire est tel encore que dom Chassignet l'a décrit il y a cent soixante ans. Vous verrez de vos yeux ce brin de roseau à double épine, tel qu'il fut enfoncé dans la tête du Sauveur et qu'il est peint dans toutes les descriptions faites de la sainte couronne. Enfin, s'il fallait ajouter à toutes ces preuves de la tradition et de l'histoire une preuve matérielle et physique, je vous dirais : Regardez de près ce brin de roseau, voyez comme il est vert et frais encore ; on dirait qu'il vient à peine d'être cueilli dans les jardins mystérieux de la Palestine. Qui l'a préservé des atteintes mortelles du temps ? Et comment fleurit-il depuis tant de siècles sur nos autels ? Au lieu d'une poussière incolore, impalpable, dont les derniers vestiges exerceraient peut-être en vain l'analyse de la science et le regard de l'homme, vous avez, à n'en pas douter, une épine véritable, intègre, vivante, d'une immortelle et miraculeuse durée. Non, ma raison n'hésite pas plus que ma foi devant ce spectacle. La critique la plus sévère est forcée de se rendre, et je puis bien la défier en vous disant : C'est vraiment là le diadème qui ne pâlit jamais et qui ne saurait périr ; c'est l'immortel diadème que Dieu a porté sur sa tête en gravissant les pentes du Calvaire. Sortez, filles de Sion, venez le reconnaître et saluez-le de vos acclamations unanimes : *Egredimini et videte, filiæ Sion, regem in diademate quo coronavit illum mater sua.* Comment ce sacré diadème, après avoir été exposé pendant six siècles dans les montagnes du Jura, est-il exposé aujourd'hui sur les bords de la Saône, dans la modeste église de Conflandey ? Comment avez-vous été choisis pour le recevoir ? Vous allez l'apprendre.

III. Le voyageur qui traverse aujourd'hui les lieux où fut le prieuré de Château-sur-Salins, en trouve à peine les dernières traces. Tout a péri : l'église, dont le style roman attestait la haute antiquité, les vastes cloîtres, les dépendances plus vastes encore, les jardins disposés en terrasse, tout a disparu, tout, même les ruines. La charrue passe sur les voûtes des caves à demi écroulées ; on devine à quelques restes de sculptures une des fenêtres du chœur : encore quelques années, et l'on ne se souviendra plus que le monastère de Château-sur-Salins a eu douze siècles d'existence et de gloire.

La Révolution a commencé cette ruine, le temps l'achève, l'oubli la consomme. Mais, au milieu de ces débris, qu'est devenue l'antique statue de la

Vierge que vénérait toute la contrée? Qu'est devenue la sainte épine? La ville de Salins, je l'en félicite, est allée chercher cette Notre-Dame ; elle la garde avec honneur, elle lui offre aujourd'hui le tribut de ses vœux, elle l'implore pour la Comté et pour toute la France avec la foi des anciens jours (1). Votre partage est plus glorieux encore que celui de Salins : vous possédez l'épine qui a touché la tête de Notre Seigneur. Voici la nouvelle et, s'il plaît à Dieu, la dernière station de cette grande relique.

L'un des quatre religieux que la révolution trouva dans ce couvent condamné à la mort, dom Henriot, appartenait au village de Conflandey par sa naissance et par sa famille. Après avoir fait profession à Cluny, il fut envoyé à Château-sur-Salins et il devint procureur de la communauté. Le jour où les religieux furent chassés du cloître, dom Henriot reprit le chemin de Conflandey, n'emportant avec lui qu'un reliquaire et quelques papiers. Que la nation ne s'en indigne pas : ces papiers auraient été brûlés sur place, ce reliquaire aurait été brisé par la fureur révolutionnaire. Que l'Eglise s'en félicite et s'en réjouisse : ce reliquaire renferme la sainte épine. Dom Henriot, se confiant dans la piété de vos pères, la dépose solennellement sur cet autel. Il la

---

(1) La Notre-Dame miraculeuse de Château-Salins a été d'abord transférée dans l'église de Saint-Maurice. Elle repose aujourd'hui dans une chapelle voisine de la ville, et elle est l'objet d'un pèlerinage populaire.

montre à toute la paroisse, il en fait connaître l'origine et le prix, il déclare à ses concitoyens — ce sont ses propres paroles — « qu'ils doivent la recevoir et la vénérer avec autant de confiance que si on la détachait sous leurs yeux de la couronne de Notre Seigneur. »

Voilà comment vous avez été établis dépositaires et gardiens de la sainte épine. Heureux, m'écrierai-je avec le prophète, heureux le religieux qui l'a sauvée ! Plus heureuse encore l'église qui l'a reçue ! Heureux, trois fois heureux le peuple qui la garde ! *Beatum dixerunt populum cui hæc sunt! Beatus populus cujus Dominus Deus ejus.*

Ce fut l'honneur et le salut de dom Henriot d'avoir sauvé une si précieuse relique. Entraîné par les exemples de son ordre et par les illusions de l'époque, le bénédictin avait prêté serment à la constitution civile du clergé ; mais son erreur dura à peine quelques jours. Il alla lui-même porter à Vesoul l'acte de sa rétractation, et, semblable à saint Pierre, qu'un regard de Jésus avait fait fondre en larmes, il ne cessa de confesser et de pleurer cette faute d'un moment. Quelle pénitence ! quelle vie de sacrifices et d'expiations ! Le ministère qu'il exerce en pleine Terreur fait de lui l'apôtre de toute la contrée. Il parcourait pendant la nuit les paroisses sans pasteurs, donnant aux nouveau-nés l'eau sainte du baptême, célébrant la messe dans les plus humbles réduits, réconciliant les pécheurs, bénissant les époux, assistant les moribonds, passant partout en faisant le bien et en consolant tous les malheureux. Il tombe malade à Scey-sur-Saône, où son zèle l'avait appelé et où la confiance des fidèles voulait le retenir. Laissez-le revenir dans sa terre natale; il veut mourir dans la maison paternelle, les yeux fixés, les lèvres collées sur sa chère relique. Il meurt à quarante-cinq ans, avec la gloire d'avoir confessé publiquement et réparé complétement un acte de désobéissance mille fois désavoué par mille et mille traits de courage, d'honneur et de dévouement. Ce fut un vrai bonheur, et ce bonheur lui était dû, puisqu'il avait sauvé la sainte épine : *Beatum dixerunt populum cui hæc sunt.*

Heureuse, dirai-je encore, heureuse l'église qui l'a reçue ! La sainte épine a écarté de ce sanctuaire les pasteurs mercenaires, et jamais le schisme constitutionnel n'a pu s'y établir. On eût dit qu'une main invisible repoussait de ces autels le prêtre parjure. Jésus-Christ n'y voulait être servi que par la tribu fidèle ; il y régnait en roi, il y commandait en maître, il y faisait sentir d'une manière surnaturelle le pouvoir de la sainte couronne. Après la mort de dom Henriot, un missionnaire apostolique, M. l'abbé Grosjean, continue dans cette église l'exercice public du saint ministère. La mort le frappe à son tour ; mais on le rapporte dans ce sanctuaire, on l'inhume au pied de cet autel, et, pendant que les fidèles lui rendent les derniers devoirs au milieu de la nuit, le ciel, jusque-là serein, se voile tout à coup pour dérober aux recherches des persécuteurs la sépulture et l'assemblée. Vous voilà donc revenus aux premiers siècles de l'Eglise et aux mystères des catacombes, pieux habitants de Conflandey. Ces murs ont vu des scènes que la primitive Eglise ne désavouerait pas. Il y a, sous les dalles de ce temple, des ossements bénis, des poussières sacerdotales, des chairs consumées dans les exercices de la pénitence et du zèle, qui refleuriront un jour, comme les premiers martyrs, dans les splendeurs de la résurrection éternelle. Restaurez cette enceinte, parez ces autels, élevez cette tour, mettez dans cette œuvre, car elle en est digne, tous vos soins, tout votre zèle, toutes vos richesses ; vous ne sauriez trop honorer la sainte épine, qui est devenue le plus riche ornement de ce sanctuaire. Je bénis l'heureuse influence et les démarches empressées du château, je signale les offrandes du pasteur et des prêtres de la paroisse, je fais, du haut de cette chaire, un remerciement public en même temps qu'un public appel à tous ceux qui peuvent contribuer à l'embellissement de cette église. Heureuse église, qui est devenue si riche dans sa pauvreté et si digne d'envie dans son obscurité même ! *Beatum dixerunt populum cui hæc sunt !*

Trois fois heureux, dirai-je enfin, le peuple qui possède un tel trésor. La révolution vous a trouvés fidèles, et, par une exception unique peut-être dans les annales de notre foi, pas une famille n'a donné le moindre gage à l'impiété. Vos maisons sont devenues l'asile hospitalier du prêtre proscrit ; vos enfants ont servi de guides aux ministres de Jésus-Christ pour les mener à travers les chemins de vos bois et les gués de vos rivières ; jamais la moindre indiscrétion n'a trahi ni le ministère des prêtres ni leur présence. Vous n'avez reconnu que le vrai pasteur ; vous n'avez cessé de former le vrai bercail ; les menaces de la Terreur ne vous ont fait ni reculer, ni pâlir, ni trembler dans l'intrépide simplicité de votre foi. L'ordre d'abattre les croix n'a pas troublé un instant ce courage si ferme et si résolu. Vos pères ont répondu : « Non, jamais vous ne porterez sur l'image de Notre Seigneur une main sacrilége ; nos femmes se lèveraient au besoin pour la défendre. » Je le crois bien ! elles sont devenues les gardiennes de la sainte couronne, et Jésus-Christ les a choisies pour veiller sur ses divines dépouilles. Heureuses femmes, mille fois plus heureuses que celles de Jérusalem, puisqu'au lieu de pleurer sur le Christ, elles l'ont défendu, sauvé, gardé pendant cette passion révolutionnaire qui a duré dix ans ! *Beatum dixerunt populum cui hæc sunt.*

Voilà votre bonheur, pieux habitants de Conflandey, gardiens de la sainte couronne. Puisse cette épine voyageuse, après avoir traversé tant de terres et de mers, trouver enfin dans cette église le lieu de son repos! Les princes, les chevaliers, les moines qui l'ont possédée tour à tour vous l'ont léguée pour la sauver de la révolution comme ils l'avaient sauvée eux-mêmes des mains des barbares. Dieu, qui l'a préservée des ravages du temps, veille aussi sur elle avec une jalouse fidélité. Soyez dignes de monter jusqu'à la fin des siècles cette garde de l'honneur et du devoir. Faites-vous les pèlerins assidus de ce sanctuaire, célébrez avec une douce confiance ce triduum de prières où toute l'Eglise se met en larmes aux pieds des saints autels pour implorer, en faveur du pape et de la France, des jours de miséricorde. Après avoir levé les yeux vers Jésus couronné d'épines, reportez-les sur Pie IX, l'infaillible vicaire de ce Jésus crucifié, et, admirant dans un si grand pontife l'image si ressemblante du divin Maître, veillez, priez, jeûnez, jusqu'à ce que cette passion devienne un triomphe, cette croix un trône, cette épine un diadème, et que nous chantions les grandeurs de l'Eglise dans la France rendue à la paix et ressuscitée à la gloire.

PÈLERINAGE DE SAINT MAXIMIN.

A trois lieues de Besançon s'étend la forêt de Foucherans, célèbre dans les chroniques de la Franche-Comté par le séjour de saint Maximin, l'un de nos premiers évêques, dont le pontificat s'étend de 282 à 290 de l'ère chrétienne. On n'y voyait plus, en 1865, que des murailles ruinées et une croix à peine entretenue, dernier souvenir d'une chapelle détruite en 1777, et d'un pèlerinage qui avait survécu à toutes les destructions. M. le président Bourgon, devenu propriétaire d'un domaine à Foucherans, menait quelquefois ses amis sur cet emplacement désert, leur parlant du dessein qu'il avait conçu d'y faire des fouilles et d'y restaurer la maison de Dieu. Un jour, on lui annonce la découverte d'un vieux tombeau dans un angle de mur. Cette circonstance le frappe, et, songeant à saint Maximin, il écrit à un de ses amis le billet suivant : « Voilà un avertissement que Dieu me donne. Je veux avant de mourir restaurer le pèlerinage de saint Maximin. Hâtons-nous, j'ai quatre-vingt-cinq ans, et le temps qui me reste à vivre n'est pas long. » A ce signal donné par un vieillard, toute la contrée se réveille. M. l'abbé Suchet, supérieur du séminaire d'Ornans, se met à la tête de l'entreprise et la termine par la découverte des reliques du saint. Une crypte est creusée et décorée pour les recevoir, une chapelle élégante et solide s'élève sur cette crypte, elle est bâtie en deux ans, et le pèlerinage reprend tout son éclat. Prêtres et fidèles, chacun voulut concourir à cette restauration, les uns de leurs bras, les autres de leur bourse ; mais le principal honneur en revient à M. le président Bourgon, qui a vendu sa bibliothèque franc-comtoise pour payer en grande partie les frais de l'édifice, et à M. l'abbé Suchet, qui a dirigé tous ces travaux avec le zèle d'un prêtre et le talent d'un érudit.

DISCOURS

PRONONCÉ DANS LE PREMIER PÈLERINAGE QUI A SUIVI

LA RECONNAISSANCE DES RELIQUES DE SAINT MAXIMIN,

LE 29 MAI 1866.

Oculi Domini super justos.
Le Seigneur a les yeux fixés sur les saints.
(Ps. XXXIII, 16.)

Jamais paroles de la sainte Ecriture ont-elles été plus littéralement vérifiées et accomplies avec plus d'éclat! Ce concours inouï, ces accents de joie, ces sons harmonieux, cette fête qui fixe aujourd'hui l'attention de toute la province, ce pèlerinage qui va retrouver la solennité des anciens jours, tout justifie la parole du prophète. Voici le juste sur lequel le regard du Seigneur n'a pas cessé de se reposer depuis seize siècles. Voici les os qu'il a gardés de toute atteinte et de toute corruption. Voici les reliques de saint Maximin!

Les sentiments de foi, de vénération, de piété,

que ce spectacle excite dans vos âmes, sont ici d'une tradition impérissable. Vous savez par vos pères, et vos pères ont appris de leurs ancêtres, que ces membres inanimés ont été ceux d'un évêque et d'un confesseur, instruments bénis par lesquels la grâce du christianisme s'est répandue dans vos contrées. Ces mains ont été consacrées par le pape saint Caïus; cette tête fut couverte de parfums, comme celle d'Aaron, en signe de la plénitude du pontificat; cette bouche a instruit un collége de clercs qui vivait selon la règle des apôtres; ce saint a choisi pour sépulture les lieux où vous êtes, il s'est couché dans cette terre et il s'y est endormi jusqu'au dernier jugement.

Non, mes frères, il n'est pas mort, il dort seulement, il veille, ce grand serviteur de Dieu; des provinces entières le savaient; elles venaient lui parler, l'invoquer, baiser ses ossements, et la vertu divine qui s'en échappait rendait aux malades la vue, l'ouïe, l'usage de leurs membres, les forces du corps. Cette vertu divine retenait la vie près de s'éteindre sur les lèvres du nouveau-né; elle ranimait un moment son souffle expirant; elle lui méritait la grâce du baptême et la gloire du ciel. Que peut-on répondre à des miracles qui durent seize siècles? Un seul mot: Je crois à Dieu, à l'Eglise, aux saints. C'est ainsi que ce tombeau s'est changé en autel et que la voix du peuple s'est écriée mille et mille fois: Gloire à Maximin! Dieu lui a donné un grand crédit ! Dieu a les yeux fixés sur lui ! Dieu s'est fait le gardien de ses os !

Ainsi disaient, vers 1040, deux amis du Seigneur en s'entretenant ensemble le long du chemin que nous venons de parcourir. L'un était saint Simon de Crépy, fondateur du prieuré de Mouthe, l'autre Hugues le Grand, archevêque de Besançon. Le solitaire était venu demander au prélat sa protection et ses conseils ; le prélat voulut, par honneur, accompagner le solitaire jusqu'à six milles de sa ville épiscopale. C'est ici qu'ils se sont arrêtés, ici qu'ils ont célébré le saint sacrifice sur l'autel de saint Maximin, ici qu'ils se sont séparés en se donnant le baiser de paix, dans les sentiments de la même foi et dans l'expression de la même louange. L'illustre archevêque voulut que la terre des saints fût aussi la terre de la liberté. Il affranchit vos pères de toute servitude et il en fit des hommes libres dans un temps où le reste du pays était encore courbé sous le joug du servage. Gloire à saint Maximin ! gloire à Dieu, qui gardait ainsi ses précieuses reliques !

Après ces témoignages du xie siècle, vous citerai-je ceux du xve ? Le 10 avril 1410, Jean, évêque de Nazareth, suffragant de Besançon, tire du fond de cette grotte quelques parcelles de ces reliques fameuses, il les enferme dans une fiole de verre, écrit de sa main une attestation authentique, et dépose solennellement ce modeste reliquaire dans la pierre d'un autel nouveau. Ces fragments, cette fiole, ce parchemin, tout est là sous vos yeux. C'est le monument écrit le plus ancien que notre province possède dans l'histoire de ses reliques et de ses dévotions. Gloire à saint Maximin! gloire à Dieu, qui veille sur les ossements de son grand serviteur!

Edifice sacré, que n'avez-vous point vu! que de prodiges la foi des peuples ne vous a-t-elle pas attribués! Citerai-je ces globes lumineux qui semblaient planer sur la tête des pèlerins pour leur faire entrevoir l'âme du saint, pendant qu'ils se prosternaient sur son corps; ces colonnes brillantes comme le soleil qui formaient à l'entrée de cette église un magnifique portail et qui paraissaient porter jusque dans les nues les prières des fidèles; cette messe solennelle célébrée au milieu de la nuit par l'illustre pontife, assisté des anges; les saints qui, tenant des flambeaux, faisaient la procession autour du sanctuaire, chantaient avec un ravissement inexprimable les litanies que Dieu lui-même écoute dans les cieux. Non, je ne me tairai point sur ces légendes, elles étaient la joie de vos pères, l'entretien de leurs familles, l'aliment sacré de leur foi. Qui oserait dire que quelque chose est impossible à Dieu dans les lieux où il veille, avec un soin si jaloux, sur les ossements des saints!

Ah! quand on se rappelle les épreuves sans nombre que le culte de saint Maximin a traversées, on se sent saisi d'admiration en voyant qu'il a tout bravé, qu'il subsiste encore, et que nous sommes réunis en ces lieux pour le rehausser et le proclamer de nouveau. La critique a disputé à ces reliques leur caractère véritable ; elle a voulu transporter à un évêque de Trèves l'honneur, le nom et le culte d'un évêque de Besançon ; elle a appelé la force à son secours ; elle a démoli cette église ; les ruines du temple se sont recouvertes de gazon ; la désolation s'est faite dans le saint lieu. N'importe, vous saviez que le corps était encore enfoui dans les débris de l'autel et que l'assise sacrée du temple n'avait pas été arrachée de ses fondements. La Terreur gronde, n'importe : la Terreur, qui pouvait tout en France, n'a rien pu sur le culte de saint Maximin. Quand nos temples se ferment, vos forêts redeviennent les retraites et les catacombes des premiers siècles. Quand presque tous les pèlerinages sont abolis, celui de saint Maximin demeure plus populaire que jamais. Quand on envoie des soldats pour dissiper les pèlerins, les soldats, à l'aspect de cette foule, oublient leur consigne, quittent leur mousquet, prient et chantent avec l'assemblée. Ah ! comment ne pas se rappeler ici ces prodiges de dévouement qui ont sauvé tant de prêtres de la prison, de l'exil ou de la mort, grâce à l'inspiration de saint Maximin ! Voyez ces femmes héroïques qui viennent s'agenouiller un moment sur ce sanctuaire en ruines. Elles vont attendre, elles guettent le passage d'un prêtre destiné à la mort et entouré de bourreaux. Elles marchent, sous l'invocation de leur protecteur ; elles arrêtent le convoi, elles sauvent la victime, elles rendent grâces à saint Maximin. C'était peu d'envoyer ici des soldats pour retenir, le 29 mai de chaque année, l'élan de la piété populaire ; le canon est venu jusque sous vos murailles de chaume ; il a menacé vos humbles demeures, parce qu'elles servaient d'asile aux ministres de Jésus-Christ ; et ces demeures qu'un souffle aurait pu détruire, ont bravé le canon des citadelles ; la force s'est retirée devant la foi, honteuse, impuissante, vaincue, sans savoir pourquoi, sous l'œil toujours ouvert de Celui qui, du haut du ciel, s'était déclaré par la bouche de son prophète le protecteur des reliques de saint Maximin.

Après dix ans d'épreuve, le calme succède à l'orage, mais les temples ne s'étaient pas encore ouverts que le pèlerinage avait déjà repris tout son éclat. Saint Maximin était invoqué et remercié publiquement à l'occasion de la conclusion du concordat. Il y a soixante-quatre ans, jour pour jour, trois mille chrétiens, réunis sur ce plateau de tous les points du pays, célébrèrent cet heureux accord qui rétablissait l'exercice public du culte catholique. Le saint avait été à la peine, il était juste qu'il fût à l'honneur ; le saint avait consolé, protégé, soutenu, sauvé, dans les jours du péril, et il était juste qu'il fût honoré et béni dans les jours de la victoire et du triomphe.

Cependant il faut vous révéler les pieux complots que vos pères avaient mis à exécution pour sauver les reliques de leur cher protecteur. Dans la crainte que la baïonnette d'un terroriste ne vînt fouiller cette terre et profaner ces nobles restes, quelques chrétiens de Trepot entreprennent de les dérober à des recherches qui semblaient inévitables et qui en eussent fait, comme du corps de saint Claude, la proie des flammes et la dérision des orgies révolutionnaires. Ils viennent de nuit ; ils prennent leur temps ; ils règlent leurs pas ; ils enlèvent en toute hâte le sacré dépôt ; ils le cachent sous le marchepied de l'autel élevé, dans l'église de Foucherans, en l'honneur de saint Maximin. Rien ne transpire tant que dure le danger. Mais le danger passé, le secret se révèle à peine. Peu de fidèles le connaissent, on le répète en l'altérant, soixante-quinze ans s'écoulent, et la tradition, privée de ses premiers témoins, finit par être comme une vague rumeur, un bruit incertain et presque sans autorité. Avez-vous donc résolu, mon Dieu, de ravir à ce peuple son plus cher trésor, et les reliques de votre saint auraient-elles cessé d'être agréables à vos yeux ? Oh ! détrompez-vous, mes frères, Dieu voulait, au contraire, séparer ces ossements sacrés des ossements profanes pour rendre un jour leur reconnaissance plus complète. Ce jour de la reconnaissance est arrivé, et nous voici tous réunis pour répondre par notre témoignage au témoignage des siècles précédents.

Que s'est-il donc passé? Il y a six mois, un vénérable magistrat, l'honneur de notre province, dont nous oublierons ici tous les titres pour dire seulement qu'il est votre ami [1], a demandé et obtenu la permission de fouiller le sol du pèlerinage. Le pontife qui gouverne si glorieusement notre diocèse charge un de ses prêtres de diriger le travail, et l'antique chapelle de saint Maximin commence à reparaître au-dessous des ruines. On retrouve toutes les dimensions de l'édifice, le sanctuaire se sépare nettement de la nef, l'autel se dessine au milieu du sanctuaire; encore quelques décombres à remuer, et l'assise sacrée, le corps du saint, doit se montrer aux yeux.

Vous étiez là, mes frères, vos cœurs palpitaient dans l'attente, vos instruments s'enfonçaient avec un respect mêlé de crainte dans le massif durci par les ans, et le savant délégué de l'autorité diocésaine [2], les yeux penchés sur cette tombe entr'ouverte, cherchait les saintes reliques, en consultant toutes les pièces qui pourraient l'éclairer sur leur position, leur nature et la profondeur du sol. Voilà d'abord des corps placés en avant de l'autel,

---

[1] M. le président Bourgon.
[2] M. l'abbé Suchet.

ce n'est point le saint, ce sont les hôtes de son église. Ces corps rangés en ligne droite, les pieds tournés vers l'autel, occupaient toute la nef. La haute antiquité de ces ossements se révélait assez d'elle-même. Un de ces squelettes portait sur la hanche droite une boucle de fer rouillée, dernier reste d'une ceinture. Deux anneaux en fer avaient déjà été signalés, avec un collier de verre, dans un procès-verbal dressé sur les lieux en 1756, après la visite de l'ancienne chapelle. On retrouvait ainsi des preuves irrécusables d'une sépulture franque et burgonde, avec des restes de parure qui appartenaient à des temps barbares. Il n'y avait plus de doutes devant de telles preuves. Le sanctuaire de saint Maximin existait déjà au ve siècle, il était déjà célèbre, et la légende qui place ce saint personnage parmi les prélats qui ont gouverné l'Eglise de Besançon avant Constantin est devenue plus évidente que jamais. C'est bien la sépulture retrouvée de saint Maximin : il est bien vrai que notre évêque, vivant, comme dit la chronique, à six milles de la cité, fugitif et caché pendant la persécution dans la forêt de Foucherans, avait été honoré d'un culte public dans les premiers siècles ; il est bien vrai que de grands personnages parmi les Francs et les Burgondes venaient chercher le repos de la tombe dans ce sanctuaire vénéré de tout le pays. Voilà leurs corps, mais où est le corps de saint Maximin ?

Soyez attentifs. La dernière pierre de l'autel est arrachée : point d'inscription, point de tombeau, on reconnaît encore là le signe d'un culte primitif, mais où sont les reliques ? Une longue traînée d'ossements en poudre répandue dans la longueur de l'autel, atteste assez que ces reliques en formaient le fondement, et les faibles débris qui en sont restés touchent à ceux des corps profanes. Où est le corps ? Trois mois s'écoulent, on hésite, on interroge, on attend. Le secret de la révolution se réveille alors au fond des vieilles et fidèles mémoires ; on nous dit avec les plus vives instances : Allez à l'église paroissiale, cherchez sous le marche-pied de l'autel de saint Maximin ! Eh bien ! nous avons cherché et nous avons trouvé. C'est le 18 mai que les recherches sont complétées : le plus heureux résultat les couronne, le trésor reparaît ; voici le corps de saint Maximin avec tous les indices attestant la précipitation que l'on avait mise à le cacher, et nous ne cesserons de redire : C'est Dieu qui veille sur le juste et qui garde les ossements des saints !

Tout est donc fini, demande une piété impatiente. Pas encore. Il faut rapprocher et comparer les résultats des deux fouilles, démêler entre les six corps retrouvés dans la chapelle les débris épars qui ont appartenu à saint Maximin, et par la position des ossements, reproduite sur un carton fidèle, par leur teinte, par leur couleur, dire, en faisant deux parts de ces dépouilles de la mort : Voici le saint, voilà les chrétiens enterrés à ses pieds. Eh bien ! cette vérification a eu lieu, elle est admirable de justesse ; elle est éclatante de vérité ; tout concorde : le caractère et la grandeur des ossements, leur dureté, leur couleur, leur rapport. On eût dit, tant l'opération était facile, que le saint se reconnaissait lui-même parmi ces membres qui ne lui appartenaient pas, et que ces os sacrés disjoints depuis tant de siècles, jetés les uns loin des autres depuis tant d'années, avaient hâte de rentrer dans leurs jointures pour justifier votre foi et apparaître à vos yeux dans l'intégrité seize fois séculaire de leur miraculeuse conservation: tant il est vrai que le Seigneur a veillé sur le juste et qu'il s'est constitué le gardien des saintes reliques !

Elles sont venues, ces nobles et sacrées dépouilles, saluer la métropole et le siége épiscopal. Le successeur de saint Maximin les a scellées de son sceau, il s'est agenouillé devant elles, avec l'éclat de sa pourpre, les mérites de sa longue administration et l'honneur de son nom, de plus en plus cher à l'Eglise. L'illustre prélat du XIXe siècle, si agréable aux papes, dont il défend les droits et dont il imite le courage, a baisé cette tête sacrée par un pape du IIIe siècle (1). Et maintenant qu'il ne manque plus rien à cette reconnaissance si inattendue, si

(1) Mgr Mathieu venait de publier l'encyclique *Quantâ curâ*. Il défendait au Sénat la cause de Pie IX, et il avait publié le *Pouvoir temporel des papes justifié par l'histoire*.

authentique, si merveilleuse, voilà que saint Maximin a repris le chemin de sa chère solitude et qu'il vient, escorté par les enfants du Seigneur dont il avait formé dans l'Eglise de Besançon la première école, reprendre sa vie au milieu de vous, demander à votre piété les autels que vos pères lui avaient élevés, et se coucher dans sa vieille tombe en nous faisant chanter avec plus d'enthousiasme que jamais : Gloire à Dieu, qui veille sur le juste et qui garde les ossements des saints !

Que le souvenir de cette belle journée soit donc à jamais conservé dans les annales de ces contrées si chrétiennes ! Que les jeunes enfants d'aujourd'hui, quand ils fléchiront sous le poids des ans, redisent encore à leurs arrière-neveux le spectacle dont leur premier âge fut témoin ! Que le respect, l'amour, la confiance envers saint Maximin prennent désormais un nouveau développement dans tous les cœurs !

Ministres du sanctuaire, il nous tarde d'apporter dans ces lieux le pain et le vin du sacrifice et de célébrer sur ces saintes reliques les mystères adorables de l'Eucharistie. Ce jour heureux n'est pas éloigné. J'en atteste la noble et généreuse initiative qu'un homme de bien, disons mieux, un *homme de foi et de tradition*, voulut prendre dans cette pieuse entreprise (1). Il s'est souvenu qu'il était le fils de

---

(1) M. le président Bourgon.

saint Maximin, que ses ancêtres avaient longtemps habité cette terre bénie entre toutes les terres, et qu'il y avait lui-même puisé cette énergie de caractère, ce sentiment, cet amour de toutes les grandes et anciennes choses, signe distinctif du chrétien franc-comtois. Il s'est dit que, pendant que le luxe et la mollesse débordent, pendant que l'oubli du passé touche presque partout au mépris, c'était à lui de signaler les traditions de cette forêt, d'appeler sur ces reliques l'attention de l'autorité diocésaine, de creuser ce caveau pour leur donner une demeure plus digne d'elles, et de s'inscrire le premier parmi les souscripteurs qui vont relever les ruines de ce sanctuaire miraculeux. Ce qu'il a dit avec sa haute raison, il le fera, malgré les ans, avec son indomptable énergie. Ce n'est pas à nous qu'il appartient de l'en remercier, une voix plus autorisée le fera tout à l'heure [1]; mais il nous appartient à nous tous de l'en bénir et de lui donner l'assurance qu'en montant à l'autel dont il vient de relever les premières assises, tout prêtre se souviendra d'un tel exemple, tout prêtre priera pour lui.

Et vous, jeunesse élevée à l'ombre des tabernacles [2], vous qui nous succéderez dans les fonctions augustes du sacerdoce, quand, au début de votre cléricature ou au lendemain de votre ordination,

---

[1] M. l'abbé Dartois, vicaire général, qui présidait la cérémonie.
[2] Les élèves de la maîtrise de la métropole.

une pieuse pensée attirera vos pas vers cette chapelle et que vous vous détournerez de votre route pour y prier un moment, vous la trouverez déjà toute parée des offrandes des fidèles et peut-être toute resplendissante de l'éclat de nouveaux miracles. Ah! nous attendons tout de la générosité de ce peuple qui nous entoure : les bras s'apprêtent, les pierres sont marquées, les travailleurs s'offrent, se comptent et se partagent la tâche. Foucherans a donné l'exemple, les paroisses voisines le suivront, on verra bientôt ce que peut, ce que vaut une contrée fidèle, et comme la foi inspire, anime, encourage dans leurs entreprises les enfants de saint Maximin.

Je vous invoque en finissant, ô notre puissant protecteur! Devenez, à partir de ce jour, plus libéral encore envers ceux qui imploreront ici votre nom et votre secours. Exaucez tous leurs vœux ; éteignez dans leurs veines les ardeurs de la fièvre ; redressez leurs membres ; guérissez leurs yeux éteints et leurs pieds chancelants ; délivrez-les de toutes leurs langueurs et de toutes leurs infirmités. Mais surtout écartez de leurs âmes le plus grand de tous les maux, qui est le péché ; calmez dans leurs sens le feu le plus terrible, qui est celui des passions. Si le doute ou la tiédeur étendait sur eux leurs froides ténèbres, rendez à leur esprit la vive lumière de la foi ; ramenez leurs pas dans les sentiers de la vertu, s'ils s'en écartent jamais ; s'ils tombent, relevez-les; s'ils meurent à la grâce, ressuscitez-les. Sauvez leur foi, sauvez leur âme, tenez-les à l'abri de la contagion du siècle; que cette forêt, sanctifiée par votre présence, soit, dans sa mystérieuse profondeur qui se rajeunit et se renouvelle depuis tant de siècles, comme l'image de l'asile inviolable et sacré que votre intercession leur assure ici-bas, jusqu'au jour où cette crypte se rouvrira pour rendre à la lumière vos ossements transfigurés et où vous donnerez vous-même à nos corps le signal de la résurrection éternelle.

DÉCOUVERTE ET RECONNAISSANCE

SOLENNELLE

DES INSIGNES RELIQUES DE SAINT SÉBASTIEN,

A MONTBOZON.

La paroisse de Montbozon a reçu, le dimanche 27 avril 1873, la visite de Mgr le Cardinal Archevêque de Besançon, dans des circonstances qui ont rehaussé l'éclat de la fête par de solennelles actions de grâces et de grands souvenirs historiques. La matinée a été consacrée aux cérémonies de la confirmation, l'après-midi à l'inauguration d'un monument élevé en l'honneur de la sainte Vierge, et à la reconnaissance des reliques de saint Sébastien.

Pour ajouter à l'éclat de la fête, les populations du voisinage sont accourues de toutes parts, dans l'après-midi, autour des autels où leurs ancêtres avaient vénéré pendant tant de siècles les restes du glorieux martyr, si cher à leur foi et si propice à leurs maux, quand ils étaient menacés de la peste.

M. l'abbé Besson a recueilli et ravivé tous ces souvenirs, dans un discours qui a tenu pendant plus d'une heure un immense auditoire attaché à ses lèvres.

Après le discours, la procession s'est formée, bannières en tête, au son des cloches et au bruit du canon. Elle s'est d'abord dirigée vers le gracieux monument consacré à la sainte

Vierge. Ce monument est un souvenir du jubilé de 1870 ; mais les malheurs de l'invasion l'ont rendu encore plus nécessaire à la piété de la paroisse, et plus d'une offrande donnée en exécution d'un vœu est venue embellir la statue et le socle qui la porte. Cette statue est érigée sous le titre de *Notre-Dame du Salut*. Mgr le Cardinal en a fait la bénédiction, en demandant à Marie de veiller sur la paroisse, sur toute la contrée, sur la France et sur l'Eglise.

A quelque distance du monument s'élevait un arc de triomphe d'une rare magnificence. Là, sur un piédestal étincelant de lumières, sont déposées les reliques de saint Sébastien. Mgr le Cardinal, après les avoir reconnues et réintégrées dans une châsse, les encense et les vénère. Quatre ecclésiastiques revêtus de dalmatiques rouges chargent ce précieux fardeau sur leurs épaules ; la procession se remet en marche vers l'église, au chant des litanies et au milieu de la fumée de l'encens ; on y compte plus de quarante prêtres ; le pontife marche derrière eux, mitre en tête, crosse en main, entouré de plusieurs membres de son chapitre ; la châsse de saint Sébastien est rapportée en triomphe sur les autels, qui semblent s'émouvoir et tressaillir en recouvrant ces ossements bénis.

La bénédiction du saint Sacrement, donnée par Mgr le Cardinal, a terminé la cérémonie. L'assistance s'est retirée en emportant dans son cœur l'impérissable souvenir d'une si belle fête. Elle n'oubliera jamais ni le grand archevêque, dont la présence et l'autorité ont consacré à Montbozon le retour des reliques de saint Sébastien, ni l'orateur si populaire, qui est devenu le prédicateur obligé de toutes nos grandes solennités religieuses et nationales.

L. Boissy,
Curé de Montbozon.

DISCOURS

PRONONCÉ

DANS LA CÉRÉMONIE DE LA RECONNAISSANCE SOLENNELLE

DES RELIQUES DE SAINT SÉBASTIEN,

A MONTBOZON, LE 27 AVRIL 1873.

Custodit Dominus ossa sanctorum.
Dieu garde les ossements des saints.
(Ps. XXXIII, 21.)

EMINENCE,

Les solennités qui s'accomplissent aujourd'hui dans cette religieuse paroisse demanderaient plus d'un discours pour être célébrées dignement. Vous venez, en effet, apporter à ce peuple dans une seule fête, avec la joie de votre présence, les trois plus grandes joies que l'on puisse goûter aux pieds des tabernacles : recevoir son Dieu, couronner sa mère, reconnaître et vénérer les saintes reliques. Les cieux se sont ouverts trois fois sur cette assemblée chrétienne ; Dieu, la sainte Vierge, les saints, ont répondu à votre appel, et notre reconnaissance, excitée par tant de pieuses émotions, emportera de cette journée si bien remplie trois immortels et sacrés souvenirs. Dieu est descendu du ciel, avec tous ses dons, dans l'âme de ces enfants, devenus par la grâce de la confirmation les vaillants soldats de son Christ et de son Eglise ; Marie, notre mère commune, monte sur le trône que ce pasteur et ce peuple lui ont préparé en exécution d'un vœu solennel ; enfin, pour mettre le comble à tant de bienfaits, voilà que les reliques insignes de saint Sébastien, l'antique et sacré trésor de cette église et de toute la Comté, sont retrouvées, reconnues, réintégrées dans une châsse, et, après quatre-vingts ans d'oubli, présentées de nouveau à la vénération publique.

De ces trois sujets si propres à exciter votre allégresse, c'est le dernier que les circonstances m'imposent de traiter. Quel sujet plus digne de votre bienveillante attention ? Il s'agit, mes frères, de votre origine, de vos annales, d'une relique et d'une dévotion qui intéressent votre sentiment patriotique aussi bien que votre foi. Montbozon doit aux reliques de saint Sébastien sa vie et sa renommée. Je viens les saluer dans leur châsse nouvelle avec les accents de votre reconnaissance ; je viens vous dire, avec toute l'autorité de la tradition et de l'histoire, quelle est la valeur de ce trésor, dans quelles circonstances vous l'avez obtenu et conservé, et par quelle merveilleuse découverte vous le recouvrez aujourd'hui dans toute son intégrité et dans toute sa gloire. Vous verrez à chacun de ces trois points combien il est littéralement vrai d'appliquer à ces reliques de saint Sébastien les paroles du Psalmiste : Dieu garde les ossements des saints : *Custodit Dominus ossa sanctorum.*

I. Après le corps et le sang de Notre Seigneur Jésus-Christ, l'Eglise n'a pas de trésor plus cher ni plus précieux que les saintes reliques. L'Ecriture en autorise le culte, la tradition le constate, la nature le demande, l'érudition et la science en donnent l'exemple, et l'incrédulité qui le raille est la première à prodiguer aux dépouilles des impies et des malfaiteurs les honneurs que nous rendons aux apôtres, aux martyrs, aux bienfaiteurs de l'humanité. Pour ne parler que de l'archéologie, un fer de flèche, une hache de pierre, un collier ou une armure, une médaille à demi effacée, quelque verroterie d'une antiquité plus suspecte ou plus insignifiante encore, suffisent pour appeler les regards du monde savant, exciter les recherches les plus curieuses et fournir un thème à d'inépuisables débats. On classe, on caractérise comme l'on peut ces derniers restes des ans et des barbares ; on refait avec eux tout un siècle par l'imagination ; on les met sous la garde des pouvoirs publics, on les conserve et on les honore comme le trésor d'un musée, la gloire d'une grande ville, l'immortelle conquête de l'érudition moderne. Si l'on y regarde de plus près, cette antiquité est souvent douteuse, quelquefois même imaginaire. Fût-elle d'une authenciticité incontestable, ce sont bien souvent des souvenirs de violence, de tyrannie et de cruauté, et si la science en triomphe, ni la vertu ni l'honneur n'y trouvent de nobles encouragements. Je ne m'incline point devant cette poussière qui fut Alexandre, Marius ou César ; mes émotions et mes hommages sont pour une antiquité vertueuse et sacrée, pour une poussière qui a recueilli, de génération en génération, les respects du monde entier, et qui a vu toute la chrétienté agenouillée devant elle. Apprenez à connaître votre incomparable trésor, venez vénérer les reliques de saint Sébastien.

Je n'entreprendrai pas d'esquisser ici, même à grands traits, la vie de ce héros. L'antiquité chrétienne n'a rien de plus illustre. Les Pères de l'Eglise l'ont célébré à l'envi : saint Ambroise y a mis les charmes et la douceur accoutumée de son éloquence, saint Augustin sa vivacité et sa profondeur, saint Grégoire le Grand l'autorité de son nom et de son ministère. Ils nous peignent avec admiration ce fervent disciple de Jésus-Christ, que la confiance de Dioclétien a élevé au rang de capitaine des gardes, et qui n'use de son crédit que pour assister les confesseurs et les captifs, relever le courage des persécutés, prêcher et convertir les païens. Le pape le proclame le défenseur de la foi. Que Sébastien paiera cher ce titre glorieux ! Dioclétien le fait comparaître devant son tribunal, lui rappelle ses bienfaits et le condamne à la mort. Quelle mort et quel martyre ! C'est le martyre des sept flèches qui le transpercent et le couvrent de sang. Mais l'âme résiste, comme s'il lui en eût coûté de sortir d'un si noble corps. Sébastien, laissé pour mort sur la place, est détaché du poteau par sainte Irène, qui le fait emporter dans sa maison, panse ses plaies, les guérit et lui rend une santé parfaite. A peine rendu à la vie, le vaillant capitaine court à la rencontre de l'empereur et lui reproche sa cruauté. Dioclétien, hors de lui, le condamne à la mort pour la seconde fois. Quelle autre mort et quel autre martyre ! c'est le martyre des verges au milieu du cirque. Le héros succombe ; mais sa dépouille mortelle, jetée dans le grand cloaque, échappe encore une fois à la destruction, grâce à la piété de sainte Lucine et de ses compagnes. O Irène, ô Lucine, dernières patriciennes de l'ancienne Rome, soyez bénies ! Vous vous empressez auprès du corps du martyr, comme les saintes femmes auprès du corps de Jésus-Christ. Baignez-le de vos larmes, couvrez-le de parfums, sacrez-le pour nos châsses et pour nos autels ! Cette chair percée de flèches et battue de verges va refleurir dans la tombe, ces ossements brisés deviendront le fondement de nos temples, et le double martyre de saint Sébastien sera chanté dans tout l'univers.

On enterre secrètement le généreux confesseur aux pieds de saint Pierre et de saint Paul, et les chrétiens vont prier sur son tombeau comme sur celui des apôtres. Mais, au sortir des persécutions, son nom et son culte sont entourés d'un nouvel éclat. Son nom reste aux catacombes où il a été déposé, le pape Damase élève une église en son honneur, les basiliques de Rome se disputent ses reliques. La Toscane en reçoit une part, et, dès 826, Louis le Débonnaire, s'autorisant des services que Charlemagne et Pepin le Bref ont rendus au siège de saint Pierre, obtient comme une insigne faveur la permission de faire transporter dans son empire tout ce qui restait du saint au fond des catacombes. Au premier bruit de cette translation, la terre des Francs s'émeut pour saluer celui que les Pères de l'Eglise appellent le plus glorieux martyr de l'Occident. Les précieuses dépouilles remontent le Rhône, la Loire, la Seine, escortées par les cantiques du sanctuaire, couvertes de fleurs et d'encens par la main des prêtres, comblées de louanges dans toutes les chaires. Les basiliques s'illuminent pour les recevoir, les peuples s'agenouillent sur leur passage, des miracles attestent leur vertu dans le cours de ce voyage fameux, et quand elles entrent dans l'abbaye de Saint-Médard, où l'empereur les reçoit entouré de toute sa famille et de toute sa cour, les acclamations redoublent, l'enthousiasme n'a plus de bornes, on se rappelle, on se redit les exemples de la foi paternelle, dont Louis se montre le digne et magnifique héritier. Louis apparaît dans sa piété mille fois plus grand que dans sa politique ; toutes les divisions s'apaisent ; il se sent, ce jour-là, vraiment père et vraiment empereur ; toute sa maison, toute sa cour, tout l'Occident reconnaît, vénère et bénit en lui le fils de Charlemagne.

Ne soyez pas surpris de cette ardeur qui anime l'empire des Francs pour la possession des reliques de saint Sébastien. Il a plu à la divine Providence d'exalter la gloire de son serviteur en accordant, par son intercession, des grâces insignes dont l'histoire a enregistré le souvenir. Rome éprouva la première combien il est puissant auprès de Dieu. Elle fut délivrée de la peste en invoquant ce nom qui lui était si cher, et cette délivrance, qui remonte à l'an 680 et au pontificat de saint Agathon, fut connue et célébrée dans l'Eglise universelle. A partir de ce jour, toutes les contrées envahies par la contagion se tournent vers un saint si propice aux pestiférés ; les cités les plus ravagées lui vouent des temples et des autels ; Milan, Florence, Lisbonne, l'implorent tour à tour dans des circonstances si critiques, et leurs archives constatent, en l'honneur de saint Sébastien, l'étendue du mal, l'urgence du remède et la soudaineté de la guérison.

De tels souvenirs recommandent assez à la piété

des fidèles les reliques du grand martyr de l'Eglise d'Occident. Ce n'est pas tout. Le temps, les révolutions, l'impiété, ont exercé leur fureur sur ces saintes dépouilles, et, pour apprécier votre trésor, il vous faut savoir combien il est devenu rare. L'abbaye de Saint-Médard se glorifia longtemps d'en être la gardienne : son église, visitée et dotée par les souverains, desservie jour et nuit par des religieux, embellie par toutes les ressources des maisons royales et tous les prodiges des beaux-arts, devint une des plus illustres de la chrétienté ; la confiance que l'on avait dans saint Sébastien fit de ce monastère un pèlerinage cher à toute la France, et huit siècles de miracles et de bienfaits semblaient lui présager l'éternelle possession du sacré dépôt. L'hérésie trompa toutes ses espérances. Au début de ces guerres fameuses que l'histoire appelle nos guerres de religion, Soissons tombe au pouvoir des huguenots, l'abbaye de Saint-Médard est envahie, la sainte châsse est dépouillée de l'or qui la recouvre et des pierreries qui la parent, les reliques sont jetées pêle-mêle dans les fossés de la ville avec celles de saint Grégoire le Grand et deviennent méconnaissables. La piété se glisse derrière l'hérésie et recouvre quelques restes des glorieux ossements ; mais les inscriptions manquent, et il est impossible de distinguer désormais ce que l'on continue à vénérer encore. Les restes échappés aux mains des sectaires n'échappent pas à la révolution. Le désastre est plus profond, le dommage plus irrémédiable. L'église de Soissons pleure aujourd'hui son trésor perdu, et c'est à peine si elle peut en signaler les dernières parcelles, tant le fer de l'hérésie a été meurtrier, tant les flammes de la révolution ont été dévorantes, tant l'homme, le démon, le temps, ont réuni d'efforts dans une sorte de conjuration, pour anéantir, par un troisième et dernier supplice, cette chair, ces os, ce corps, signalés par tant de grâces obtenues, et qui demeuraient toujours vivants par le nombre, l'éclat et la grandeur des miracles.

Mais il est écrit : Dieu garde les ossements des saints : *Custodit Dominus ossa sanctorum*. Quand la France les perd, la Franche-Comté les conserve. L'Eglise de Besançon a été plus heureuse que celle de Soissons. Vos ancêtres ont été fidèles. Ils ont gardé, honoré, sauvé, une portion des insignes reliques. Après ces pages navrantes toutes pleines d'attaques, de pillages, de confiscations et de ruines, écoutez une page pleine d'honneur et de consolation. Cette page, c'est l'histoire même de ce bourg, de ce château et de cette église. C'est ici que Dieu veut justifier le texte du psalmiste en faisant voir comment il garde les ossements des saints : *Custodit Dominus ossa sanctorum*.

II. Montbozon apparaît dans l'histoire, pour la première fois, au siècle même qui salua l'entrée de saint Sébastien dans la terre de France et qui lui fit une si magnifique réception dans l'abbaye de Saint-Médard. Si l'on en croit vos chroniques et l'étymologie présumée de votre nom, la fondation de ce bourg revient à Bozon, qui appartenait à la famille de Charlemagne. Ce qui est hors de doute, c'est que le château autour duquel se groupèrent les habitations de cette bourgade naissante compte parmi les forteresses antiques dont nos forêts, nos rivières, nos montagnes, se hérissèrent de toutes parts, dans ce siècle de fer, pour opposer aux Normands et aux Hongrois un front redoutable. Mais les fiers palatins des deux Bourgognes n'élevaient guère de remparts sans y enfermer un autel, et le zèle avec lequel ils recherchaient les saintes reliques démontre assez qu'ils les regardaient, bien plus encore que nos rochers, comme le fondement inébranlable de leur puissance et de leur fortune. La chapelle commence dans ces lieux en même temps que le château. Nos conjectures sont donc pleinement autorisées par les mœurs du temps et par la foi des princes, quand nous attribuons aux fondateurs de vos murailles l'introduction des restes de saint Sébastien dans la terre de Montbozon. Ces reliques étaient alors fort populaires ; nos souverains mettaient leur gloire à les posséder, et les châteaux où ils résidaient s'enrichissaient des plus précieux trésors.

Cependant le château et la terre de Montbozon,

sans cesser d'appartenir aux comtes de Bourgogne, furent donnés en fief à une maison illustre par sa piété autant que par ses faits d'armes, qui n'a pas d'autre nom que le vôtre et qui l'a porté pendant quatre siècles dans les chapitres, dans les cloîtres, dans les armées, à la cour des princes, partout où il y avait du sang à offrir, de la vertu à cacher et de l'honneur à faire voir. Si je voulais louer la vaillance des sires de Montbozon, je citerais les noms de plus de quarante chevaliers conservés dans nos chartes et mêlés à toutes les guerres du comté de Bourgogne. Mais c'est leur foi surtout que je dois rappeler ici. Ils sont au premier rang parmi les amis de saint Bernard, et on les cite au nombre des bienfaiteurs de Bellevaux et de Lieucroissant. Notre église métropolitaine leur doit des chanoines et des archidiacres ; l'abbaye de Saint-Paul les instruit, reçoit leurs vœux et élève l'un d'eux à la dignité abbatiale ; celle de Lure les place deux fois à sa tête, et l'un des deux Montbozon qui l'ont gouvernée donne à la ville une charte d'affranchissement ; les bénédictines de Baume comptent une abbesse du même nom ; enfin le dernier dont on trouve la trace fait profession à Bellevaux, ceint la mitre et ensevelit dans la paix du cloître le nom et les richesses de sa maison.

Mais ces traditions de foi et de piété devaient revivre dans une autre race pour la gloire de Dieu et pour le service de vos ancêtres. La dernière goutte du sang de Montbozon avait passé par un mariage dans la maison de Vaudrey, et les trois chevaliers qu'elle y suscita, Philibert, Pierre et Jean, remplirent la première moitié du xve siècle des coups de lance si familiers à leur valeur (1). Philibert dépasse ses frères par l'éclat de sa vie. Commandant à Montbard, gouverneur du Tonnerrois, bailli d'Amont, chambellan du duc de Bourgogne, grand maître de l'artillerie, il n'est pas de dignité civile ou militaire dont la faveur de Philippe le Bon ne l'ait revêtu. Sa noble épouse, Catherine de Ray, justifiait la réputation de grâce et de douceur que les siècles avaient faite à sa race et qui s'est conservée jusque dans sa devise (2). Tous deux aimaient les bords de l'Ognon, ce site, ce château, et faisaient de Montbozon une de leurs résidences favorites. Ce n'était pas assez pour un Vaudrey d'avoir réparé une de vos vieilles tours avec une telle grandeur que son nom lui reste encore aujourd'hui. En vrai chevalier, qui a pour devise : « *Acta, non verba* : des actes et non des paroles, » c'est par des établissements solides qu'il veut signaler son passage dans le monde. Il songe à bâtir une maison qui soit tout ensemble pour la contrée un hospice et une école, une maison où les malades

---

(1) *Coup de lance de Vaudrai.* — *J'ai valu, vaux et Vaudrey* (devise des Vaudrey).

(2) *Gracieuseté de Ray* (devise des Ray).

soient accueillis, où la foi soit prêchée, où le corps et l'âme trouvent en même temps lumière, conseil, remède et guérison. Regardez ce tableau qui nous a conservé le vœu du chevalier. Le fondateur, à genoux dans un coin, tourne les yeux vers Marie, qui lui tend les bras en signe d'assentiment. Un ange apparaît au milieu ; d'une main il montre à Vaudrey où il faut bâtir, de l'autre il tient une couronne pour le récompenser de sa belle action. Ainsi, Marie sera la patronne de la fondation nouvelle aussi bien que de la vieille chapelle du château ; mais le château a pour gardien l'apôtre saint Jean ; c'est le martyr saint Sébastien qui sera le gardien du couvent.

Voilà sous quels auspices s'élève cette église avec ses cloîtres et ses dépendances, dignes d'une grande cité. Qui le fondateur appellera-t-il à la desservir ? L'ordre de saint Dominique était alors dans toute sa splendeur. La maison de Besançon, l'une des quatre premières qui furent établies dans les anciennes Gaules, donnait des généraux à l'ordre, des évêques suffragants à notre siége métropolitain, des prédicateurs renommés aux deux Bourgognes. Celle de Poligny, fondée à la fin du XIIIe siècle, l'égalait en régularité et ne lui cédait guère pour le nombre et le mérite des hommes illustres qui en sont sortis. Celle de Montbozon fut la troisième de la Comté. Philibert de Vaudrey la fonde, la dote, y établit une colonie de frères prêcheurs, et on y compte, de son vivant même, plus de trente religieux. Ce sont les reliques de saint Sébastien qui la rendent si populaire et si fameuse dès l'origine. On accourt de toutes parts pour leur demander d'être guéri ou préservé de quelque maladie. Le couvent a un hospice pour les malades, l'église devient un lieu de pèlerinage, la terre de Montbozon une terre fertile en grâces et en miracles. Autour de ces autels célèbres, le bourg s'agrandit, la population s'accroît, et la prospérité publique est encore un bienfait de la religion. Saint Sébastien, dont les frères prêcheurs racontent la vie aux pèlerins et dont le crédit auprès de Dieu est attesté tous les jours par les faveurs singulières dont il comble les deux Bourgognes, imprime son nom partout à force de justifier la confiance publique, et le fait prévaloir sur tous les autres souvenirs. Regardez cette voûte : voilà les flèches symboliques de son glorieux supplice. Consultez les anciens : ils vous montreront le vieux chemin du pèlerinage, le *chemin de saint Sébastien*. Lisez nos chartes et nos chroniques ; vous lirez partout : *Saint Sébastien de Montbozon*. Les deux noms sont désormais inséparables, tant l'alliance que ce glorieux martyr a faite avec vos ancêtres a été souvent renouvelée, consolidée, scellée par des prodiges et par des bienfaits.

Philippe le Bon et Charles le Téméraire avaient témoigné à vos ancêtres et au couvent qui faisait leur gloire une bienveillance justifiée par les mérites de votre saint protecteur. Mais, quand le dernier grand-duc de Bourgogne eut expiré, notre Comté devint la proie de Louis XI, ses châteaux périrent, ses plus belles terres furent ravagées et perdues, le règne des fléaux commença et dura quinze ans. Au sortir de cette confusion inexprimable, quel est le premier objet qui frappe les regards et qui atteste le retour de la paix ? Ce sont les reliques de saint Sébastien. Le château de Montbozon est démantelé ; vos murailles sont détruites et ne se relèveront plus ; vos champs sont en friche et vos maisons en ruines ! Mais vous avez gardé vos saintes reliques : c'en est assez pour renaître et prospérer encore. Les frères prêcheurs mettent sous les yeux de l'empereur Maximilien les titres de leur fondation (1). A la vue des diplômes signés par les ducs de Bourgogne, l'empereur ne refuse rien aux instances des religieux. Il les prend sous sa protection, les autorise à transporter dans toute la Comté la châsse de saint Sébastien, et à solliciter les aumônes publiques pour l'achèvement de cette église et la restauration de leur monastère ruiné par les fléaux. L'archiduc Philippe signe avec son père cette permission impériale, et la piété des sujets, non moins sensible que celle des souverains, accueille avec des transports de joie et de recon-

(1) En 1498.

naissance le prieur, les religieux et les officiers du couvent. Ce n'était pas seulement le nom de l'empereur qui les recommandait ; ils apportaient encore le mandement d'Antoine de Vergy, archevêque de Besançon, avec les expressions les plus vives, les plus fortes et les plus capables de toucher le cœur des fidèles. Deux fois le prélat signale et célèbre les insignes reliques [1]. Il rappelle et constate les faveurs obtenues à Montbozon par leur intercession toute-puissante, fait ouvrir devant elles toutes les églises et ordonne de cesser, pour les recevoir, toute œuvre servile. Il était juste de recevoir ainsi les frères prêcheurs de Montbozon, car ils faisaient eux-mêmes un fraternel accueil aux pauvres, aux malades, aux pèlerins, qui affluaient de toutes parts dans leur couvent, et l'honorable hospitalité que saint Sébastien exerçait ici envers tout le monde donnait aux religieux un titre éclatant pour l'obtenir à leur tour dans toutes les églises et dans toutes les maisons de la province. Antoine de Vergy ne fait pas même d'exception pour les lieux qui ont été frappés d'interdit. Il veut qu'on les ouvre une fois l'an, quand le prieur s'y présentera avec les saintes reliques. Pour marquer encore mieux la considération dont il environne l'église et le couvent de Montbozon, il accorde à tous leurs bienfaiteurs une indulgence de quarante jours, avec les pou-

---

[1] En 1503 et 1540.

voirs les plus étendus aux confesseurs qui les entendront pour les absoudre de toutes leurs fautes. Enfin il leur donne part, à la vie et à la mort, à tous les mérites et à toutes les bonnes œuvres que le clergé et les fidèles des cathédrales de Saint-Etienne et de Saint-Jean peuvent s'attribuer devant Dieu, réunissant ainsi dans une immense communauté de prières et de suffrages toutes les intercessions de la terre et du ciel, appelant au secours de l'Eglise de Besançon les apôtres, les martyrs, les saints qui étaient venus, dans le cours des siècles, y établir leur résidence, et entreprenant, avec cette escorte vraiment redoutable, les grands combats de la foi contre l'hérésie dans une province où la lutte allait devenir si acharnée, mais où la victoire devait rester à la vérité et à la vertu.

Quand on lit ce mandement d'Antoine de Vergy, on voit que le combat est engagé et que le bon pasteur commence à trembler pour ses brebis. C'était en 1540. Son long et glorieux pontificat touchait à sa fin, mais l'Allemagne était en feu, la Suisse prenait les armes pour la religion, Montbéliard était déjà gagné à l'erreur, Besançon la sentait croître et grandir dans ses foyers. L'orage se forme sur votre tête, ô vénérable pontife, mais il se dissipera au souffle du Seigneur et sous le regard de nos saints patrons. Vous pouvez descendre en paix dans le tombeau, vos cendres ne seront pas troublées par la Réforme, et toutes les entreprises des hérétiques tourneront à leur confusion et à leur honte. Les Ferréol et les Ferjeux veillent sur leur héritage avec tout le zèle des apôtres ; saint Claude y met toute la sollicitude d'un évêque et tous les mérites d'un solitaire ; les Etienne et les Sébastien, ces deux martyrs en qui se réunissent toutes les gloires de l'Orient et de l'Occident, n'ont pas été inutilement portés dans nos villes et promenés dans leurs châsses ; ce n'est pas en vain que les frères prêcheurs ont tant de fois pris sur leurs épaules le trésor de cette église, qu'ils l'ont offert aux regards et aux respects des fidèles de toute la Comté, et qu'ils ont répété les louanges de celui qui fut appelé de son vivant même, par le pape saint Caïus, le défenseur de la foi. La mission de saint Sébastien apparaît alors dans toute son étendue et dans toute sa grandeur. Ce n'est plus seulement la santé qu'il rend aux malades, c'est la vraie religion qu'il conserve à ses clients. Saint-Claude, Morteau, Besançon, toutes les places attaquées ou menacées par l'hérésie, repoussent les huguenots et témoignent à l'Eglise une inviolable fidélité. Les sectaires avaient fait à Montbozon leurs premières armes, mais ils y avaient aussi essuyé leur première défaite. Quand les paysans, gagnés par la contagion des idées nouvelles, s'étaient révoltés dans le Sundgau et avaient envahi les terres de Lure et de Ronchamp, cette guerre impie ne s'arrêta qu'à vos portes. C'est ici qu'une déroute éclatante a mis fin à leur pillage (1), et que l'hérésie a appris à mordre la poussière dans l'héritage de Jésus-Christ. Ah ! quel honneur pour cette terre ! quel souvenir pour votre histoire ! Saint Sébastien est la première sentinelle qui s'éveille et qui jette le cri d'alarme. Il appelle les anges et les saints au secours de l'Eglise de Besançon, il se jette le premier dans toute cette guerre du xvie siècle où le ciel mêle aux légions de la terre ses légions invisibles, il gagne la première bataille, il obtient les premières actions de grâces. La victoire de Montbozon est le gage de beaucoup d'autres, et saint Sébastien va partout raffermir et enflammer les courages, en continuant dans toute la province ces voyages fameux où ses reliques recueillent tant de marques de vénération. Quand il revient dans son sanctuaire, il y rapporte, avec d'abondantes aumônes, les témoignages de la piété publique ; la fortune du bourg se relève, la gloire de votre protecteur augmente encore, et le xvie siècle, qui vit tomber tant de couvents et d'églises, s'achève dans vos murs par une fondation pieuse qui assure aux Pères de la compagnie de Jésus, à Montbozon une résidence et une école, à Besançon un grand collége, à ces deux maisons de vastes domaines dont les revenus seront employés désormais à l'éducation de la jeunesse. Ainsi les fils de saint Ignace élèvent ici leurs mains à l'autel à côté des

(1) Mai 1525.

fils de saint Dominique. Heureux peuple, à qui il a été donné de voir tant d'exemples réunis de science, de zèle et de vertu, et qui ne sait parmi tant de modèles lequel il doit copier de préférence, parmi tant de bienfaiteurs lequel il doit aimer davantage !

Saint Sébastien demeure la gloire de Montbozon et l'amour de toute la province. L'argent, l'ivoire, le marbre et le bois reproduisent avec une rare perfection les tourments de son martyre. Il n'est guère de ville où l'on ne trouve sa statue à l'angle d'une rue, au-dessus de la porte principale d'une maison, parmi les objets d'art et de dévotion que nos ancêtres se plaisaient à sculpter, et auxquels ils employaient le ciseau le plus fin et le plus délicat. La peinture a dépassé tous les autres arts pour rendre avec plus de fidélité et d'amour les traits du saint martyr. Témoin ce tableau qui fait l'immortelle parure de notre église métropolitaine, et que tous les musées de l'Europe nous envient. On l'appelle la *Vierge de Carondelet* dans l'histoire des peintres, mais le peuple s'obstina à l'appeler le *Martyre de saint Sébastien,* tant il avait de dévotion pour ce vaillant athlète de Jésus-Christ, tant il aimait à fixer ses regards, parmi toutes les figures sorties de la main de Fra Bartolomeo, sur ce corps si noble et si beau, percé de sept flèches, où la jeunesse et la grâce avaient étalé toutes leurs séductions, mais que la douleur ennoblissait encore, et que la pensée du sacrifice faisait rayonner d'une divine lumière. Vous trouverez cette image si populaire dans plus de deux cents villages, non pas seulement dans les églises et les chapelles, mais dans quelque habitation ancienne et respectée, où les dominicains de Montbozon avaient coutume de porter la châsse du saint, et où l'on avait obtenu, en retour, le droit de placer sa statue sur un autel domestique pour marquer la protection particulière dont il environnait toute la maison. Des familles et des paroisses obtiennent des lettres pour s'agréger à la confrérie instituée de toute antiquité sous le vocable du saint. Montbozon est le siége de cette association où les fidèles s'enrôlent par milliers, le pape Urbain VIII la prend sous son patronage, l'enrichit de priviléges et d'indulgences, et la propose à la piété de tous les fidèles de l'un et de l'autre sexe, sans distinction de naissance, d'âge ou de métier (1).

On résumera tous ces souvenirs en ajoutant qu'aux états de Franche-Comté tenus à Dole en 1629, tous les députés, après avoir reçu la sainte communion, fondèrent à perpétuité trois messes pour le salut de la province : l'une à Dole, à l'autel du miracle de Faverney; l'autre à l'église de Montbozon, où sont les reliques de saint Sébastien; la troisième en l'honneur de Notre-Dame de Gray. Voilà les trois dévotions de la Comté dans le

---

(1) En 1634.

siècle de Louis le Grand. Il n'a donc rien servi à l'hérésie d'attaquer la présence réelle, le miracle de Faverney a justifié, affermi, consolidé, la foi de nos ancêtres. Elle s'est donc trompée en outrageant la sainte Vierge et en renversant ses statues, nos ancêtres en ont élevé partout, et Marie a autorisé leur piété en ouvrant à Gray un miraculeux sanctuaire. Elle a donc été encore plus déçue en jetant aux vents les reliques et les cendres des saints, nos ancêtres les gardent, les vénèrent et les honorent, et saint Sébastien, au sortir de la tourmente, reçoit les vœux de toute la province. Mais que dis-je ! Est-ce l'histoire du xvii° siècle que je raconte ? N'est-ce pas plutôt la nôtre que je fais par avance ? O spectacle ! ô bonheur ! notre religion est toujours la même, nos vœux se tournent vers les mêmes autels, nous adorons le même Dieu, nous saluons Marie dans les mêmes temples, nous venons implorer les mêmes reliques. C'est à votre piété, Monseigneur, que Dieu avait réservé toutes ces joies. Il vous a donné de présider à toutes les restaurations que notre foi pouvait souhaiter, et de mener encore une province entière aux trois autels que nos ancêtres entouraient de leurs bras suppliants. Vous êtes allé, il y a dix ans à peine, restaurer à Faverney le sanctuaire du miracle ; Gray vous attend pour célébrer dimanche prochain (1) le deux

---

(1) Le 4 mai.

cent cinquantième anniversaire du premier miracle opéré par l'intercession de sa Notre-Dame ; et vous voici, devant les reliques et les autels de saint Sébastien, conjurant ce défenseur intrépide de la foi chrétienne de veiller toujours sur votre clergé et sur votre peuple. Gloire au Dieu de l'Eucharistie ! Honneur et reconnaissance à Notre-Dame de Gray ! Louange et actions de grâces à saint Sébastien de Montbozon ! Ecoutez comment ses reliques viennent d'être retrouvées, et vous reconnaîtrez pour la troisième fois combien est vraie, sensible et profonde l'application que nous faisons ici des paroles du roi prophète : *Custodit Dominus ossa sanctorum* : Dieu garde les ossements des saints.

III. Nous lisons dans le second livre des Machabées qu'au temps où le peuple d'Israël fut emmené dans la terre des Persans, des prêtres attachés à leurs devoirs prirent le feu sacré, le déposèrent dans un puits sec et profond, et l'y cachèrent si bien que ce lieu demeura ignoré de tout le monde. Longtemps après, les arrière-petits-neveux de ces prêtres fidèles eurent le bonheur de le retrouver ; ce n'était plus qu'une eau bourbeuse, mais le prêtre Néhémie le porta sur l'autel, la flamme sacrée reparut, tout le temple en fut embrasé, et Néhémie, se mettant à la tête des cantiques saints, fit monter vers le ciel le cri de la reconnaissance et de l'amour.

C'est une semblable découverte que nous célébrons aujourd'hui, et le texte des Ecritures trouve ici son application la plus littérale. Il y a quatre-vingts ans, ce temple fut fermé par un décret de la nation. Ni les dominicains qui le desservaient, ni les jésuites qui vivaient encore, sous l'habit séculier, dans la dernière résidence que la province leur eût conservée, ne trouvèrent grâce devant la loi de l'Etat. Il fallut quitter ces murs bâtis par la foi et entretenus par la piété. Le décret de déportation s'étendait, non-seulement aux religieux, mais à tous les prêtres réfractaires. Vous n'avez oublié ni l'abbé Galmiche, curé de Dampierre, dont le martyre fut si touchant, ni l'abbé Prudhon, alors dans toute la fleur de son sacerdoce, et qui, pour l'avoir exercé, alla expier à l'île de Rhé les hardiesses d'un zèle caché sous des dehors si aimables et si conciliants. Quel est, parmi ces religieux et ces prêtres dont la fermeté vous honore, celui qui s'empara des saintes reliques et qui parvint à les soustraire aux recherches de l'impiété? Personne ne saurait le dire. La châsse de saint Sébastien fut dépouillée de ses ornements, vendue, détruite et oubliée. Ce qui n'est pas douteux, c'est que l'insigne relique avait été mise à l'abri de la profanation. Une main pieuse l'avait tirée de la châsse, enveloppée avec soin, cachée dans une boîte de sapin qui n'attirait point les regards et qui n'excitait point la convoitise. Les précautions allèrent encore plus loin. Cette boîte fut ensevelie avec les reliques dans une statue sans valeur, et la statue reléguée dans les combles de l'édifice. Plus le lieu est abandonné, plus il est secret, plus il est sûr, personne n'y pourra soupçonner un trésor, personne n'en eut la confidence ou n'en garda le souvenir : *Ita ut omnibus ignotus locus esset.*

Cependant saint Sébastien vivait encore au milieu de vous. Il assista, sans être vu, à la restauration de cette maison qu'il aimait et où il avait reçu tant d'hommages. Il salua, du fond de sa retraite inconnue aux hommes, Jésus-Christ, son divin maître, qui venait rouvrir les portes de ce sanctuaire et remonter sur son autel. Il vit cette église conventuelle rendue au culte sous le titre d'église paroissiale, le pasteur établi dans l'enceinte du couvent, les écoles confiées à d'humbles et ferventes religieuses qui renouvellent chaque année dans leurs vœux le sacrifice de leur vocation. Ainsi le temple bâti sous son vocable abrite toutes les institutions chères à la foi, dont il est l'invincible défenseur. Tout se restaure, tout se renouvelle, excepté son culte, mais saint Sébastien savait que son jour viendrait aussi, qu'il aurait son tour et qu'il serait tiré, comme le feu sacré d'Israël, de cet asile inviolable où la prévoyance de nos pères l'avait enseveli.

Bien des années s'écoulèrent : *Cùm autem præterissent anni multi.* N'en soyez pas étonnés, les destructions se font d'un seul coup, mais les restaurations ne s'opèrent qu'à la longue. Il ne faut qu'un décret et un coup de hache pour abattre par milliers des croix, des châsses, des couvents, des églises. Cent ans ne suffisent pas à les rétablir. On y mettra le zèle, la main, le goût, les études de plusieurs générations sacerdotales, chaque prêtre prend part au travail, mais chaque prêtre a son œuvre, chaque œuvre a son jour, et quand on étudie dans son ensemble et dans ses détails cette grande restauration de la France catholique, commencée avec le siècle, continuée au milieu de tant de révolutions, soutenue et poursuivie avec si peu de ressources, mais avec tant de persévérance, on ne peut qu'y voir la main de Dieu et y admirer les conseils de sa divine sagesse. Les reliques de votre patron attendirent donc, avec la patience qui caractérise les saints, dans le silence et dans l'oubli, ces jours meilleurs où l'antiquité chrétienne est plus appréciée, où des yeux vigilants et exercés retrouvent les vieilles images, où les dévotions de nos ancêtres sont mieux comprises, où l'on se fait enfin un honneur autant qu'un devoir de chercher, de retrouver, de signaler et de mettre en relief tous les trésors oubliés ou perdus de nos sanctuaires. On dira peut-être de nos pères : *Incuriosa omisit ætas.* La génération à laquelle ils appartenaient n'avait pas cette curiosité sainte qui distingue la nôtre. Mais que n'ont-ils pas fait, s'ils nous ont laissé quelque chose à faire ? Vous vous rappelez avec émotion et avec larmes vos deux pasteurs précédents, l'un d'une charité si populaire (1), l'autre d'une prudence si consommée (2). Ils n'ont point vu ce jour de fête, mais ils vous en ont préparé la joie. Gardons-nous d'accuser leur zèle. Ils ont rouvert les temples et redressé le tabernacle. C'est à nous de parer l'autel et d'y étaler les saintes reliques sorties de leur poussière. Voici donc que la Providence se déclare et remet en possession du sacré trésor les petits-neveux des prêtres qui l'avaient caché : *Nepotes sacerdotum illorum qui absconderant.*

Comment se fit cette découverte? Vous le savez tous, elle fut aussi merveilleuse qu'inattendue. Les statues et les bustes qui peuplaient l'ancienne église du couvent étaient condamnés au feu, car on n'y voyait que des images grossières ou mutilées. Une des pieuses vierges de Jésus-Christ qui président ici à l'éducation de la jeunesse lève la hache sur le buste qui renfermait les reliques de saint Sébastien. Heureux coup de hache, puisqu'il mit sous les yeux de la religieuse la boîte si modeste où le vénérable dépôt avait été placé! La relique insigne, enveloppée d'un voile par les mains pieuses qui l'ont sauvée de la mort, reparaît dans tout son éclat au milieu d'autres objets non moins précieux pour la foi. Il n'y a plus de doute : il faut

---

(1) M. Jouvenot.
(2) M. Laurent.

reconnaître, aux soins qu'on en a pris, au mystère dont on l'a entouré, aux précautions infinies avec lesquelles l'ossement béni a été soustrait, recueilli, caché à tous les regards, le trésor de cette église, de ce bourg, de toute cette contrée. Un prêtre s'était dit, à la veille de l'émigration : « Je vais l'enfermer là où personne ne le soupçonnera, et j'irai, à mon retour, le présenter encore aux hommages des fidèles. » Cette joie qu'il s'était promise, Dieu vous l'a donnée, pasteur de cette paroisse, et vous recueillez aujourd'hui la récompense de votre zèle studieux. La pensée de cette fête vous était bien chère ; vous vouliez l'environner d'un incomparable éclat, et vos vœux les plus chers ont été comblés. Voici Néhémie dans toute la plénitude du sacerdoce. Il instruit le procès canonique ; il s'éclaire des traditions, il s'assure que les Vergy et les Grammont ont, par des mandements, des concessions d'indulgences, des reconnaissances publiques, renouvelé d'âge en âge les preuves authentiques du sacré dépôt; il met sur la nouvelle châsse le sceau de son autorité, il la prend dans ses mains, il la mène à travers vos rues, toute couverte de l'éclat de sa pourpre ; il la laissera demain exposée sur vos autels avec tous les souvenirs des catacombes, toutes les grandeurs de l'ordre de saint Dominique, toutes les prières, toutes les offrandes, toutes les traditions de notre province, réveillées autour de ces tabernacles, et nous chanterons avec Néhémie, dans la langue des saintes Ecritures, le cantique de cette heureuse et magnifique découverte : *Et Nehemiæ erat oratio hunc habens modum.*

Seigneur Dieu, Créateur de toute chose, vous qui êtes terrible et fort, juste et miséricordieux, vous qui entre les rois êtes seul bon, seul grand, seul juste, seul tout-puissant et éternel, c'est vous qui avez choisi nos pères pour garder le trésor de ces reliques, c'est vous qui les avez sanctifiés par ce sacré dépôt : *Qui fecisti patres electos et sanctificásti eos.*

Recevez le sacrifice que nous vous offrons pour tout le peuple d'Israël ; gardez en particulier cette portion choisie de votre héritage, et sanctifiez les fils à leur tour en leur restituant le bienfait qui a fait la gloire de leurs ancêtres : *Accipe sacrificium pro universo populo tuo Israël, et custodi partem tuam et sanctifica.*

L'impiété, l'indifférence, le péché, nous dispersent, la politique nous divise ; c'est la foi seule qui peut nous réunir encore et rendre à la France un seul cœur, une seule âme : *Congrega dispersionem nostram.*

Que d'âmes sont demeurées captives sous des dieux étrangers ! Elles vivent dans le mépris et l'abomination ; délivrez-les, Seigneur, faites voir au monde que vous êtes notre Dieu et que nous sommes votre peuple. Délivrez notre saint-père le pape de ses oppresseurs, délivrez la France des impiétés qui l'égarent et des péchés qui la souillent. Faites voir au monde que l'Eglise est votre épouse, et que la France est toujours la fille aînée de l'Eglise : *Ut sciant gentes quia tu es Deus noster.*

Non, vous ne laisserez pas les impies prévaloir ni contre l'Eglise, ni contre la France ; les affronts dont ils l'accablent ne demeureront pas impunis, et leur orgueil aura sa punition : *Afflige opprimentes nos et contumeliam facientes in superbiâ.*

Vous l'avez dit, nous le croyons, c'est par vos mains que l'Eglise de la terre a été établie ; cette Eglise ne périra jamais. Affermissez-nous sur la pierre sacrée et fondamentale qui lui sert d'appui et rendez-nous chaque jour plus chères ces dépouilles vénérées qui ont été tirées de la cité sainte et qui ont reposé à côté de celles de Pierre et de Paul. Conservez dans l'unité et dans la ferveur cette paroisse et ce diocèse, la France et l'univers entier. Que rien ne puisse détacher de Jésus-Christ, jusqu'à la fin des siècles, cette terre tant de fois évangélisée par les reliques de saint Sébastien ; que nous méritions de passer, avec nos ancêtres et nos descendants, de l'Eglise de la terre à l'Eglise du ciel sous la garde vigilante de cet intrépide soldat, et que vous nous fassiez asseoir avec lui dans les sacrés parvis de la Jérusalem éternelle : *Constitue populum tuum in loco sancto tuo.* Ainsi soit-il.

NOTICE

SUR LE

PÈLERINAGE DES FRANC-COMTOIS A N.-D. DE LOURDES

ET SUR LA

GUÉRISON DE Mlle DE TINSEAU.

L'année qui s'achève sera appelée dans notre histoire religieuse l'année des pèlerinages, et la province de Franche-Comté aura dans cette histoire une des pages les mieux remplies. Nous avons visité tous nos vieux sanctuaires, élevé des oratoires ou des statues dans les lieux qui n'en possédaient pas encore, et, tenant d'une main le chapelet, de l'autre la bannière, célébré pendant trois mois, sur tous les chemins, les louanges de Jésus et de Marie. Malgré ces démonstrations solennelles, notre province, plus grande en piété qu'en étendue, où chaque canton a sa Madone et chaque montagne sa chapelle, n'a pas suffi à la dévotion publique. Paray, Fourvières, la Salette, Lourdes, ont reçu nos ferventes députations. C'est le pèlerinage de Lourdes qui a clos la liste de nos pèlerinages. Il était le plus petit par le nombre, il sera le plus grand par les miracles. La Franche-Comté a envoyé en cinquante lieux différents plus de deux cent mille pèlerins, à Miéges, à Salins, à Arbois, à Saint-Claude, à Poligny, à Montciel, à Mont-Roland, à Gray, à Montpetot, à Remonot, à Notre-Dame du Chêne, etc. La chapelle de Notre-Dame du Haut en a vu le 8 septembre plus de trente-deux mille. Lourdes n'en a compté que cent quatre-vingt-huit, mais cette petite troupe comptait dans ses rangs une malade désespérée, elle l'a ramenée guérie et triomphante. La guérison de Mlle de Tinseau est, ce me semble, le prix de tous les pèlerinages de l'année. Elle s'est opérée à Lourdes, pour terminer par un grand miracle cette année mémorable. Nous n'y avions envoyé qu'une avant-garde ; on se l'explique assez bien en songeant à l'éloignement, à la fatigue, à la dépense, et surtout aux pieux voyages accomplis en tant d'autres lieux, avec tant de zèle et de ferveur. Nous avons la confiance que les anges qui nous avaient accompagnés dans les pèlerinages de Franche-Comté nous ont représentés à Lourdes. Là ils ont demandé et obtenu une grâce extraordinaire, qui, toute personnelle qu'elle est, peut être appelée la récompense de toute la province. Le récit que nous en faisons d'après les documents les plus authentiques intéressera tous ceux qui l'ont obtenue. En employant, comme eux, le mot miracle pour caractériser la guérison de Mlle de Tinseau, nous ne faisons que rendre leurs sentiments. C'est à l'autorité ecclésiastique seule qu'il appartient de juger le fait et de prononcer.

Mlle Marie de Tinseau naquit à Saint-Ylie, près de Dole, le 23 janvier 1845, dans une famille profondément catholique, établie à Besançon à la fin du xvie siècle et qui a compté dès lors dans la noblesse comtoise. Chacun connaît les services que cette famille a rendus dans l'Eglise, dans la magistrature, dans l'armée, les vertus héréditaires qu'elle pratique, l'intelligence qui la distingue, et la popularité dont elle jouit. Fille unique et, partant, singulièrement chère à ses parents, Mlle de Tinseau leur devint plus chère encore à cause des infirmités précoces dont elle fut accablée. A l'âge de dix-neuf ans, par suite d'une fièvre typhoïde, elle commença à ressentir dans les reins des souffrances aiguës qui lui rendirent la marche difficile. Il lui fallut, dès 1866, renoncer à la promenade; l'année suivante elle était presque confinée dans sa chambre. A partir du 2 janvier 1870, les crises devinrent plus violentes, et elle ne se leva plus que deux ou trois heures par jour. Pour conjurer les progrès de cette paralysie, les secours de l'art les plus divers avaient été successivement employés. Ce furent d'abord les eaux de Néris, puis un traitement hydrothérapique, enfin tous les soins réunis des meilleurs médecins de Dole, de Lyon et de Besançon. Ajoutez à cela la vive sollicitude de sa famille, un dévouement fertile en expédients de tous genres, l'intelligente tendresse d'un père et d'une mère qui épuisaient leurs forces, sans se déconcerter, au chevet de la malade. L'infirmité semblait croître en raison directe des efforts que l'on faisait pour l'arrêter. L'épine dorsale se courba, les fonctions des intestins se troublèrent, ce trouble s'étendit à toute l'organisation physique, en sorte qu'au dedans comme au dehors le corps n'était plus qu'une ruine, avec des jambes atrophiées, des bras presque sans mouvements, et un estomac qui refusait toute nourriture solide. La dernière visite du médecin constata que la circulation du sang était complétement interrompue dans les parties inférieures. On les pressait, on les étreignait, on les piquait sans arracher à la pauvre malade ni un cri ni un mouvement. Le praticien distingué qui habite la ville de Dole et qui donnait depuis dix ans ses soins à Mlle de Tinseau, M. Bolut, n'avait plus pour elle que les sympathiques regrets et les larmes impuissantes d'un vieil ami de la maison. Ayant renoncé à tout espoir de guérison, il avait cessé ses visites, et il disait en passant devant le château de Saint-Ylie : « Hélas ! qu'irais-je y faire ? »

Ainsi s'éteignait une vie qui pendant dix-sept ans avait donné toutes les espérances d'une santé brillante. Mais au milieu de ces ruines, l'âme était demeurée maîtresse d'elle-même. Mlle de Tinseau n'avait rien perdu ni de son esprit vif et pénétrant, ni de sa volonté à la fois patiente et énergique, ni surtout de cette piété fervente dont le goût lui était comme naturel et dont la maladie rend les saintes pratiques plus chères encore aux âmes d'élite. A mesure que le monde s'éloignait d'elle, Dieu s'en rapprochait, pour ainsi dire, et se communiquait plus fréquemment à son âme par la prière et par la communion. Elle avait fait le sacrifice de sa santé, elle le renouvelait chaque jour avec une résignation nouvelle, et, priant le Seigneur de l'agréer, elle lui demandait en retour la force et le courage nécessaires pour supporter ses souffrances. On la porta pendant trois ans à l'église de Belvoye, qui dépend de la paroisse de l'Abbaye-Damparis. Elle y faisait ses dévotions chaque dimanche et plusieurs fois dans le cours de la semaine. Le 2 janvier 1872, une crise violente l'obligea à quitter l'office. Elle y renonça, et sa dernière consolation fut de recevoir tous les deux ou trois jours la sainte communion dans son lit. M. l'abbé Bouveret, curé de Damparis, partageait avec les PP. Jullien et Bouchet, de la maison de Dole, la direction de cette âme fervente. Ils en reçurent autant d'édification qu'ils lui en donnèrent eux-mêmes, et ils s'estiment heureux d'avoir cherché à la soutenir dans les héroïques vertus de sa maladie.

Avec de telles dispositions, éclairée par de telles lumières, Mlle de Tinseau devait continuellement tourner ses regards vers les pèlerinages où la sainte Vierge, sa patronne, a daigné faire éclater sa puissance. On l'entretenait avec un vif intérêt des prodiges accomplis dans les sanctuaires fameux dédiés à Marie; mais rien ne lui faisait pressentir qu'elle serait elle-même l'objet d'un grand miracle. Dans tout le cours de l'année, toutes les fois que ses conversations ou ses lectures ramenèrent le nom de Notre-Dame de Lourdes, elle le lut, l'entendit ou le prononça sans s'y arrêter. Le pèlerinage franccomtois fut annoncé à la fin de septembre. M. de Tinseau, en père tendre et chrétien, le proposa à sa fille. La première réponse qu'il obtint fut un refus : « Non, dit la malade, j'aimerais mieux aller à Einsiedeln. » Cependant ce refus lui laissa un remords, elle sentit qu'elle refusait une grâce et se mit à souhaiter ce long et pénible voyage. Mais la liste des pèlerins était close, et M. de Tinseau s'imagina lui-même, après réflexion, qu'un pèlerinage entrepris en famille, dans des conditions plus favorables, conviendrait mieux à sa chère malade. Quel embarras en effet pour la pauvre paralytique, que de s'assujettir pour le départ, le voyage et le retour, au règlement d'une longue caravane, avec plusieurs nuits passées en wagon, des fatigues inévitables, et ce surcroît plus inévitable encore que des embarras imprévus apportent dans un pèleri-

nage de quatre cents lieues, accompli en six jours !
Le père proposa ces difficultés, la fille les résolut
d'un mot : « Si je dois être guérie, je le serai par le
mérite du pèlerinage franc-comtois ; il faut partir
avec les pèlerins. » Cette résolution inébranlable
s'imposa à tout le monde : à M. l'abbé Jeannin,
directeur du pèlerinage, qui trouva des billets
après la clôture de la liste, à la famille qui ne
songea plus qu'aux apprêts du départ, aux amis et
connaissances qui, après avoir hautement blâmé ce
qu'ils appelaient une imprudence et une folie, finirent par admirer la confiance de la malade et recommandèrent à Dieu et à la sainte Vierge le succès de
son entreprise. Mlle de Tinseau n'avait plus de
doute sur cette miraculeuse issue. Elle était passée,
comme d'un seul coup, de la répugnance au désir,
et le désir chaque jour plus arrêté était devenu
l'expression même de sa foi. Le dimanche 5 octobre, veille du départ, elle dit au P. Jullien, qui était
venu la confesser : « Je fais aujourd'hui une dernière communion dans mon lit, pour remercier
Dieu de toutes les grâces qu'il m'a faites en m'apportant ici son corps et son sang, mais dimanche prochain j'irai communier à l'église. » Elle dit à M. le
curé de Choisey, qui vint la voir pour lui souhaiter
un bon voyage : « Dimanche prochain, j'assisterai
à la grand'messe, préparez-vous, vous pourrez
ce jour-là prêcher sur le miracle de ma guérison. »

Le départ du pèlerinage franc-comtois commença à Besançon le lundi 6 octobre, à huit heures du matin. Cent vingt personnes montèrent ensemble en wagon : c'étaient quelques laïques pieux, mais en très petit nombre, d'humbles femmes, quarante prêtres environ, et, à leur tête, M. l'abbé Ruckstuhl, vicaire général de Mgr de Besançon, M. l'abbé Boillot, curé de la Madeleine, M. l'abbé Maire, etc. A Mouchard, Mgr Caverot, évêque de Saint-Dié, prit place dans le train avec M. et Mme de Vaulgrenant, plusieurs curés des arrondissements de Dole et de Poligny, et quelques fidèles venus des hautes montagnes. Mgr l'évêque de Saint-Dié devint ainsi le chef du pèlerinage. Personne n'avait oublié qu'il a appartenu pendant vingt ans à l'Eglise de Besançon. Ce fut une joie autant qu'un honneur pour les pèlerins de marcher sous sa conduite. La Franche-Comté était représentée tout entière dans cette troupe choisie, puisqu'elle y comptait un évêque, des prêtres à tous les degrés de la hiérarchie, des fidèles de tout âge, de tout sexe et de toute condition sociale.

Cependant, parmi les pèlerins qui avaient pris place dans le wagon à la station de Mouchard, aucun n'avait attiré plus vivement l'attention que Mlle de Tinseau. Amenée en voiture du château de Choisey à la gare de Dole, elle était venue en chemin de fer de Dole à Mouchard, et chacun avait vu, quand elle avait changé de train, à quel misérable état elle était réduite. Quatre personnes l'accompagnaient : son père, sa mère, une domestique de confiance et M. l'abbé Bouveret, curé de Damparis. Ce n'était pas assez de ces quatre personnes pour la transporter d'un train dans un autre ; les employés de la gare offrirent leur concours avec empressement. Malgré tant de soins réunis, Mlle de Tinseau laissait lire sur sa figure les signes non équivoques d'une vive douleur. Pâle, défaite, presque sans mouvement, elle ne répondait guère que du regard aux questions qu'on lui faisait sur son état. Ce regard exprimait tout à la fois la souffrance la plus vive et l'espoir le plus profond. Disons mieux : ce n'était pas une espérance, mais une certitude. Elle traduisit une fois sa pensée en ces mots : « Je souffre horriblement, mais là-bas tout sera fini. »

Le voyage dura deux jours et une nuit. Le programme en avait été tracé d'avance ; il fut exécuté à la lettre et fit de ce voyage un vrai pèlerinage de prières et d'expiation. On récitait le chapelet et on méditait les mystères aux heures marquées ; des lectures succédaient aux prières, des chants aux lectures ; les sanctuaires et les clochers devant lesquels passait le modeste convoi avaient au passage un salut de la voix ou de la main. Les pèlerins se livraient aussi à des conversations pieuses et se rendaient l'un à l'autre mille services de politesse et de charité. Plusieurs se connaissaient à peine ;

mais ils appartenaient à la même province, ils allaient ensemble à Notre-Dame de Lourdes : c'en était assez pour s'estimer et se comprendre même sans se connaître, et ne plus faire qu'un cœur et qu'une âme. A Cette, Mlle de Tinseau attira particulièrement l'attention de la foule et des employés de la gare. En changeant de wagon, elle éprouva de grandes douleurs. Son misérable état fit une profonde impression sur ceux qui la portaient. Son père les remercia de leurs services et les accepta d'avance pour le retour.

Ce ne fut que le mardi 7, à dix heures du soir, que les pèlerins franc-comtois entrèrent à Lourdes. Chacun chercha son gîte et ne le trouva qu'à grand'peine. Deux mille pèlerins de Rennes avaient, dès la veille, envahi la ville et ses abords; Nîmes en avait envoyé onze cents, et M. l'abbé d'Alzon était à leur tête. C'est assez dire tout ce qu'apportaient d'intelligence, de foi, de piété, ces deux beaux diocèses qui, dans toutes les démonstrations catholiques, portent si haut leur bannière. Nos cent quatre-vingt-huit Comtois étaient perdus dans cette foule, mais ils représentaient tant de désirs, tant d'espérances, tant de bonne volonté, que toute la Comté était avec eux. Aucune épreuve ne fut épargnée à Mlle de Tinseau. Après celles du voyage, vint celle d'une arrivée tardive dans une ville pleine d'étrangers. On fut obligé de la laisser seule dans la salle des bagages, tandis que sa famille se mettait en quête d'un logement. Deux heures s'écoulèrent en recherches. La malade fut enfin installée dans un hôtel du faubourg et déposée sur un lit. Il était minuit sonné. Pendant toute cette épreuve, sa confiance ne se démentait pas. Elle disait aux personnes qui l'entouraient, elle se disait à elle-même : « Où serai-je guérie ? Je ne sais : peut-être dans la grotte de l'apparition ? peut-être à l'église ? mais ce que je sais, c'est que je serai guérie à Lourdes. » Le premier acte de cette confiance fut de recevoir avec une douce foi l'eau de la grotte. Ne pouvant la boire à cause de la communion à laquelle elle se préparait, elle se couvrit de linges imbibés de cette eau miraculeuse et attendit dans cet état quelques heures de repos. Dieu, qui voulait l'éprouver jusqu'à la fin, lui envoya, au lieu du sommeil réparateur, un trouble qui l'importuna jusqu'au matin. Sa guérison lui semblait remise en question. Elle se demandait si elle accepterait de bon cœur de revenir dans la Comté malade et infirme. Elle se disait que, si elle n'avait rien mérité par elle-même, les autres pèlerins méritaient bien quelque chose. La gloire de Marie n'est-elle pas liée à cette guérison ? Si la malade compte sur le succès, ne manquera-t-elle pas de résignation ou de modestie ? Si elle en désespère, où sera sa foi ? C'est le dernier sentiment qui l'emporte dans ce violent combat. La nuit s'achève, et il reste à la pieuse fille une répugnance invincible à ne pas croire qu'elle sera guérie.

Le jour est venu, et Mlle de Tinseau demande à être conduite d'abord à la piscine, puis à la grotte. Le temps était affreux, les chemins plus affreux encore : il avait plu toute la nuit, et la pluie redoublait le matin avec une sorte de fureur. La malade est amenée dans un *omnibus,* entourée de son père, de sa mère et de son curé. La plupart des pèlerins avaient pris le chemin qui monte à l'église ; Mlle de Tinseau, poussée par un mouvement intérieur, demande à prendre celui qui descend à la grotte. On la tire de la voiture à grand'peine, on la dépose, au milieu d'une boue affreuse, à la porte du sanctuaire, sur un siége improvisé. Une pieuse demoiselle de Besançon, Mlle Jeannin, arrive sur ces entrefaites et tient son parapluie étendu sur la tête de la malade. Ce service charitable la rend digne de tout voir, de tout entendre, de tout raconter. L'eau tombait à torrents, la grille était fermée ; il faut chercher le gardien, trouver la clé, demander, obtenir, non sans de vives instances, qu'on ouvre, avant l'heure accoutumée, la porte à la malade.

M. de Tinseau savait que sa fille souhaitait d'entrer dans la piscine et de se plonger dans cette eau qui a déjà rendu la santé à tant d'infirmes. Mais la piscine était occupée ; il fallut attendre. Cette attente n'était pas sans inquiétude pour la famille de la malade. On avait pu s'apercevoir combien la piscine était étroite, que de difficultés et d'embarras on rencontrerait pour y placer l'objet de tant d'affections et de tant de soins. Mais Notre-Dame de Lourdes avait résolu d'opérer cette guérison avec moins d'apprêts, et d'abréger en faveur de Mlle de Tinseau tous les délais qu'elle impose d'ordinaire pour éprouver la foi de ses enfants. Elle inspira à la malade un de ces actes de foi vigoureux et hardis qui transporteraient des montagnes : « Ma bonne Mère, disait Mlle de Tinseau au fond de son cœur, il me semble que je n'ai qu'une démarche à faire pour être guérie. » Une voix lui répondait : « Mais si tu ne l'es pas, ce sera à la grande confusion de la sainte Vierge. » Il se livra alors en elle-même un combat de pensées et de sentiments qui fut le plus terrible, mais le dernier des assauts. Elle se sentait à la fois poussée et retenue et ne savait à quel mouvement céder. Elle comprit que Dieu lui demandait un effort personnel et qu'il n'attendait, pour la guérir, que son adhésion ferme, complète, absolue. Telle est la part que l'homme devait apporter à ce grand ouvrage. L'Evangile se vérifie encore trait pour trait : « Seigneur, si vous le voulez, vous pouvez me guérir : *Domine, si vis, potes me mundare.* » Voilà la confiance de l'homme. Jésus répond, en reprenant les mêmes termes : « Je le veux, soyez guéri. *Volo, mundare.* » Voilà le miracle de Dieu.

Ainsi se fit le miracle de Lourdes, le 8 octobre, à sept heures et demie du matin. Pendant ce combat intérieur dont la malade ressentit toute la violence, M. le curé de Damparis récitait le chapelet à ses côtés. Mlle de Tinseau entendit distinctement le premier *Ave, Maria,* et les quatre ou cinq premiers mots du second. Puis un sentiment indéfinissable s'empare d'elle et envahit tout son être. La puissance qui la retient est vaincue, la puissance qui la pousse est triomphante. Elle a dit à Notre-Dame de Lourdes : J'irai, et si je tombe, ce sera à votre confusion. Elle disait encore : « Vous me l'ordonnez, je vais. Faites-moi marcher, c'est votre affaire. » Là-dessus, toute hésitation cesse. Cependant la grille s'ouvre, et le gardien crie : « Personne ne doit entrer que la malade. » Le père répond : « Nous la déposerons et nous sortirons de la grotte. » Mais Mlle de Tinseau, d'une voix forte : « Laissez-moi, j'entrerai seule. » Elle pousse trois petits gémissements, puis ses bras se détachent, elle se lève, elle s'échappe des mains qui la retiennent, elle marche, elle court, elle fait huit pas, elle tombe prosternée aux pieds de la statue de celle qui avait apparu à Bernadette et qui lui avait dit : « Je suis l'Immaculée Conception. » Le père et la mère, entrant à sa suite, se sont prosternés à leur tour, la face contre terre. Trois minutes s'écoulent à peine ; la malade se relève : « Je suis guérie ! » c'est sa première parole. Mais la seconde est pour Marie : *Magnificat...* Elle est debout, elle marche, elle aperçoit ses parents, elle se jette dans leurs bras, le père, la mère, la fille, s'embrassent et se tiennent étroitement enlacés en versant des pleurs d'allégresse et de reconnaissance.

A ce mot : « Je suis guérie, » il se fait autour de la grotte un tumulte indescriptible. On vient, on va, on se précipite. Mlle de Tinseau se rapproche de la grille, offre la main aux pèlerins, reçoit leurs chapelets et les fait toucher à la statue de Marie Immaculée. Les témoins du miracle courent l'annoncer à l'église et dans la maison des missionnaires. En une ou deux minutes, la bonne nouvelle fait le tour de la ville. Mgr de Saint-Dié, les prêtres de Besançon et de Saint-Claude, tous les pèlerins franc-comtois descendent en toute hâte ; les pèlerins de Nantes et de Nîmes accourent de leur côté ; la foule est énorme, elle est ivre de joie et de piété, et sa curiosité pieuse et attendrie éclate en mille manières. Heureusement, la grille se referme pour la contenir, et Mlle de Tinseau reste seule aux pieds de l'autel. « Qu'on la voie ! qu'elle se montre ! » Ce cri s'élève de toutes parts et redouble à chaque minute. Au dehors, chacun chante, crie, pleure, pousse son voisin pour arriver le plus près possible de la grille et contempler la miraculée. Mlle de Tinseau monte sur une chaise et satisfait tous les désirs. Le *Magnificat* succède au *Magnificat*. Mais ces *Magnificat* tant de fois essayés expirent sur les lèvres ; l'émotion est trop vive pour que l'on chante, et c'est seulement par des exclamations redoublées

que la joie se trahit. *Vive Marie !* criait la foule.
Vive Pie IX ! réplique en se retournant Mlle de Tinseau. Le signal est donné, chacun obéit. Les cris de *Vive Marie ! vive Pie IX !* se mêlent dans une touchante harmonie. *Vive l'Eglise ! vive la France !* C'était le même sentiment et la même pensée dans un autre cri. Trois mille voix ne cessent de le redire, et cependant elles ne se répètent jamais, car si l'amour n'a qu'un mot, ce mot répond à toutes les émotions, à tous les sentiments, à toutes les affections saintes. *Vive Marie ! vive Pie IX ! vive l'Eglise ! vive la France !* C'est toute la religion et toute la patrie, c'est toute la foi, toute l'espérance et tout l'amour.

Ici se place un épisode qui donne à la guérison de Mlle de Tinseau un éclat extraordinaire. Un second miracle va succéder au premier, et celle en qui s'est opéré instantanément un prodige si admirable, va devenir, par la grâce de Dieu, l'instrument d'un autre prodige. Parmi les pèlerins qui étaient venus à Lourdes le 8 octobre, se trouvait Mlle Marie Poirier, de Saint-Aubin de Terregatte, diocèse de Coutances, mais Bretonne de langue et d'origine. Privée depuis sept ans de l'usage de ses jambes, elle gardait le lit et ne parlait qu'à voix basse, tant la respiration était faible. On avait entendu les hommes de l'art déclarer cent fois que sa guérison était au-dessus des forces de la nature et des ressources de la médecine. Son évêque l'avait vue le 19 juillet dernier, dans une tournée pastorale, et après l'avoir bénie, il l'avait exhortée à mettre sa confiance dans la sainte Vierge, qui, disait-il, pouvait seule la guérir. Ce conseil fut une prophétie. Mlle Marie Poirier entreprit le pèlerinage de Lourdes avec les Bretons et fut portée, dans la matinée du mardi 8 octobre, auprès de la piscine. Elle venait d'y être plongée quand Mlle de Tinseau fut guérie, rien que pour avoir touché le seuil de la grotte. Elle sortait de la piscine, portée dans les bras de son père, quand Mlle Jeannin la rencontre : « Allez, ma fille, lui dit-elle, entrez dans la grotte, la sainte Vierge fait des miracles. » Le père se tourne vers Mlle de Tinseau : « Mademoiselle, s'écrie-t-il, prenez ma fille et guérissez-la. » Mlle de Tinseau hésite, mais il faut se rendre, car la malade le demande elle-même : « Dites, Mademoiselle, qu'avez-vous fait pour être guérie ? — J'ai cru. — Eh bien ! je crois aussi, mais prenez-moi dans vos bras. » Et notre vaillante fille de Franche-Comté, qui n'était dix minutes auparavant qu'une pauvre infirme, prend et reçoit dans ses bras, subitement raffermis, l'humble fille de la Bretagne toute imprégnée de l'eau miraculeuse. Elle la tint comme suspendue à son cou pendant près d'un quart d'heure, excitant ses prières, s'attendrissant de ses larmes, l'offrant à Marie, suppliant Marie de la guérir. Dans cette attitude, elle sentit comme une influence surnaturelle qui sortait de ses membres et qui passait dans ceux de Mlle Poirier. C'est ainsi qu'elle définit la communication sensible de ce merveilleux pouvoir. Peu à peu les bras de la jeune Bretonne se détendent, ses mains se redressent : le miracle était commencé. Mlle de Tinseau la remit ainsi entre les mains de son père, sentant que le temps de sortir était venu pour elle. Notre-Dame de Lourdes ne laissa pas le second miracle incomplet, mais elle l'opéra par degrés. On eût dit qu'elle voulait être priée à chaque progrès que faisait la guérison. Elle employa la journée entière pour délier les jambes de la malade, leur rendre leur souplesse et leur force, la remettre sur pied. Mlle Poirier passa dans la grotte cette journée sainte, et retourna à Saint-Aubin complétement guérie. Elle entretient aujourd'hui un commerce de lettres et de prières avec Mlle de Tinseau. Touchant commerce, heureux échange entre deux provinces fidèles ! Les pèlerins sont partis des deux extrémités de la France avec la même foi, ils ont été récompensés à Lourdes le même jour, à la même heure, par la même grâce. Que leur reste-t-il pour demeurer semblables à elles-mêmes et toujours dignes des regards de Marie, sinon de se souvenir de ce miracle avec la même reconnaissance et le même bonheur ?

Mlle de Tinseau n'était pas encore sortie de la grotte qu'une autre parole retentissait à son oreille. Un curieux attardé venait à la grotte, on lui faisait le récit du miracle et il refusait d'y croire : « Pour moi, disait-il, je n'ai rien vu et ne crois rien. » La miraculée lui jeta un chapelet : « Prenez ce chapelet, et vous croirez. » L'incrédule le prit, il se mit à prier, il crut, il se confessa le jour même et demanda la permission de conserver le chapelet qui avait été l'instrument de sa conversion.

Il était huit heures et demie, Mlle de Tinseau était encore à jeun. Elle exprime le désir d'aller communier à l'église. On lui ouvre un passage, on se serre autour d'elle, elle monte d'un pas ferme le chemin en lacet, long de trois cents mètres, qui conduit de la grotte à l'église, on la précède, on la suit, on se groupe autour d'elle, les exclamations et les empressements commencent. On cite son nom : à ce nom, des Bretons et des Nîmois se rappellent les vieilles relations qu'ils ont eues au collége de Fribourg avec M. Paul de Tinseau, leur ancien condisciple. Des jeunes filles élevées dans les couvents du Sacré-Cœur de Nancy ou d'Amiens ont connu les deux tantes de la miraculée, qui ont été leurs maîtresses ou du moins celles de leurs amies. D'autres font des observations sur sa toilette : « Pauvre demoiselle, elle n'a pas de souliers ! » En effet, telle était son infirmité que des souliers lui étaient devenus parfaitement inutiles, et ni elle ni ses parents n'avaient songé à en apporter. Mais ce qu'il y avait de plus merveilleux, c'était qu'elle marchât depuis deux heures au milieu d'une telle pluie et d'une telle boue sans en ressentir la moindre incommodité. Là où le plus robuste tempérament aurait gagné un long rhume, son corps était devenu comme insensible à tous les accidents de l'air et à toutes les contrariétés de la nature, tant elle était redevenue, et d'un seul coup, vivante, animée, pleine de santé et de force. Il faut entrer dans les moindres détails, car ces détails marquent toute l'étendue du miracle et font connaître l'admiration et l'enthousiasme de la foule. Mlle de Tinseau, pressée de toutes parts, perdit son chapeau, et ses cheveux tombèrent en désordre sur ses yeux ; une dame charitable les écarta doucement, car l'heureuse miraculée ne pouvait se servir de ses mains, tant elles étaient recherchées, serrées, embrassées avec une sainte effusion par tous ceux qui pouvaient s'approcher d'elle. Arrivée au seuil de l'église, elle était mouillée jusqu'aux genoux. Là, reconnaissant une de ses amies, elle lui tend la main en lui disant : « Je suis guérie, mais on m'étouffe. » Enfin, une sorte de garde se forme sur son passage pour lui faciliter l'accès du sanctuaire. Ce sont les Nîmois qui la composent, et M. l'abbé d'Alzon, leur directeur, donne le signal des acclamations. Cependant la foule criait de toutes parts : « Où est donc la miraculée ? » Un prêtre monte en chaire et la signale en ces mots : « C'est la jeune fille qui est en cheveux. » Le désordre de sa toilette ajoute encore à l'émotion publique. Elle traverse enfin le sanctuaire et va recevoir la sainte communion. Cette grande action achevée, il était urgent de la dérober aux regards. On l'introduit d'abord dans la sacristie, pendant que M. l'abbé Jeannin, directeur du pèlerinage, célèbre la messe. Ce fut une messe d'actions de grâces au lieu d'une messe de supplications. La messe entendue, Mlle de Tinseau se retire dans la maison des missionnaires, où il lui fut permis de se reposer un peu. Après un court sommeil, se voyant sur un lit et se sentant guérie, elle ne peut en croire ni ses yeux ni ses mains. Le miraculeux événement était pour elle comme un rêve dont les détails échappaient à sa mémoire. Elle se regarde, elle s'interroge, elle hésite à se reconnaître. Son dos noueux est devenu flexible, elle le constate par un rapide toucher ; ses bras sont libres, ses mains sont fortes, elle sent le besoin d'essayer ses jambes et se met à descendre de son lit. La facilité qu'elle y trouve la charme et l'étonne. Elle veut s'assurer si elle n'est pas dupe d'une illusion et se soumet à toutes sortes d'expériences, montant sur les chaises, descendant ensuite, regardant avec une stupeur mêlée d'admiration ses membres assouplis, sa taille redressée, toute sa personne rendue à la vie. Puis un cri s'échappe de ses lèvres : « Ah ! je sais maintenant : je suis guérie ! » Et, reprenant son chapelet, elle remercie encore une fois Notre-Dame de Lourdes.

Jugez, après un tel événement, quels furent, dans les cérémonies de l'après-midi, les sentiments des pèlerins franc-comtois ! Réunis dans l'église à deux heures, ils entendent le sermon de Mgr l'évêque de Saint-Dié. Ce prélat, dont la piété est si expansive, n'avait trouvé le matin, tant son émotion était profonde, que des exclamations pour saluer Notre-Dame de Lourdes ; le soir, il parla, avec une onction mêlée de larmes, de la puissance et de la miséricorde de Marie : chacun appliquait sa doctrine, et le commentaire du sermon était vivant et animé sous les yeux. Après la bénédiction du saint Sacrement, la procession s'organise et se met en marche vers la grotte de l'apparition. Là on prie tour à tour pour le pape, pour la France, pour les diocèses de Besançon et de Saint-Claude, pour les familles des pèlerins. Les acclamations se mêlaient aux prières. C'est par l'offrande d'une bannière que la cérémonie se termine. Cette bannière est en drap d'or, brodée en relief ; elle représente la Vierge de l'apparition et porte au-dessous des armes de notre province cette inscription qui la consacre à Marie dans son miraculeux sanctuaire : *La Franche-Comté à Notre-Dame de Lourdes.*

Avant, pendant et après la procession, Mlle de Tinseau ne s'appartenait plus. Les uns l'entourent, les autres veulent lui parler, d'autres ne demandent qu'à la voir, mais quand on l'a vue, dans sa simplicité recueillie, avec son air de santé, portant sur sa figure, dans sa marche, tous les signes d'une éclatante guérison, il n'est plus possible de la quitter sans obtenir d'elle un souvenir. Elle signe des images par centaines; elle serre, elle presse des mains par milliers; elle est toute à tous, parce qu'elle est à Marie, sa patronne, sa mère et son médecin. A six heures du soir, on la rencontre sur la route, entourée de Nîmois et de Bretons, répondant à toutes les questions dont on l'accable, promettant de prier pour tous les besoins que l'on recommande à sa charité. La nuit était venue, et avec elle un besoin impérieux de repos. Mlle de Tinseau retourne à son hôtel et se met au lit; mais, absente ou présente, elle demeure l'objet de tous les entretiens jusqu'à la fin de la journée.

Cette belle journée se termina pour les pèlerins franc-comtois par une touchante cérémonie. Réunis à huit heures du soir dans l'église du pèlerinage, ils entendaient, avec tout le recueillement qu'inspire la piété et tout l'intérêt que l'éloquence commande, une belle prédication de M. l'abbé Maire sur la miséricordieuse tendresse que Marie a témoignée à la France. Une procession aux flambeaux s'organisa ensuite et descendit dans la grotte de l'apparition. Après des remerciements pour la guérison de Mlle de Tinseau, suivis de la consécration de la Franche-Comté à Notre-Dame de Lourdes, le cortége traversa la ville au chant du *Miserere* et s'arrêta sur la place publique. Là les pèlerins se séparèrent en chantant le *Magnificat*. Ainsi les chants d'expiation et les chants d'allégresse se succédèrent sans interruption jusqu'à l'heure du coucher. Tout le programme du pèlerinage était rempli, mais Notre-Dame de Lourdes en avait interrompu en quelques endroits la pieuse ordonnance en guérissant Mlle de Tinseau. Le seul désordre de la journée fut le désordre causé par le miracle.

Il est difficile d'exprimer la joie du retour. Nos cent quatre-vingt-huit pèlerins étaient tous dans les sentiments que peint en ces mots une lettre particulière dont nous avons reçu communication. La veille du départ de Dole, Mlle de la Pommeraye écrivait à Mlle de Crécy, en parlant de trois de ses amies : « Les trois O'Mahony sont-elles heureuses ! elles emmènent la plus belle matière à miracle qui soit au monde. » De Lourdes, l'une des trois pèlerines écrivit à Mlle de la Pommeraye : « Tu avais bien raison, nous avons emmené la plus belle matière à miracle qui soit au monde, mais le miracle est fait et nous le ramenons. » Voilà dans quelle pensée tout le monde se leva le jeudi 9 octobre dès le grand matin. Beaucoup de prêtres avaient devancé le réveil pour célébrer le saint sacrifice, d'autres avaient veillé et prié aux portes de la grotte. Après la messe du départ, on monte en wagon, le chapelet à la main, et le rosaire commence dans chaque groupe. Mlle de Tinseau, entourée de sa famille, fixait tous les regards, et la douce joie répandue sur sa figure jetait comme un reflet sur tous les pèlerins. Le premier arrêt indiqué par le programme se fit à Toulouse. On sait que l'apôtre de l'Occitanie a laissé à cette ville ses reliques insignes et que la crypte des premiers siècles y est encore l'objet de la vénération publique. Les cloches annoncèrent à grandes volées l'arrivée des pèlerins franc-comtois, un vicaire de la paroisse Saint-Sernin les reçut avec une fraternelle cordialité et les harangua avec une vive éloquence, en les félicitant d'être demeurés si fidèles à la foi de leurs ancêtres. Avec quels accents n'eût-il pas parlé du miracle, s'il l'avait connu! Mlle de Tinseau était restée à la gare. Après les émotions de la veille, on avait redouté pour elle la fatigue de cette pieuse excursion. Quand le train arriva à Cette, les employés du chemin de fer se présentèrent pour la recevoir et l'aider à changer de wagon. « La voilà, répondit M. de Tinseau, mais elle n'a plus besoin de vos bras. » Là-dessus, Mlle de Tinseau sauta à terre et fit éclater le miracle à tous les regards. Un murmure d'étonnement et d'admiration s'éleva autour d'elle. On entendit ces mots prononcés assez haut : « Eh bien ! moi, je crois maintenant et j'irai me confesser. »

Cependant, à mesure qu'on approchait de Lyon, la renommée du miracle se répandait partout et devançait les pèlerins. L'entrée à la gare de Perrache eut lieu le vendredi à midi, et le rendezvous fut aussitôt indiqué à Fourvières. Là, M. l'abbé Jeannin, ne pouvant plus contenir sa joie et sa reconnaissance, remercie publiquement la sainte Vierge, dans sa chapelle de Fourvières, des merveilles qu'elle vient d'accomplir dans sa grotte de Lourdes. Emu jusqu'aux larmes et cependant demeurant maître de lui-même, il rend avec une admirable vérité tout ce que pensent, sentent, désirent les pèlerins. Une messe d'actions de grâces est indiquée pour le lendemain à huit heures. Mgr l'évêque de Saint-Dié la célèbre ; un Père de la compagnie de Jésus y apporte le tribut empressé de sa noble parole, la foule remplit l'église ; et Mlle de Tinseau, placée dans le chœur, renvoie à Dieu et à Marie toutes les marques de respect, de sympathie et d'admiration qu'elle reçoit. Une heure après, les pèlerins franc-comtois se sont rendus à la gare de Lyon pour attendre l'heure du départ, mais la foule qui les entoure est plus grande encore. Des amis et des connaissances de M. et Mme de Tinseau, des pensionnats conduits par des religieuses, des personnes pieuses de tout âge et de tout sexe, voulaient voir, saluer, toucher, si elles pouvaient, la malade que Notre-Dame de Lourdes venait de guérir. A cinq heures du soir, le train entrait à Mouchard et les pèlerins se séparèrent, les uns prenant la route de Dole, d'autres la route des hautes montagnes, la plupart celle de Besançon. Ce fut l'heure des adieux, et jamais adieux ne furent plus joyeux ni plus consolants. Les pèlerins acclamaient Notre-Dame de Lourdes ; Mlle de Tinseau répondait en acclamant notre saint-père le pape. Ce cri, si cher à son cœur, était répété aussitôt par toute la foule. On eût dit le triomphe anticipé du pape et de l'Eglise sur tous les aveugles qui se disent leurs ennemis. Là, on entendit une parole qui trahit leurs sentiments et qui présage aussi leur ruine : « Nous sommes *refaits !* » Heureuse défaite si elle les ramène à Dieu, à l'Eglise et au pape. Ce n'est pas une défaite, c'est une victoire.

Nous ne terminerons pas sans ajouter que les pèlerins franc-comtois ont chanté, en se séparant, l'*Ave, maris Stella*, et qu'ils se sont promis de faire l'année prochaine à Paray et à Lourdes un pèlerinage d'actions de grâces. Mlle de Tinseau a commencé dès le lendemain cette œuvre de reconnaissance que nous achèverons avec elle, s'il plaît à Dieu, dans le mois de mai. On l'a vue d'abord à l'église de Choisey, selon sa promesse. On l'a vue à Dôle, où elle est allée se féliciter de sa guérison, chez son bon ami M. le docteur Bolut, en lui disant avec une grâce charmante : « Il est bien temps que je vous rende une visite pour toutes celles que vous m'avez faites. » On l'a vue à l'église de Mont-Roland, où ses amies, ses compagnes, le directeur du pèlerinage, les RR. PP. de la compagnie de Jésus, le clergé paroissial, se sont réunis aux pieds de la Vierge miraculeuse. On l'a vue à Besançon, où ses médecins, les membres de sa famille, les malades, les pauvres, les religieuses de nos couvents et de nos hospices, une foule de personnes qu'elle ne connaissait pas et dont elle n'a pas même demandé le nom, se sont recommandées à ses prières et ont reçu d'elle, comme un riche et inestimable présent, une image signée de sa main, une médaille ou un chapelet de Lourdes. Ceux qui l'ont entretenue le plus intimement ne doutent pas que ces relations, ces correspondances, ces regards jetés sur elle de toute part, au lieu de lui inspirer la moindre pensée de vanité, ne la rendent au contraire plus humble, plus dévouée, plus soumise à la volonté de Dieu, plus jalouse de la connaître et de la faire. Elle n'a d'ailleurs qu'à consulter les traditions de sa famille. La vieille maison des Tinseau, située à Besançon, dans la rue de la Lue, porte encore, avec leurs armes, cette devise d'une sagesse si profonde et d'une modestie toute chrétienne : Soyons humbles ; *Humilia tene*.

TABLE.

I. PÈLERINAGE EN L'HONNEUR DU SACRÉ CŒUR.

Pèlerinage à Paray-le-Monial, le 29 juin 1873. — Lettre adressée à l'*Univers*. 3

Les expiations de la France figurées par la prière de la Chananéenne, sermon prêché dans le pèlerinage de Paray 10

II. PÈLERINAGES EN L'HONNEUR DE LA SAINTE VIERGE.

Notre-Dame du Mont, notice par M. A. Gauthier. . . 29

Discours prononcé pour la bénédiction de la chapelle de Notre-Dame du Mont 32

Notre-Dame de Châtillon-le-Duc, notice par M. l'abbé H. Rigny 49

Discours prononcé à la bénédiction du monument de Châtillon-le-Duc. 53

Notre-Dame de Mont-Roland, notice par M. J. Michel . 71
Discours prononcé dans le pèlerinage de Notre-Dame de
 Mont-Roland 75

Notre-Dame des Jacobins, à Besançon 105
Sermon sur la dévotion envers Notre-Dame des Jacobins. 106

Notre-Dame d'Etang, près Dijon (extrait de la *Chronique
 religieuse* de Dijon). 133
Discours prononcé à Velars, dans le pèlerinage de Notre-
 Dame d'Etang 138

Notre-Dame des Buis, notice par M. l'abbé H. Rigny . 155
Sermon prononcé dans le pèlerinage de Notre-Dame
 des Buis 160

Notre-Dame de l'Ermitage, notice par M. l'abbé Jouvenot 175
Discours prononcé dans le pèlerinage de Notre-Dame de
 l'Ermitage 178

Notre-Dame du Chêne, notice par M. l'abbé F. Petetin . 195
Discours prononcé dans le pèlerinage de Notre-Dame
 du Chêne 198

Notre-Dame du Haut, notice par M. l'abbé H. Rigny. . 219
Sermon prêché dans le pèlerinage de Notre-Dame du
 Haut 226

Couronnement de Notre-Dame de Sion, extrait d'une
 brochure publiée par les Oblats de Marie. . . . 241
Discours prononcé au couronnement de Notre-Dame de
 Sion. 249

Notre-Dame de Remonot, notice par M. l'abbé J.-M.
 Suchet 271
Discours prononcé dans le pèlerinage de Notre-Dame
 de Remonot 275

TABLE.

Notre-Dame de la Salette à la Grand'Combe-des-Bois (Doubs). 289
Sermon prononcé dans le pèlerinage de la Salette à la Grand'Combe-des-Bois 290

Notre-Dame de Montpetot 311
Discours prononcé dans le pèlerinage de Notre-Dame de Montpetot. 313

Notre-Dame de Bon-Rencontre, à Nanc, notice par M. l'abbé X. Guichard. 321
Sermon prononcé dans le pèlerinage de Notre-Dame de Bon-Rencontre 327

III. PÈLERINAGES EN L'HONNEUR DES SAINTES RELIQUES.

Reconnaissance d'une relique de la sainte Couronne d'épines dans l'église de Conflandey 337
Sermon prononcé pour le pèlerinage de la sainte Epine 339

Pèlerinage de saint Maximin 359
Discours prononcé dans le premier pèlerinage qui a suivi la reconnaissance des reliques de saint Maximin. 361

Découverte et reconnaissance solennelle des insignes reliques de saint Sébastien, à Montbozon, par M. l'abbé Boissy 377
Discours prononcé dans la cérémonie de la reconnaissance des reliques de saint Sébastien. 379

Notice sur le pèlerinage des Franc-Comtois à Notre-Dame de Lourdes et sur la guérison de Mlle de Tinseau 409

BESANÇON, IMPR. DE J. JACQUIN.

OUVRAGES DU MÊME AUTEUR

Le Sacré Cœur de l'Homme-Dieu, sermons prêchés à Besançon et à Paray-le-Monial en juin 1873, 3ᵉ édition, 1 vol. in-12 (franco par la poste) . . . . 3 fr.
    Ou 1 vol. in-8° (franco par la poste) . . . . 5 fr.

L'Année d'expiation et de grâce — 1870-1871, sermons et oraisons funèbres, 2ᵉ édition, 1 vol. in-8° . . . 5 fr.
    1 vol. in-12 . . . . 3 fr. 50

M. de Montalembert en Franche-Comté, 1 vol. in-12 (franco par la poste) . . . . 3 fr.

L'Homme-Dieu, conférences prêchées à la métropole de Besançon, 7ᵉ édition, 1 vol. in-12 (franco par la poste) 3 fr.
    Ou 1 vol. in-8° (franco par la poste) . . . . 5 fr.

L'Église, conférences, 6ᵉ édition, 1 vol. in-12 (franco par la poste) . . . . 3 fr.
    Ou 1 vol. in-8° (franco par la poste) . . . . 5 fr.

Le Décalogue ou la Loi de l'Homme-Dieu, conférences, 3ᵉ édition, 2 vol. in-12 (franco par la poste) . . . 6 fr.
    Ou 2 vol. in-8° (franco par la poste) . . . . 10 fr.

Les Sacrements ou la Grâce de l'Homme-Dieu, conférences, 2 vol. in-12 (franco par la poste) . . . . 6 fr.
    Ou 2 vol. in-8° (franco par la poste) . . . . 10 fr.

Panégyriques et Oraisons funèbres, 2 vol. in-12 (franco par la poste) . . . . 6 fr.
    Ou 2 vol. in-8° (franco par la poste) . . . . 10 fr.

Vie de M. l'abbé Besson, ancien secrétaire général des affaires ecclésiastiques, etc., 1 fort vol. in-12, orné d'un beau portrait (franco par la poste) . . . . . 3 fr. 50

BESANÇON, LIBRAIRIE DE JACQUIN

www.ingramcontent.com/pod-product-compliance
Lightning Source LLC
Chambersburg PA
CBHW071058230426
43666CB00009B/1746